Traduzidos dos respetivos originais, com introduções e notas explicativas, esta coleção põe o leitor em contacto com textos marcantes da história da filosofia.

Enciclopédia das Ciências Filosóficas em Epítome

VOLUME 1

Título original:
Enzyklopädie der Philosophischen Wissenschaften

© desta tradução: Artur Morão e Edições 70

Tradução: Artur Morão

Capa de FBA

Depósito Legal n.º 436644/18

Biblioteca Nacional de Portugal – Catalogação na Publicação

HEGEL, 1770-1831

Enciclopédia das ciências filosóficas em
epítome. – v. – (Textos filosóficos; 17)
1.º v.: p. – ISBN 978-972-44-2007-3

CDU 16

Paginação:
MA

Impressão e acabamento:
PAPELMUNDE
para
EDIÇÕES 70
Janeiro de 2018
(1988)

Todos os direitos reservados por
Edições 70

EDIÇÕES 70, uma chancela de Edições Almedina, S.A.
Avenida Engenheiro Arantes e Oliveira, 11 – 3.º C – 1900-221 Lisboa / Portugal
e-mail: geral@edicoes70.pt

www.edicoes70.pt

Esta obra está protegida pela lei. Não pode ser reproduzida,
no todo ou em parte, qualquer que seja o modo utilizado,
incluindo fotocópia e xerocópia, sem prévia autorização do Editor.
Qualquer transgressão à lei dos Direitos de Autor será passível
de procedimento judicial.

Georg Wilhelm Friedrich Hegel
Enciclopédia das Ciências Filosóficas em Epítome

VOLUME 1

70

Advertência

A edição portuguesa da *Enciclopédia das Ciências Filosóficas em Epítome* de Hegel far-se-á em três volumes, de acordo com a sua divisão tripartida: a *Ciência da Lógica, Filosofia da Natureza* e *Filosofia do Espírito.* O texto que serve de base à versão presente é o da terceira edição original de 1830, publicado e revisto por Fr. Nicolin e Otto Pöggeler, e dado à estampa pela Editora Felix Meiner de Hamburgo; deles também se propõe a excelente introdução e ainda as notas ao texto de Hegel, que figuram no fim do volume. As episódicas notas de Hegel ao longo do seu discurso apresentam-se em rodapé, com a indicação expressa do seu nome. Umas quantas notas do tradutor são referenciadas por letras do alfabeto.

ARTUR MORÃO

Introdução

A *Enciclopédia das Ciências Filosóficas* foi, durante muito tempo, a única obra a representar Hegel na «Biblioteca Filosófica», fundada há noventa anos. Apareceu aí pela primeira vez em 1870; e foi necessário esperar pelo ano de 1907 para que se lhe viesse juntar uma segunda obra de Hegel, a *Fenomenologia do Espírito*. Da edição completa de Hegel em vinte volumes que, entre 1832 e 1845, uma «Associação dos Amigos do Defunto» organizou e que ainda hoje se impõe como realização da escola hegeliana, restava, pois, uma boa geração mais tarde, na consciência dos que se interessavam pela filosofia, apenas uma relíquia muito insuficiente. Se este desenvolvimento se explica em geral a partir do «Colapso do Idealismo Alemão», o empobrecimento que ele implica impressiona tanto mais fortemente quanto a edição escolar de 1870, pela pessoa do seu editor, se religa diretamente à primeira edição das *Obras*, que teve muito êxito. Ela esteve ao cuidado de Karl Rosenkranz, um dos mais significativos representantes da escola hegeliana, que colaborara pessoalmente na velha edição integral e a tinha completado com a sua conhecida exposição da *Vida de Hegel* (1844).

Hoje, é com dificuldade que nos podemos trasladar para o tempo em que Hegel quase desaparecera do diálogo filosófico. Por outro lado, é digno de nota que justamente a obra que, durante tanto tempo, teve e pôde representar sozinha o pensamento de Hegel numa «coleção das obras principais da

10 | ENCICLOPÉDIA DAS CIÊNCIAS FILOSÓFICAS EM EPÍTOME

filosofia» tenha encontrado relativamente pouca estima no novo retorno a Hegel. O empenho que se pôs nos trabalhos, conhecidos apenas no início do nosso século, do jovem Hegel, do companheiro de Hölderlin; a atenção orientada sobretudo para o seu primeiro projeto global, a *Fenomenologia do Espírito*; o confronto com a problemática filosófica em torno do Estado e da sociedade, que atraiu igualmente o primeiro e o último Hegel; o estudo dos grandes cursos sobre os domínios do espírito objetivo e do espírito absoluto; tudo isso lançou para segundo plano o compêndio sistemático da *Enciclopédia*.

Em contrapartida, é preciso indicar que, nesta recapitulação sistemática das ciências filosóficas, o intento peculiar de Hegel encontrou a sua expressão. A tentativa de elaborar um sistema englobante pode parecer-nos presunçosa; mas isso tão-pouco deve desviar-nos de um confronto com Hegel como a aversão hoje bastante difundida para com a sistemática em geral. Sem dúvida, a forma da exposição, o caráter esquemático da progressão e a divisão em parágrafos condensados é que justamente afastam da leitura deste livro de Hegel. No entanto, é bom refletir aqui no facto de que a obra deve a sua forma característica a um objetivo determinado e a uma tradição de ensino que hoje não se encontra viva, e que precisamente sob esta forma foi a base e o resumo das lições de Hegel, cuja influência foi extraordinária. Mas, além disso, a *Enciclopédia* contém exposições importantes e ainda longe de estarem esgotadas, que pertencem a domínios de pensamento de que Hegel não ofereceu uma elaboração separada. Em todo o caso, se quisermos esforçar-nos em vista de uma frutuosa compreensão de Hegel, não temos o direito de deixar de lado ou de descurar este livro.

Nesta curta introdução, não se trata de tomar posição perante a obra de Hegel ou de empreender uma apreciação do seu conteúdo. Proporcionar-se-ão, antes, apenas algumas observações histórico-filológicas prévias, que facultam uma base para a primeira leitura. No começo, tentar-se-á determinar a significação da *Enciclopédia* em relação à intenção e à obra de Hegel no seu conjunto (I-II). Seguir-se-á imediatamente uma sinopse sobre as circunstâncias exteriores que presidiram à génese da obra (II). Seguir-se-ão, depois, algumas indicações sobre a sua

INTRODUÇÃO | 11

forma e peculiaridade literárias e uma breve apresentação do seu conteúdo e do seu projeto (III). Termina-se com uma visão de conjunto sobre as diversas edições que, no caso da *Enciclopédia*, não só é de interesse histórico, mas também aflora questões de fundo (IV), e igualmente com as observações técnicas necessárias relativas à nova edição (V)(¹).

Numa tal introdução, que se abstém de toda a tomada de posição e de toda a crítica, seria errado indagar a conceção que os seus autores têm de Hegel. Mas também não se deve aí pretender encontrar já uma apropriação da obra hegeliana. O próprio Hegel, no primeiro escrito que publicou, pronunciou-se acerca de um tratamento puramente histórico que «pode transformar» todo o pensar «em opinião morta e, logo à partida, em algo de passado», e também sobre o modo justo de apropriação espiritual: «O espírito vivo que habita numa filosofia exige, para se desvelar, nascer através de um espírito afim. Perante uma conduta histórica que o priva de um interesse qualquer pelo conhecimento das opiniões, passa ao de leve como um

---

(¹) Na nossa introdução, usar-se-ão as siglas seguintes:

E. D.   *Erste Druckenschrift* [«Primeiros Escritos Impressos»], ed. G. Lasson, Lípsia 1928.

P. G.   *Phänomenologie des Geistes* [«Fenomenologia do Espírito»], ed. J. Hoffmeister, Hamburgo 1952.

N. S.   *Nürnberger Schriften* [«Escritos de Nuremberg»], ed. J. Hoffmeister, Lípsia 1938.

E. 1817   *Enzyklopädie der Philosophischen Wissenschaften* [«Enciclopédia das Ciências Filosóficas»], Heidelberga 1817.

B. S.   *Berliner Schriften* [«Escritos de Berlim»], ed. J. Hoffmeister, Hamburgo 1956.

P. R.   *Grundlinien der Philosophie des Rechts* [«Linhas Fundamentais da Filosofia do Direito»], ed. J. Hoffmeister, 4.ª ed., Hamburgo 1955.

B. H.   *Briefe von und an Hegel* [«Cartas de Hegel e para Hegel»], t. I-III, ed. J. Hoffmeister, Hamburgo 1952-1954, t. IV, ed. R. Flechsig, Hamburgo 1959.

As citações da presente edição da *Enciclopédia* indicar-se-ão no texto pelo número do parágrafo e da página. Os sublinhados nem sempre correspondem ao original, mas fizeram-se por razões de maior clareza.

12 | ENCICLOPÉDIA DAS CIÊNCIAS FILOSÓFICAS EM EPÍTOME

fenómeno estranho e não revela o seu íntimo»([2]). É de desejar em tal sentido que esta introdução não se conceba de um
modo que considere a obra de Hegel algo apenas histórico e,
por conseguinte, longínquo e em si fechado; ela quereria antes
levar a um confronto crítico.

I

A primeira edição da *Enciclopédia das Ciências Filosóficas em
Epítome* apareceu no verão de 1817. A sua publicação foi imediatamente ocasionada pelo facto de Hegel, após dez anos de
afastamento da Universidade, ter assumido a docência filosófica
em Heidelberga para o semestre de inverno; precisava de um
compêndio que pudesse servir de base às suas lições. Mas a
Enciclopédia não brotou de uma conceção para a qual Hegel
tivesse sido estimulado por um novo meio intelectual. Como
diz Theodor Haering na última frase do seu monumental livro
sobre Hegel, ela foi antes «o fruto maduro de um crescimento
e de uma vontade infatigável e multiforme»([3]). Ao autor de
47 anos de idade deparou-se-lhe, por fim (embora apenas na
forma reduzida de um compêndio), a oportunidade de realizar
o projeto, tentado já há tanto tempo e muitas vezes, de expor
completamente o sistema da filosofia.

O jovem Hegel tomara já consciência da tarefa de elaborar
o sistema da filosofia. Fala disso na reflexão sobre os trabalhos
redigidos em Berna e em Francoforte, nos seus anos de prece-
torado (1795-1800), isto é, antes de mais, sobre os esboços e
fragmentos reunidos e publicados no princípio do nosso século
por H. Nohl sob o título de *Escritos Teológicos de Juventude*. Estes
textos, no seu conjunto, não parecem visar uma sistemática
filosófica. Mas Hegel, referindo-se a eles, em 2 de novembro de
1800, por conseguinte, um pouco antes de ir para Iena, escreve
de Francoforte a Schelling: «Na minha formação científica, que

---

([2]) E. D., 9.

([3]) Th. Haering, *Hegel. Sein Wollen und Werk. Eine chronologische Entwi-
cklungsgeschichte der Gedanken und Sprache Hegels.* T. 2, Lípsia 1938, p. 518.

INTRODUÇÃO | 13

começou por necessidades subordinadas do homem, vi-me impelido à ciência, e o ideal do jovem transformou-se necessariamente em forma de reflexão e, ao mesmo tempo, num sistema.»([4])

Nohl pôs já esta passagem epistolar em relação com um trabalho de Hegel que, infelizmente, nos foi transmitido só de um modo muito fragmentado, o chamado *Frankfurter Systemfragment*, que se encontra no fim dos escritos de juventude e que, segundo a data que nos chegou, foi acabado em 14 de setembro de 1800. Sem dúvida, é difícil decidir se este texto tinha realmente o caráter de um «sistema» acabado, ou se o título do editor não era a este respeito excessivo. Do manuscrito, que deve ter contado quase cinquenta fólios, só dois se conservaram, os quais, além disso, nem sequer se encontram em sequência. Permitem, no entanto, saber que Hegel fala neste ensaio do que foi a sua preocupação fundamental das suas primeiras indagações: a reconciliação do tempo em si cindido. Tanto no plano político como no plano religioso, Hegel tentara denunciar um profundo desgarramento interno da época. Eis porque também a reconciliação e a renovação que ele buscava era uma reconciliação e uma renovação englobante: tanto política como religiosa. E característico do mundo de pensamento desenvolvido então por Hegel que, por exemplo, ao lado do fragmento sobre o *Espírito do Cristianismo e o Seu Destino*, se depare também com a tradução e o comentário de um escrito polémico tão atual como as *Cartas Confidenciais* do advogado valdense Cart([5]).

O que Hegel diz na sua carta a Schelling mostra claramente que, além de toda a investigação histórica e teológica, por um lado, bem como de todos os esforços político-práticos, por outro, procura na «ciência» algo de último e de supremo. Por ciência – como é que Schelling, o discípulo Fichte, haveria de entender a palavra de outro modo? – pode aqui significar apenas a filosofia, o pensar especulativo.

([4]) B. H. I, 59.

([5]) Hegel publicou esta tradução anonimamente; o seu título exato é: *Vertrauliche Briefe über das vormalige staatsrechtliche Verhältnis des Waadtlandes zur Stadt Bern. Eine völlige Aufdeckung der ehemaligen Oligarchie des Standes Bern. Aus dem Französischen eines verstorben Schweizers übersetzt und mit Anmerkungen versehen*, Francoforte 1798.

14 | ENCICLOPÉDIA DAS CIÊNCIAS FILOSÓFICAS EM EPÍTOME

Entretanto, Hegel concebe a filosofia da sua época – e também a de Kant e de Fichte – como uma simples filosofia da «reflexão» e «do entendimento», como um pensamento que se detém nos limites e nas antinomias e, por isso, não pode encontrar a última reconciliação, que ele chama nos seus primeiros escritos de «vida», «amor» e «espírito». Por isso, no que se chama o *Systemfragment*, ele atribui à religião a genuína reconciliação, a superação de todas as separações e «a elevação do homem [...] da vida finita à infinita». «A filosofia deve cessar com a religião, porque é um pensar; inclui, pois, uma oposição, em parte do não pensamento, em parte do pensante e do pensado; tem de mostrar em todo o finito a finidade e fomentar, mediante a razão, o cumprimento total do mesmo finito, reconhecer sobretudo as ilusões graças ao infinito que a ela é peculiar e assim pôr o verdadeiro infinito fora do âmbito que é próprio dela» [6].

Os fragmentos conservados deste ensaio não nos fornecem nem o conjunto do pensamento nem uma exposição dos conceitos singulares. Pode, pois, discutir-se se Hegel aqui – diferentemente do que fará mais tarde – subordina simplesmente a filosofia à religião, ou se tem apenas em vista a filosofia do entendimento, que importa justamente ultrapassar – quer por meio da religião fundadora de unidade, quer mediante a filosofia verdadeira especulativa, as quais se encontram aqui ainda em certa medida confundidas. Mas é certo que, para Hegel, assim como as possibilidades do espírito não se esgotam no pensar do entendimento, também a religião não se funda apenas num mero sentimento. «O sentimento divino, o infinito sentido pelo finito, só se cumpre totalmente quando se lhe acrescenta a reflexão...» [7] Tal adjunção, no entanto, não pode ser algo de exterior e de subsidiário – «reflexão separada sobre o sentimento separado» –, mas a reflexão deve unir-se ao sentimento para que possa brotar um saber especulativo.

Assim, neste projeto de Francoforte, quaisquer que possam ter sido os seus pormenores, Hegel, como vemos, atingia um nível de pensamento a partir do qual reconhecia, como uma

---

[6] *Hegels theologische Jugendschriften*, ed. H. Nohl, Tubinga 1907, p. 347 s.
[7] *Ibid.*, 349.

INTRODUÇÃO 15

necessidade interna do curso do seu pensamento, a orientação para a «ciência» e para a sua estruturação em sistema.

Com a deslocação para Iena, Hegel veio para o lugar onde tinham surgido os grandes projetos de sistemas idealistas. A atmosfera do lugar e, ao mesmo tempo, a colaboração com Schelling não puderam também deixar de incentivar o espírito de Hegel e de pôr fim ao período do seu trabalho solitário. Logo nos dois primeiros anos da sua estada em Iena, ele interveio na discussão filosófica com uma série de tratados e de recensões críticas.

O acesso à filosofia profissional – visto do ponto de vista pessoal ou no que respeita ao conteúdo dos seus escritos – obteve-o Hegel com o seu primeiro escrito autónomo, o pequeno livro sobre a *Diferença entre os Sistemas Filosóficos de Fichte e Schelling* (1801).

Neste escrito, define a tarefa da filosofia a partir do espírito dos seus primeiros trabalhos: «Quando da vida do homem desaparece o poder da união e as oposicões perderam a sua viva relação e interação e ao mesmo tempo obtiveram a autonomia, surge, então, a necessidade da filosofia»[8]. A tarefa da filosofia é libertar do seu torpor as oposições que se tornaram rígidas, situar a cisão no próprio absoluto e concebê-lo como uma totalidade prenhe de tensões, como vida e como espírito.

Neste sentido, Hegel exige a «reflexão» como «instrumento do filosofar»[9]. Ela deve pôr todas as separações e limites, mas, ao mesmo tempo, aniquilar-se a si mesma como o entendimento simplesmente separador e limitante e assim elevar-se à razão, que apreende o absoluto na forma que lhe convém: como «uma totalidade objetiva, um todo de saber, uma organização de conhecimentos, em que cada parte é ao mesmo tempo o todo»[10]. Por outras palavras: a filosofia não pode contentar-se com uma «satisfação no princípio da identidade absoluta», mas deve aventurar-se a «produzir um sistema de ciência». Um filosofar que não se constitua em sistema permanece

---

[8] E. D., 14.
[9] E. D., 17 ss.
[10] E. D., 21.

16 | ENCICLOPÉDIA DAS CIÊNCIAS FILOSÓFICAS EM EPÍTOME

prisioneiro das suas limitações e é, quanto ao seu conteúdo, algo de acidental; é apenas uma fuga perante as suas limitações e «mais uma luta da razão pela liberdade do que puro autoconhecimento da razão por si mesma, conhecimento que se tornou seguro de si mesmo e claro acerca de si próprio»[11].

Hegel estava seguro do seu objetivo. Eis porque empreendeu pôr à prova as tentativas filosóficas do seu tempo. Confrontou-se em publicações críticas com Kant, Fichte, Jacobi – para aqui não falar de espíritos de menor envergadura. E o confronto de Hegel com o seu próprio tempo aprofundou-se em conformidade com o giro das suas primeiras investigações e veio a tornar-se numa apropriação crítica de toda a história da filosofia e do espírito. Foi em 1850 que deu o seu primeiro curso sobre a *História da Filosofia*.

Mas, desde o início da sua estada em Iena, consagrou-se também com toda a decisão à edificação do sistema filosófico, cuja necessidade sentia. Para isso, foi muito ajudado pela necessidade de dar cursos sobre as disciplinas fundamentais da filosofia. Elaborava incessantemente novos projetos. Conservaram-se e tornaram-se acessíveis, graças à atividade editorial do nosso século, a *Lógica, Metafísica e Filosofia da Natureza* (1802)[11a], o *Sistema da Vida Ética*, que data do mesmo ano, e também a chamada *Filosofia Real*, isto é, a filosofia da natureza e do espírito nas duas versões de 1803/4 e de 1805/6. (Se abstrairmos do problema peculiar de que a Lógica e a Metafísica se encontram aqui ainda separadas e justapostas, descobrimos já nestes esboços a sequência das três partes principais da futura *Enciclopédia*.)

Estes manuscritos põem diante de nós os frutos imediatos do enorme esforço de Hegel para aperfeiçoar e levar a cabo um sistema. Sabemos, por outro lado, que Hegel, pouco tempo após o início da sua atividade em Iena, pensava já em poder publicar os primeiros resultados do seu trabalho. Desde o verão de 1802, em ligação com os anúncios dos seus cursos, deparamos sempre com novas alusões à publicação prevista de uma obra de filosofia sistemática – sem que, entretanto, nada tenha aparecido além

---

[11] E. D., 33 ss.

[11a] Nova data: 1804!

INTRODUÇÃO 17

dos Ensaios publicados no *Kristischen Journal* (1802/3). Durante três semestres, anuncia em primeiro lugar um livro com o título *Lógica e Metafísica ou Systema reflexionis et rationis*, que apareceria no editor Gotta em Tubinga [12]. Em seguida, durante um certo tempo, não há nenhuma referência a uma impressão das suas conferências, fala-se apenas de textos «ditados por ele mesmo». A partir do verão de 1805, Hegel anuncia finalmente um manual que deve conter todo o sistema [13]. É interessante, nesta conexão, uma passagem de um rascunho de carta datada de maio de 1805. Tendo referido as suas primeiras publicações, Hegel escreve: «Após este primeiro voo, há três anos que me mantenho calado em relação ao público e apenas aqui, na Universidade, dei cursos sobre todo o sistema da filosofia; no próximo outono, apresentarei o trabalho deste tempo no meu sistema da filosofia.» [14] Sabemos que o público teve ainda de esperar até à primavera de 1807, antes de aparecer a obra ainda mais vezes anunciada; e sabemos que não surgiu o inteiro sistema da ciência, mas um livro que se designava como «primeira parte» do mesmo: *A Fenomenologia do Espírito*. Esta deveria originalmente cumprir a função de uma introdução à filosofia – um pouco no sentido dos cursos professados durante o inverno de 1806/7, em que Hegel, segundo o programa publicado, ensinou a lógica e a metafísica «*praemissa Phaenormenologia Mentis*», isto é, «com a precedência da fenomenologia do espírito». Mas esta introdução tornou-se, durante a sua redação, num livro inteiro, que continha a primeira parte do sistema filosófico.

Durante os mais de seis anos de atividade em Iena, Hegel procurou, por um lado, apreender de um modo mais premente

---

[12] Nos arquivos Cotta, encontram-se a este respeito alguns documentos ainda não avaliados. Os registos de J. F. Cotta mostram que fora assinado um contrato com Hegel, que regulava as condições dos honorários e o montante da edição, e uma circular editorial de junho de 1802 anuncia, entre as novidades esperadas do ano: Hegel, *Lógica e Metafísica*.

[13] Sobre as lições e os anúncios de livros de Hegel em Iena, cf. Th. Haering, *Die Entstehungsgeschichte der Phänomenologie des Geistes*, In: Verhandl. d. 3. Hegelkongresses. Tubinga e Harlem, 1934, p. 118 ss. – E também P. G., XXX ss.

[14] B. H. I, 99.

18 ENCICLOPÉDIA DAS CIÊNCIAS FILOSÓFICAS EM EPÍTOME

o seu pensamento sistemático na reflexão crítica sobre outras tentativas filosóficas e, por outro, elaborou pessoalmente em diversos esboços as partes singulares do seu sistema. Neste laborioso esforço, adquiriu, em crescente medida, clareza sobre o método de um pensamento, que nem se detém só nas oposições nem as deixa apenas coincidir, mas antes as domina e as situa numa totalidade, preservando-as assim ao mesmo tempo. Este pensamento «dialético» já Hegel o tinha aplicado nos seus trabalhos de Francoforte; mas só em Iena o constituiu como método científico.

O termo da evolução que Hegel teve em Iena encontramo-lo no prefácio ao *Sistema da Ciência* (desde sempre falsamente designado como prefácio da *Fenomenologia do Espírito*, já que esta se lhe segue imediatamente como primeira parte de um sistema). Os desenvolvimentos mais extensos foram escritos após o aprontamento da *Fenomenologia*. Hegel considera retrospetivamente o que foi realizado e torna-se a si e ao público consciente do que ainda resta levar a cabo em prol da filosofia. «No Prefácio», diz ele, na notícia do seu livro, «o autor explica-se sobre o que lhe parece ser uma necessidade da filosofia, no ponto em que ela hoje se encontra»[15].

A conceção sistemática de Hegel encontra aqui a sua clarificação e fundamentação conceptuais. Em termos programáticos, disse: «A verdadeira forma em que a verdade existe só pode ser o sistema científico. Colaborar em que a filosofia se aproxime da forma da ciência – do objetivo de poder renunciar ao seu nome de *amor do saber* e ser um *saber efetivo* –, eis aquilo que me propus»[16]. Hegel procura com este propósito corresponder a uma necessidade real, cujo fundamento é duplo. A necessidade interna de que «o saber seja ciência» reside na sua própria natureza; encontra uma explicação suficiente apenas na descrição pormenorizada do próprio sistema filosófico. Mas a necessidade externa, idêntica, no fundo, à necessidade interna, radica no facto de «ter chegado o *tempo* de a filosofia se elevar a ciência». Hegel quer tornar visível esta exigência histórica e quer ajudá-la

---

[15] P. G., XXXVIII.

[16] Esta citação e as seguintes são tiradas do Prefácio da P. G., 12-21.

INTRODUÇÃO 19

a impor a sua legitimidade perante outras tendências da época, que tinham sentido diferente.

Hegel concebe a hora histórica como «um tempo de gestão e de passagem a um novo período». «O espírito rompeu com o mundo anterior da sua existência e da sua representação e está prestes a mergulhá-las no passado, e trabalha na sua própria metamorfose.» Hegel declara sem receio que o mundo de fundamento metafísico e religioso do espírito ocidental se desmoronou, abandonando a antiga «vida substancial» e, sobretudo, a certeza da reconciliação na fé; o espírito «passou para o outro extremo da reflexão insubstancial de si em si mesmo». Na *Fenomenologia*, Hegel expõe em pormenor esta marcha histórica do espírito. O Iluminismo refletiu sobre tudo e sobre cada coisa e introduziu a reflexão também no mundo da fé para, finalmente, nada conservar na mão a não ser finitudes vazias. A reflexão aprofundou-se então em si mesma e tentou afirmar o seu direito: a Revolução Francesa coroou a deusa Razão; Kant e Fichte apreenderam a reflexão na sua profundidade como liberdade autónoma e forneceram assim os impulsos mais poderosos à revolução do espírito que agitou a Alemanha. Uma liberdade sem freios afirmou-se na «ironia» dos românticos, que julgou poder vir a ser soberana sobre tudo.

Entretanto, o espírito, diz Hegel, deve também ultrapassar esta reflexão insubstancial enredada em si própria. Já com o princípio da razão autónoma ocorreu um novo avanço para o substancial. E eis que agora o espírito exige com ênfase da filosofia a plena restauração da substancialidade. Mas, para tal – e a crítica hegeliana visa aqui pensadores como Jacobi, o último Fichte, Schleiermacher e os românticos, a escola schellingiana –, em vez de recorrer ao «trabalho do conceito», apoia-se inteiramente no sentimento; em vez de aspirar ao verdadeiro discernimento, contenta-se com ser edificante, esforça-se por apreender o absoluto no saber imediato, numa intuição intelectual. Assim se constituiu no pensamento da época, em reação contra o Iluminismo, uma nova unilateralidade.

No contraste entre as duas posições, crê Hegel reconhecer o «nó mais importante em que hoje se rompe a formação científica e de que ela ainda não é adequadamente consciente».

20 | ENCICLOPÉDIA DAS CIÊNCIAS FILOSÓFICAS EM EPÍTOME

Ele vê a legitimidade e assim os limites de ambos os lados. Se uma das partes tem para si um princípio substancial na «racionalidade e na divindade imediatas», o Iluminismo cumpriu uma necessidade do espírito, ao estender a reflexão à «riqueza do material», a tudo o que é cognoscível. A tarefa que a filosofia agora deve levar a cabo é, para Hegel, conservar firmemente os dois pontos de vista e conciliá-los numa unidade superior. «O sentimento e a intuição», que visam o absoluto como o universal e o todo indiviso, adquiriram fundamentalmente de novo a possibilidade de um filosofar substancial – mas nada mais. Falta «a extensão e a participação do conteúdo» e, mais ainda, a «elaboração da forma pela qual as diferenças se determinam com segurança e se ordenam nas suas firmes relações». Semelhante tarefa é afazer de um trabalho conceptual e duro, afazer de uma reflexão universalmente conduzida. A filosofia deve ultrapassar a «profundidade vazia». «A força do espírito é apenas tão grande como a sua expressão. A sua profundidade é apenas tão profunda quanto ele na sua explicação e não teme alargar-se e perder-se.»

É a partir daqui que se deve compreender a tão citada frase do prefácio: «O verdadeiro é o todo.» Ela significa, em primeiro lugar, que a finitude singular separada não possui verdade nenhuma e que o finito só é verdadeiro enquanto integrado numa totalidade substancial. Mas este todo não pode conceber-se como a unidade afirmada de modo apenas imediato, mas deve apreender-se como a unidade articulada, desdobrada. Para a filosofia, o sentido da frase realiza-se pelo facto de «a verdadeira forma em que a verdade existe ser apenas o sistema científico da mesma».

Que a filosofia seja sistema não pode, porém, significar para Hegel que o pensamento reflita sobre um objeto que lhe permanece extrínseco e que, em seguida, consolida as suas reflexões sob a forma englobante de uma construção intelectual. Permaneceria assim, então, uma oposição insuperável, a saber, a oposição entre o pensar e o seu objeto, mas o pensar que Hegel exige e procura realizar deve justamente «superar» todas as oposições. Une-se à ideia que, a partir de tudo o que é finito e separado, se lhe contrapõe como o supremo universal. O

INTRODUÇÃO 21

último e o supremo, a ideia ativa ou o espírito absoluto explicita-
-se no próprio pensar. O «sistema reflexivo», tal como Hegel
o exige para a filosofia, é assim a autorreflexão do espírito
absoluto. A filosofia não constitui, nas construções sistemáticas,
uma totalidade de objetos, mas participa na automediação do
absoluto.

Se deste modo se entender a filosofia na sua totalidade
como metafísica do absoluto não se pode evitar o confronto
com a pretensão da religião. É como «religião absoluta» ([17]) que
Hegel concebe expressamente a religião cristã, na qual se evoca
Deus como espírito. Mas, segundo a sua conceção, a religião
apreende o absoluto apenas sob a forma da representação, pois
ela contrapõe a si este absoluto como algo de objetal. Capta
assim, sem dúvida, o conteúdo absoluto, mas não lhe dá ainda
a forma absoluta. Por isso, a religião não pode levar a cabo a
reconciliação do espírito consigo mesmo, tal como a época
o exige. A forma absoluta para o teor absoluto só a fornece o
«saber absoluto», configuração última e insuperável do espírito,
à qual precisamente, segundo a perspetiva de Hegel, o pensamento do seu tempo está prestes a elevar-se.

Assim se encontra delineada a pretensão que Hegel assinala
ao seu sistema filosófico. A verdade da religião (e, ao seu lado,
a arte não tem nenhum direito particular) é salvaguardada no
sistema e apreendida na sua necessidade, mas, por isso mesmo,
é também relativizada. É impossível, para Hegel, que o sistema
filosófico tenha fora de si e saiba acima de si uma suma teológica.
O saber absoluto é a religião no seu acabamento derradeiro.
– Mas este saber absoluto é de igual modo também uma autêntica
práxis. Hegel empreende levar a cabo a tarefa que a Revolução
Francesa deixou por cumprir. Esta não conseguiu realizar a
verdadeira liberdade, antes desembocou no «Terror»; por isso,
«a liberdade absoluta saiu da sua efetividade autodestrutiva
para uma outra região do espírito autoconsciente» ([18]) – para o
país em que Kant suscitara uma revolução espiritual. Hegel não
crê que o trabalho filosófico seja «simples teoria» para poder

---

([17]) P. G., 528.
([18]) P. G., 422.

22 | ENCICLOPÉDIA DAS CIÊNCIAS FILOSÓFICAS EM EPÍTOME

abordar aquela tarefa iminentemente prática. Pelo contrário, escreve ao seu amigo Niethammer a fim de o encorajar a deixar a administração escolar e a política cultural para assumir um cargo universitário: «O trabalho teórico, estou disso cada dia mais convencido, realiza mais coisas no mundo do que o prático; se primeiro se revolucionar o reino da representação, então, a realidade efetiva não se aguenta»[19].

II

Em Iena, a ideia sistemática de Hegel chegou à maturação. Os longos anos que Hegel passou em Nuremberga (1808-1816), após uma breve estada em Bamberga, foram uma etapa significativa na elaboração do sistema.

Na já mencionada notícia acerca da *Fenomenologia*[20], Hegel anunciava ao mesmo tempo a continuação da sua obra: «Um segundo volume conterá o sistema da lógica como filosofia especulativa e as outras duas partes da filosofia, as ciências da natureza e do espírito.» Hegel não pôde cumprir esta promessa, mas permaneceu inabalavelmente fiel à tarefa que se impusera e elaborou em Nuremberga a primeira das três grandes partes do sistema: a *Ciência da Lógica*. Também ela viria a tornar-se numa obra muito mais ampla do que fora previsto; apareceu em três livros nos anos de 1812, 1813 e 1816.

Mas paralelamente a este trabalho literário que se religava com os seus planos anteriores, Hegel encontrou, no período de Nuremberga, um impulso inteiramente novo para levar a cabo o seu sistema. Como reitor do Ginásio, era ao mesmo tempo professor das Ciências Preparatórias para a Filosofia e, segundo as diretrizes do sistema de ensino bávaro, tinha de repartir lições de filosofia pelos alunos das quatro classes superiores. Estas diretrizes que se compendiavam nas *Normas Gerais para a Organização dos Estabelecimentos Públicos de Instrução*, de 1808 (de que, aliás, era em parte responsável Niethammer),

---

[19] B. H. I, 253 (28/10/1808).
[20] *Vide supra*, nota 15!

INTRODUÇÃO   23

determinavam que, na classe superior do Ginásio, «os objetos do pensar especulativo, antes tratados individualmente, fossem reunidos numa *enciclopédia filosófica*» [21]. Hegel viu-se assim não só confrontado com a tarefa de formular para os alunos do Ginásio, e segundo a sua capacidade de apreensão, de modo breve e inteligível, as diversas partes da filosofia; mas foi também compelido a fornecer ao sistema filosófico, enquanto todo, uma forma tão claramente articulada como acabada e redigi-lo para uso escolar. Se a primeira tarefa significava de algum modo uma testagem da sua afirmação anterior segundo a qual, em filosofia, o que é perfeitamente determinado é «ao mesmo tempo exotérico, compreensível e apto a ser ensinado e a tornar--se propriedade de todos» [22], a segunda tornou-se num meio específico de fomentar o seu principal intento filosófico. Aqui começa, em sentido estrito, a história de génese da *Enciclopédia das Ciências Filosóficas*.

Infelizmente, os numerosos textos redigidos por Hegel durante os oito anos de Nuremberga só em parte se conservaram como manuscritos ou, pelo menos, nos chegaram em forma impressa. Quanto à *Enciclopédia*, vemo-nos reduzidos à aplicação que dela fez Karl Rosenkranz, no âmbito da antiga edição das obras completas [23]. Como transparece da sua notícia preliminar, a *Enciclopédia Filosófica*, tal como ele a apresenta, é uma redação a partir de várias versões anteriores. É impossível verificar até que ponto o texto é autêntico nos pormenores. Ao perigo óbvio de se orientar, sobretudo na articulação e, por consequência, no tocante aos títulos, pelo livro publicado mais tarde por Hegel, pode sem dúvida ter-se contraposto o esforço por estabelecer um estádio *evolutivo* do pensamento hegeliano; pois este pensamento, de que aliás se deplora a total ausência em Rosenkranz e em todos os discípulos de Hegel, dirigiu aqui evidentemente o seu trabalho editorial. Acerca da

---

[21] Cf. K. Rosenkranz, *Georg Wilhelm Friedrich Hegels Leben*, Berlim 1844, 254 ss.

[22] P. G., 17.

[23] Cf. vol. XVIII da edição completa: *G. W. F. Hegels philosophische Propädeutik*, Berlim 1840, pp. 146-205. Cf. ainda o Prefácio, p. XVI ss. O texto é reproduzido em N. S, 235-294.

24 | ENCICLOPÉDIA DAS CIÊNCIAS FILOSÓFICAS EM EPÍTOME

data da composição dos manuscritos que utiliza, Rosenkranz nada diz; no entanto, algumas observações sugerem que ele se baseou em escritos de Hegel procedentes dos últimos anos da época de Nuremberga e durante os quais «a *Enciclopédia* tinha sido elaborada de um só jato». Segundo os programas impressos do Ginásio, foi durante o ano escolar de 1810/11 que Hegel expôs pela primeira vez «numa ordem sistemática» a completa enciclopédia filosófica requerida; e a partir de 1811/12, as breves notícias acerca das matérias ensinadas na classe superior aludem somente à «enciclopédia filosófica» (em vez do título precedente: «Ciências Preparatórias para a Filosofia» ou «Filosofia»)[24].

Perante este empenhamento tão longo como intenso em torno da elaboração «enciclopédica» do seu sistema, não é de espantar que Hegel, ao ser chamado no outono de 1816 para a Universidade de Heidelberga, aí desse igualmente um curso, no primeiro semestre, sobre a *Enciclopédia das Ciências Filosóficas*. E o livro, desde logo projetado com o mesmo título, não partilhou do destino dos anteriores planos e anúncios, mas pôde já ser editado durante o semestre de verão de 1817. Esta rápida publicação foi possível porque a *Enciclopédia* de Nuremberga, na sua forma e no seu conteúdo, se baseava no que já fora elaborado em Heidelberga.

Com o aparecimento da *Enciclopédia*, Hegel pôde ver a realização de um objetivo que perseguira ao longo de quatro anos. Sem dúvida, ela fornecia apenas uma «sinopse» breve, somente um «compêndio» do sistema. Também não estava, é certo, tão regularmente arquitravada e amadurecida em pormenor como seria de esperar, se Hegel já antes tivesse elaborado todas as partes, como fizera para a *Lógica*. No seu prefácio de maio de 1817, ele próprio escreve: «A necessidade de fornecer aos meus ouvintes um fio condutor para os meus cursos filosóficos é a razão próxima de eu *trazer à luz esta sinopse de todo o conjunto de filosofia mais cedo do que tinha em mente*» (p. 20). Mas o livro mostrava bem e era, por assim dizer, a prova de que a filosofia é *«essencialmente* enciclopédia, pois o verdadeiro só pode ser, enquanto totalidade e apenas mediante a distinção e a

---

[24] Cf. N. S., 3-10.

INTRODUÇÃO | 25

determinação das suas diferenças, a necessidade destas últimas e a liberdade do todo»([25]). Hegel podia, doravante, apoiar-se no seu sistema já disponível e apelar para o mesmo.

Os seus trabalhos literários foram, claro está, no período subsequente, fortemente influenciados por tal facto. Não prosseguiu no caminho aberto pela *Ciência da Lógica*. A filosofia da natureza, que se lhe deveria anexar na ordem das coisas, ficou por escrever, como também a filosofia do espírito subjetivo, que se lhe seguia. Em Berlim, onde ensinava desde o outono de 1818, Hegel publicou apenas uma única obra sistemática: a *Filosofia do Direito*. Esta disciplina tinha já sido abordada brevemente na *Enciclopédia* como Doutrina do Espírito Objetivo. Também as *Linhas Fundamentais da Filosofia do Direito* (1821) eram simplesmente um fio condutor para os seus cursos. Foram, porém, escritas com a consciência «de que este compêndio [...] devia ser impresso e, por isso, apresenta-se diante do grande público»([26]); por conseguinte, no conjunto, os desenvolvimentos permanecerão mais pormenorizados. Nos seus grandes cursos, Hegel consagrará longas exposições aos outros domínios quase só aflorados na *Enciclopédia*: Filosofia da História Mundial, Estética, Filosofia da Religião e História da Filosofia; mas também este trabalho não encontrou nenhuma expressão em publicações próprias.

Em contrapartida, durante o período de Berlim, a *Enciclopédia*, como livro de base da filosofia hegeliana, veio sempre mais para primeiro plano. Em 1827, apareceu a segunda edição inteiramente reelaborada e consideravelmente ampliada; abrange quase o dobro de páginas da primeira edição e contém cerca de cem parágrafos mais do que esta. O resultado de uma atividade docente, que durou dez anos, revelou-se vantajosa para a obra. Não foi sem razão que se falou desta segunda edição como de um livro inteiramente novo.

A correspondência de Hegel contém uma série de alusões à realização da edição e informações interessantes acerca do seu trabalho em torno do livro. Já em 1822, observava ele que

---

([25]) E. 1817, § 7.
([26]) P. R., 3.

26 | ENCICLOPÉDIA DAS CIÊNCIAS FILOSÓFICAS EM EPÍTOME

a *Enciclopédia* precisava «muito de uma reelaboração»[27]. No entanto, só iniciou esta nova elaboração depois que uma nova edição se tornou necessária, por a mais antiga se ter esgotado. Isto é muito característico; nos seus trabalhos literários, Hegel necessitou sempre de um impulso, de uma pressão a partir do exterior. Em março de 1826, escreve a Van Ghert: «A minha Enciclopédia está esgotada há seis meses; neste inverno, trabalhei ou, antes, fui obrigado a trabalhar numa nova edição»[28]. Ei-lo bem depressa pressionado pelo tempo. «É preciso, é preciso, é preciso que eu trabalhe na segunda edição da minha Enciclopédia»[29] – assim fundamentava ele perante Niethammer a renúncia a uma viagem projetada para as férias de verão. Em meados de agosto, começou o envio do manuscrito para a editora. No semestre de inverno de 1826/27, Hegel – pela primeira vez, desde o seu curso inaugural em Berlim – consagra as suas lições ao conjunto da *Enciclopédia das Ciências Filosóficas*. Planeara, sem dúvida, fornecer aos seus ouvintes a nova versão do seu livro, mas, em dezembro, ainda não estava impressa metade dos cadernos e o próprio Hegel trabalhava ainda na Filosofia do Espírito. Entre as «numerosas interrupções», que retardaram o trabalho na *Enciclopédia*, cita ele a redação de uma longa recensão da *Bhagavad-Gita* de Humboldt para os *Jahrbücher für wissenschaftliche Kritik*[30], recentemente fundados. O prefácio para a nova edição só estava pronto para impressão em maio de 1827. No princípio de julho, a obra pôde aparecer.

A segunda edição, tal como a primeira de 1817, apareceu no editor Oswald em Heidelberga e aí foi também impressa. Mas, devido à excessiva distância entre o lugar de impressão e Berlim, Hegel não corrigiu as provas. Pediu ao seu antigo colega de Heidelberga, Daub, que se encarregasse da «revisão da impressão» – o que ele fez com a maior disponibilidade. – Numa carta a Daub, Hegel descreve de um modo muito plástico a maneira como ele efetuou esta revisão pormenorizada.

---

[27] B. H. II, 329.
[28] *Ibid.*, III, 105.
[29] *Ibid.*, III, 115.
[30] Cf. *ibid.*, III, 150.

INTRODUÇÃO 27

Sublinha o labor que tudo isso lhe impôs e declara: «O esforço e, por assim dizer, a avareza de deixar subsistir a maior parte possível do antigo texto tem como contrapartida o labor ainda mais penoso de encontrar expressões pelas quais se incorporem o menos possível as modificações nas palavras textuais» [31]. Muitas das desigualdades de expressão ou de sintaxe, com que deparamos e que são particularmente numerosas na *Enciclopédia*, têm a sua origem neste método de trabalho. Depois de mais uma vez agradecer a Daub a sua delicadeza amistosa, Hegel acrescenta: «Embora seja muito grande a minha dívida para convosco, sinto ao mesmo tempo algum remorso em ter sido demasiado negligente na preparação do manuscrito, pois ele é de natureza tal, que precisa de um tipógrafo atento e vos custa, pois, mais trabalho do que eu, com justiça, de vós posso exigir. No entanto, esforcei-me por indicar com grande cuidado e de um modo muito preciso as modificações, adjunções, etc.» [32]. A continuação elucida-nos de forma significativa acerca da posição de Hegel perante a letra do seu próprio texto: «De resto, onde deparardes com obscuridade, fórmulas incompreensíveis e também repetições, deixo-vos a inteira liberdade de fazer todas as correções, supressões e acrescentamentos que vos parecerem úteis» [33]. Segundo tudo o que sabemos da atitude de Daub perante Hegel e a sua obra, somos, porém, levados a supor que, na execução da sua tarefa, ele não fez nenhum ou, pelo menos, só um uso muito restrito de tal liberdade.

Hegel esforçara-se sobretudo por que na sua reelaboração não perdesse o caráter de compêndio ou, antes, que esse caráter sobressaísse ainda mais. Mas, a este respeito, o resultado do seu trabalho não o satisfez inteiramente. Ao enviar o manuscrito a Daub, escreve: «O defeito principal não se modificou, pois o conteúdo já não corresponde ao título de Enciclopédia, o pormenor não foi restrito e, pelo contrário, o todo não se tornou mais abarcável» [34]. Numa outra passagem da carta,

---

[31] B. H., III, 149.
[32] *Ibid.*, III, 125 ss.
[33] *Ibid.*
[34] *Ibid.*, III, 126.

28 | ENCICLOPÉDIA DAS CIÊNCIAS FILOSÓFICAS EM EPÍTOME

deplora ter-se deixado arrastar mais uma vez, aqui e além, para o pormenor[35]. Por outro lado, percebe muito bem que, nos cursos que consagra às partes singulares do sistema, «é também conveniente retornar ao pormenor circunstanciado»[36].

Quando apareceu a segunda edição da *Enciclopédia*, Hegel encontrava-se no zénite do seu trabalho criador e da sua influência espiritual. O livro, independentemente do seu objetivo particular de proporcionar uma armadura para o ensino universitário, será doravante aceite como exposição de todo o sistema; encontrou uma ampla estima e reconhecimento. O teólogo Rust escrevia a Hegel: «A Alemanha pode orgulhar-se desta obra gigantesca»[37]. Tais palavras parecem-nos hoje excessivas; é possível que correspondessem à situação da altura. O interesse que a obra suscitou é igualmente atestado pela rapidez com que se esgotou. Já em julho de 1829 o editor se virou para Hegel em vista de uma nova edição[38].

Também para a terceira edição (1830), Hegel reviu inteiramente a *Enciclopédia* e introduziu no texto numerosas modificações. Escreve no prefácio: «Procurou-se sobretudo tornar a exposição mais clara e mais precisa.» Na sua correspondência, Hegel declara que tentou melhorar um grande número de expressões[39]. Tais modificações não são, como muitas vezes se pensa, apenas de ordem estilística. Pelo contrário, encontramos também reagrupamentos de ideias e ampliações de conteúdo – há parágrafos inteiramente reelaborados e reescritos, bem como um novo desenvolvimento ulterior na ordem conceptual.

A terceira parte da *Enciclopédia*, que apareceu um ano antes da sua morte, é um testemunho de que Hegel no seu trabalho filosófico nunca se contentou com os resultados alcançados, mas que até ao fim se esforçou por dar uma nova configuração aos seus pensamentos. Trabalhou nesta obra durante toda a

---

[35] *Ibid.*, III, 149.
[36] *Ibid.*, III, 126.
[37] *Ibid.*, III, 240.
[38] Cf. *ibid.*, IV, 32 ss.
[39] Cf. *ibid.*, m, 322.

INTRODUÇÃO   29

segunda metade da sua vida. É ela que nos apresenta o que foi
o projeto último e supremo de Hegel: o sistema da filosofia.

III

Ao considerarmos a *Enciclopédia das Ciências Filosóficas* exposição global da filosofia hegeliana devemos, porém, ter sempre presente que não se trata de um sistema elaborado e completamente desenvolvido, mas apenas de um compêndio, um esboço deste sistema. «*Ce livre n'est qu'une suite de thèses*», diz Hegel numa carta a Victor Cousin[40].

O próprio título que a obra possui confirma já este caráter: «Como *Enciclopédia*, a ciência não se expõe no desenvolvimento exaustivo da sua particularização, mas restringe-se aos princípios e aos conceitos fundamentais das ciências particulares» (§ 16). Já dissemos que, para preservar este caráter de Enciclopédia, Hegel se esforçou na reelaboração do seu livro por reduzir quanto possível as considerações de pormenor.

No tocante à compreensão do título, Hegel procurou distinguir claramente a sua Enciclopédia Filosófica de outras enciclopédias «ordinárias». Tinha sobretudo em vista os manuais que, na sequência da enciclopedística francesa, tinham surgido. Hegel caracteriza estas obras como agregados de ciências «tomadas de modo acidental e empírico e entre as quais algumas há que de ciência apenas têm o nome e são simplesmente uma recolha de conhecimentos» (§ 16, nota). As ciências não se congregam aqui numa unidade efetiva, mas apenas numa ordem extrínseca. A Enciclopédia Filosófica, pelo contrário, ordena as disciplinas segundo «a correlação necessária, determinada pelo conceito»[41]. A filosofia, no sentido do livro de Hegel, pode «ver-se como um todo feito de várias ciências particulares», mas este todo da filosofia constitui, no entanto e sempre, uma «ciência verdadeiramente una» (§ 16, nota). Por isso, mesmo num compêndio enciclopédico, embora ele não forneça nenhum

---

[40] *Ibid.*, III, 169.
[41] N. S., 237.

30 | ENCICLOPÉDIA DAS CIÊNCIAS FILOSÓFICAS EM EPÍTOME

desenvolvimento pormenorizado dos pensamentos, não se pode renunciar à construção estritamente lógica. «O título de uma enciclopédia devia, sem dúvida inicialmente, deixar lugar para um menor rigor do método científico e para uma justaposição exterior; mas a natureza da coisa implica que a conexão lógica deve permanecer o fundamento» (p. 3).

As explicações pessoais de Hegel sobre o modo como se devia entender o título do seu livro mostram ao mesmo tempo, que juntamente com o conceito de enciclopédia, escolheu um termo que era muito difundido na literatura científica do seu tempo. Pode ainda observar-se que, alguns anos antes da *Enciclopédia* de Hegel, apareceu uma obra de Enesidemo-Schulze, que tinha justamente o mesmo título[42]. O próprio Hegel foi buscar o estímulo imediato para o título, e também para o livro enquanto tal, às *Instruções* do Ministério Bávaro e à sua atividade docente no Ginásio de Nuremberga.

Contudo, não apreendemos ainda completamente a especificidade da *Enciclopédia* se não tivermos uma ideia clara acerca do objetivo específico do livro. Como se diz na página do título, servia a Hegel «para uso dos seus cursos». Esta finalidade de nenhum modo foi modificada pela importante extensão que a obra recebeu nas suas duas reedições; segundo toda a sua disposição, permaneceu, pois, um compêndio. «A concisão forçada que um compêndio exige em matérias, aliás, abstrusas», escreve Hegel no prefácio de 1827, «conserva nesta segunda edição o mesmo caráter que a primeira; destina-se a servir de livro de curso que deve receber a sua necessária elucidação através do ensino oral» (p. 3).

O leitor de hoje precisa tanto mais de ter presente diante de si esta finalidade particular de fio condutor para os cursos quanto se nos tornou estranha a forma do ensino a partir de um compêndio. No tempo de Hegel, era um uso perfeitamente habitual; para as suas lições, utilizavam-se não só os seus próprios manuais, mas também os compêndios de outros. Lembremo-nos de que o próprio Kant ensinou sempre com base em manuais

---

[42] Gottlob Ernst Schulze, *Enzyklopädie der philosophischen Wissenschaften, zum Gebrauche für seine Vorlesungen*, Gotinga 1814.

INTRODUÇÃO | 31

de outros. Em 1788, uma circular ministerial dirigida aos professores de Königsberg insistia neste ponto: «O pior de todos os compêndios é certamente melhor do que nenhum e os professores, se tiverem suficiente sabedoria, podem melhorar os seus autores, tanto quanto puderem, mas é preciso proscrever inteiramente um ensino com base em textos ditados» [43]. – Hegel nunca utilizou compêndios estranhos; pelo contrário, fez a maior parte dos seus cursos segundo as suas próprias publicações, desde que apareceram a *Enciclopédia* e a *Filosofia do Direito*. Serviu-se igualmente de textos ditados, sobretudo em Iena e em Heidelberga, e ainda em Berlim, para a Filosofia do Direito, antes de ter publicado esta numa exposição autónoma. Por fim, utilizou também livremente as suas notas sobretudo nas grandes lições sobre a filosofia da história e da religião, sobre a estética e a história da filosofia.

Hegel só duas vezes, em Heidelberga e em Berlim, consagrou um curso ao conjunto da *Enciclopédia das Ciências Filosóficas*. Normalmente, o livro servia de base para os seus cursos acerca de matérias particulares: lógica, filosofia da natureza e filosofia do espírito (subjetivo). Começava por ler na totalidade ou por secções o texto de um parágrafo; e acrescentava, em seguida, elucidações livres (as chamadas Notas, agregadas a numerosos parágrafos, quase nunca eram lidas; estes fragmentos textuais – que se destacam na nossa edição por estarem recolhidos em relação ao texto – são já elucidações e acrescentamentos, que ultrapassam o aparelho do parágrafo). Ao tomarmos hoje na mão a *Enciclopédia*, não devemos, perante os parágrafos que tantas vezes parecem áridos e secos, esquecer que eles deviam ser completados pelo ensino oral. Devemos suprir a ausência das elucidações orais mediante o estudo exaustivo das notas de curso que se conservaram.

Abstraindo da sua forma literária peculiar, a *Enciclopédia* de Hegel caracteriza-se também pela maneira muito desigual como as diversas partes aí são aprofundadas e elaboradas. Há que oferecer, de seguida, uma breve sinopse sobre as partes

---

[43] Cf. Kants *Gesammelte Schriften*, ed. da Academia Real da Prússia, t. XIV, Berlim 1911, p. XXI.

32 | ENCICLOPÉDIA DAS CIÊNCIAS FILOSÓFICAS EM EPÍTOME

particulares e o seu caráter. Temos diante dos olhos a redação mais recente (1830), que o nosso texto reproduz. Concorda aliás, na sua grande articulação, com a segunda edição de 1827.

Hegel começa com uma introdução de dezoito parágrafos, na qual expõe em grandes traços a sua conceção fundamental da essência do filosofar e da sua necessária estruturação em sistema. Principia com a afirmação de que a filosofia tem em comum com a religião os seus «objetos». «Ambas têm a verdade por objeto e, certamente, no mais elevado sentido – enquanto *Deus*, e *só* Deus, é a verdade. Além disso, ambas se ocupam do âmbito do finito da natureza e do espírito humano, da sua relação recíproca e a Deus, enquanto sua verdade» (§ 1). Mas, na religião – como Hegel formula num outro lugar afim –, o saber sobre o absoluto «é uma forma ainda não adequada ao seu conteúdo, a verdade» [44]. A religião capta o absoluto só no modo da representação. A filosofia, pelo contrário, que Hegel define como a «consideração pensante dos objetos» e, mais precisamente, como «conhecimento que concebe» (§ 2), ultrapassa como tal o plano da representação. Só ela pode apreender o teor absoluto na forma absoluta que lhe convém, porque «põe conceitos no lugar das representações» (§ 3). Vista destes pontos de partida, a tarefa da Introdução é justificar de modo provisório a consideração pensante e concetiva do absoluto como última e suprema e, ao mesmo tempo, expor e elucidar mais precisamente o caráter sistemático do saber.

Após estas reflexões introdutórias sobre o caráter sistemático da filosofia – sobre o pensar e o representar, sobre o pensar e a experiência, sobre a história e o sistema, sobre as partes e a totalidade do sistema –, Hegel aborda a primeira parte: a ciência da lógica. Mas, aqui, mais uma vez se segue logo uma introdução, uma «noção prévia», que engloba nada menos do que sessenta parágrafos! Manifestamente, Hegel percebeu a

---

[44] Cf. B. S., 14. As palavras provêm da Introdução ao curso sobre a *Enciclopédia*, com que Hegel inaugurou a sua docência em Berlim. O rascunho desta lição inaugural foi conservado e foi inteiramente publicado pela primeira vez em B. S., 3-21. Para uma leitura mais pormenorizada da Introdução impressa da 1827-1830, convém abordar, como complemento, este texto mais antigo de Berlim.

INTRODUÇÃO 33

dificuldade de introduzir no sistema os seus ouvintes ou leitores. Para a filosofia, como ele a expusera na Introdução, não pode haver genuinamente nenhum começo. Se ela concebesse o pensar como um objeto particular previamente dado, então, começaria tal como todas as outras ciências com um pressuposto e a ele ficaria vinculado. Mas é este apenas o ato livre do pensar: colocar-se no ponto em que ele é para si mesmo e, portanto, *«produz e a si mesmo dá o meu objeto»* (§ 17). Este ponto de vista, que surge logo como imediato, não mediatizado, alcança-se no interior da própria ciência. Transforma-se nela em resultado, «no qual ela reencontra o seu começo e retorno a si». A filosofia torna-se, deste modo, num círculo fechado em si, de maneira que não pode ter nenhum começo, no sentido das outras ciências.

Para Hegel, só há um «começo» em relação ao sujeito, «que quer decidir-se a filosofar» (§ 17). Hegel quer facilitar *este* começo aos seus alunos, graças à «noção preliminar». Caracteriza aqui a metafísica do Iluminismo, em seguida, a sua dissolução através do Empirismo e do Criticismo e, finalmente, o ensaio do «saber imediato» para apreender de novo uma realidade infinita e eterna. A noção preliminar recebeu a sua forma pormenorizada só na edição de 1827. Por isso, Hegel, no zénite do seu poder criador, reflete mais uma vez e de modo sintético sobre a situação histórica em que o pensar desembocou. Quer ainda mostrar, mais uma vez, que o tempo impele o espírito a conceber-se como saber absoluto *e* a manifestar-se num sistema filosófico.

Mas já muito cedo se perguntou porque é que Hegel, em geral, escrevera esta nova Introdução no seu sistema, uma vez que já existia a *Fenomenologia do Espírito* como a verdadeira Introdução. Na sua biografia de Hegel, Rosenkranz fala justamente da «confusão» que a Introdução suscitou em virtude de tal circunstância[45]. Na realidade, o objetivo da noção preliminar interceta-se com o da *Fenomenologia*. Esta devia «levar o indivíduo, o seu ponto de partida inculto, ao saber»[46] e, claro está, até ao cume do «saber real» ou «absoluto», em que o conceito e o objeto se correspondem entre si absolutamente,

---

[45] Rosenkranz: *Hegels Leben*, p. 406.
[46] P. G., 26.

34 | ENCICLOPÉDIA DAS CIÊNCIAS FILOSÓFICAS EM EPÍTOME

em que se abandona o reino do parecer e se atinge, por fim, o reino da verdade. No mesmo sentido, Hegel, na Noção Preliminar da *Enciclopédia*, lida com a posição do pensar quanto à objetividade para conquistar o «pensamento objetivo» e, por conseguinte, o «objeto absoluto» da filosofia. «A expressão de *pensamentos objetivos* designa a *verdade*, a qual deve ser o *objeto* absoluto, e não apenas a *meta* da filosofia» (§ 25).

Uma vez que os desenvolvimentos da Noção Preliminar entram, por assim dizer, em concorrência com a *Fenomenologia*, Hegel acaba por falar desta última (§ 25, nota). Ele censura a exposição embrulhada da *Fenomenologia*: ela, que devia ser apenas introdução, teve já de desenvolver muito daquele teor que em si pertence às partes concretas do sistema. Esta declaração tardia de Hegel deve-se ao facto de que, entretanto, ele excluiu do vínculo do sistema a *Fenomenologia*, por ele considerada um «trabalho caracteristicamente antigo» e que não importa remodelar[47]. Por isso, a uma subdivisão determinada do sistema, a saber, à exposição da consciência no interior da filosofia do espírito subjetivo pôde dar o nome de «fenomenologia» e inseri-la entre a «antropologia» e a «psicologia», entre os níveis «alma» e «espírito». A história científica da consciência – assim se lê já na *Enciclopédia* de Heidelberga – é «como toda a outra ciência filosófica, não um começo absoluto, mas um elemento no círculo da filosofia»[48]. – Perante a *Fenomenologia*, a nova tentativa de introdução tem, como diz expressamente Hegel, «ainda mais a incomodidade de apenas se poder situar no plano da narrativa histórica e da raciocinação» (§ 25, nota). Este argumentar histórico pode ajudar o indivíduo a discernir que chegou o tempo da ciência e da sua constituição em sistema, mas não o pode aliviar do salto necessário para o pensar sem pressupostos, para o pensar puro. Na conclusão da Noção Prévia (§ 78), Hegel põe a si mesmo, uma vez mais, a questão de se a dúvida aplicada a tudo, o «ceticismo integral», proporcionará uma introdução adequada, que aniquilaria todos os pressupostos. Ele caracterizara

---

[47] Cf. a notícia de Hegel sobre uma nova edição projetada da *Fenomenologia* (1831), reproduzida em P. G., 578.

[48] E. 1817, § 36.

INTRODUÇÃO | 35

também outrora a sua *Fenomenologia* ou *ciência da experiência da consciência* como um «ceticismo que se cumpre» [49]. Mas este caminho de uma «ciência negativa» – diz agora Hegel – «seria tão incómodo como "supérfluo"», «porque o próprio dialético é um momento essencial da ciência afirmativa». A ausência de pressupostos «realiza-se essencialmente na decisão de *querer pensar de modo puro*, mediante a liberdade que abstrai de tudo e apreende a sua pura abstração, a simplicidade do pensar». No rascunho de Hegel para o primeiro curso de Berlim sobre a *Enciclopédia*, diz-se a este respeito em metáforas impressionantes: «A decisão de filosofar precipita-se puramente no pensar (o pensar é solitário em si mesmo), arroja-se como num oceano sem margens; todas as cores variegadas, todos os pontos de apoio se desvaneceram, todas as luzes amistosas se extinguiram, brilha apenas *uma* estrela, a *estrela interior* do espírito; é a *Estrela Polar*» [50].

Hegel procura assim, de múltiplas maneiras, evidenciar que não existe nenhuma introdução específica ao sistema filosófico e, portanto, à sua *Enciclopédia*; sente, pois, fortemente a necessidade pedagógica de levar os seus leitores e ouvintes a entrarem na filosofia. Assim como outrora a *Fenomenologia* da breve introdução que fora planeada se lhe tornara num livro inteiro, assim agora a Noção Prévia, que na *Enciclopédia* de Heidelberga fora tratada com concisão, se alargou a mais de sessenta parágrafos. Hegel escreve a este respeito a Daub: «Talvez eu tenha dado uma extensão demasiada sobretudo à Introdução. Mas ter-me-ia custado muito mais tempo e esforço levar a cabo a sua redução. Absorvido e disperso pelos meus cursos e... por outras coisas, deixei-me levar sem cair na conta de que o trabalho se elevava acima da minha cabeça e existia o perigo de daí surgir um livro. Eis porque várias vezes o reelaborei. O tratamento dos pontos de vista que aí distingui devia corresponder a um interesse atual. Mas esta introdução tornou-se-me tão difícil porque ela só pode situar-se antes, e não no interior

---

[49] Cf. P. G., 67.
[50] B. S., 19 ss.

36 ENCICLOPÉDIA DAS CIÊNCIAS FILOSÓFICAS EM EPÍTOME

da filosofia»[51]. Contudo, pode dizer-se, Hegel, nesta matéria, encontrava-se no seu elemento. Já os primeiros ensaios de Iena tinham no fundo os mesmos temas e os mesmos fins. Talvez saibamos hoje, no plano histórico, demasiado da filosofia desse período para apreendermos prontamente o poder de conceção que exigia semelhante síntese de todas as correntes filosóficas contemporâneas.

A Noção Preliminar desemboca na divisão da lógica à qual ela própria pertence segundo a articulação do livro, embora Hegel queira incondicionalmente que ela se entenda e aprecie, quanto ao conteúdo, como uma exposição pré-científica. A genuína ciência da lógica só começa com as suas três subdivisões – a doutrina do ser, da essência e do conceito.

Por «lógica» Hegel não entende apenas a lógica tradicional, lógica formal ou do entendimento, mas também e sobretudo a metafísica. Na sua primeira elaboração do sistema em Iena, ainda mantinha separadas a lógica e a metafísica. Em Berlim, igualmente, anunciara os seus cursos sobre a primeira parte da *Enciclopédia* ainda com o título de *Lógica e Metafísica*. Mas já de há muito considerava as duas coisas uma só. «A lógica, na significação essencial da filosofia especulativa, vem ocupar o lugar do que outrora se chamava metafísica e se considerava uma ciência dela separada.» Assim se declara na *Enciclopédia* em 1817[52]. Nas edições ulteriores, Hegel precisa o seu pensamento: «A lógica especulativa contém a antiga lógica e a antiga metafísica. Conserva as mesmas formas de pensamento, as mesmas leis e os mesmos objetos mas, ao mesmo tempo, desenvolve-os e dá-lhes uma nova forma, graças a categorias mais amplas» (§ 9, nota). Ou diz com concisão: «A lógica coincide com a metafísica» (§ 24).

Foi sobretudo nos seus trabalhos acerca da filosofia do espírito que se pôs o mérito de Hegel e foi neste domínio que se celebrou como o grande inovador – da mesma maneira que se vê o mérito do primeiro Schelling em ele ter destacado a filosofia da natureza no seio do Idealismo. Mas o próprio Hegel também

---

[51] B. H. III, 126.

[52] E. 1817, § 18.

INTRODUÇÃO

37

viu o centro da gravidade da sua obra criadora na renovação da metafísica e da lógica. E, no fundo, ambos os domínios, a filosofia do espírito e a lógica nova, se correlacionam.

Na *Enciclopédia* de Heidelberga, Hegel escreveu que com a filosofia crítica de Kant «a metafísica chegou ao fim»[53]. Mas ele não podia nem queria aceitar tal estado. No prefácio à *Ciência da Lógica* (1812), escrevera: «Visto que a ciência e o senso comum trabalharam de mãos dadas para provocar a ruína da metafísica, pareceu assim ter-se suscitado o espetáculo estranho de ver *um povo civilizado sem metafísica* – como se fora um templo de múltiplos modos adornado, mas sem Santo dos Santos»[54]. Hegel atribui um tão grande peso à renovação da lógica e da metafísica para assim restituir à vida espiritual do povo a sua alma genuína. Kant, Fichte, Schelling e os movimentos filosóficos deles derivados tinham embatido contra as últimas e supremas categorias. Hegel quer desenvolver esta conceptualidade na sua totalidade e segundo a sua necessidade interna e torná-la assim capaz de ser adequada não só a todo o finito, mas ao absoluto. Nesse sentido, na primeira edição da *Enciclopédia*, não só caracterizou a lógica, que deve representar o «fundamento absoluto» de tudo, como filosofia especulativa, mas atribuindo-lhe «a significação de uma teologia especulativa»[55].

Assim se fornece a meta da lógica hegeliana. A elaboração concreta desta parte do sistema no interior da *Enciclopédia* foi muito facilitada pelo facto de Hegel ter já antes publicado em três volumes a grande *Ciência da Lógica*. Antes da sua morte, remodelou ainda de modo substancial o primeiro livro desta lógica de Nuremberga, mas não teve tempo para reelaborar, entretanto, o segundo e terceiro livros. Temos, pois, de recorrer à versão abreviada na *Enciclopédia* para inferir as modificações que ele empreendera depois do período de Nuremberga e, sobretudo, durante os últimos anos da sua vida.

O intento de Hegel na Filosofia da Natureza era também dar a este campo a forma conceptual rigorosa contra todas as

---

[53] *Ibid.*
[54] *Wissenschaft der Logik*, ed. G. Lasson, t.1, Lípsia 1932, p. 4.
[55] E. 1817, §17.

38 | ENCICLOPÉDIA DAS CIÊNCIAS FILOSÓFICAS EM EPÍTOME

exuberâncias românticas. Isto, certamente, só podia ter lugar no interior da conceção científico-natural da sua época. Hegel tentou uma sistematização por meio do método dialético. Mas foi justamente a propósito da sua Filosofia da Natureza que uma e outra vez se disse – e, decerto, não sem razão – que este aspeto da sua obra está longe de ser o mais sólido. A segunda parte da *Enciclopédia* é, pois, também a única exposição da Filosofia da Natureza que o próprio Hegel publicou.

A Filosofia do Espírito Subjetivo também foi publicada por Hegel só no enquadramento da *Enciclopédia*. Mas aqui, porém, as coisas passam-se de um modo inteiramente diverso do que acontece na Filosofia da Natureza. Já em Nuremberga, quando Hegel estava ainda ocupado com a elaboração da Lógica, projetava ele fazer seguir a esta obra uma «Psicologia». Atribuía, com efeito, grande importância à renovação desta disciplina. «A psicologia, tal como a lógica, pertence àquelas ciências que em tempos recentes ainda não tiraram o mínimo proveito da mais universal cultura do espírito e do mais aprofundado conceito da razão, e encontra-se numa situação extremamente má.» Eis o que diz Hegel na *Enciclopédia* de Heidelberga([56]), e a terceira edição de 1830 inclui ainda este juízo sem nenhuma modificação (§ 444, nota). Também nas *Linhas Fundamentais da Filosofia do Direito* Hegel assinala a deficiência de elaboração científica da psicologia([57]). E na mesma passagem uma observação sugere que ele tencionava ainda escrever um livro sobre a psicologia ou «doutrina do espírito». A não realização dessa obra será lamentada por todo aquele que lida mais afincadamente com a Filosofia do Espírito Subjetivo no interior da *Enciclopédia* e que está familiarizado com as intuições essenciais sobre o ser espiritual individual do homem, que aí se expressam.

Da exposição sobre o espírito objetivo, diz o próprio Hegel: «Visto que expus esta parte da filosofia nas minhas Linhas Fundamentais do Direito (Berlim, 1821), posso aqui exprimir--me com maior concisão do que a propósito das outras partes» (§ 487, nota). Já em Heidelberga, esta parte do sistema fora

---

([56]) *Ibid.*, § 367, nota.
([57]) Cf. P. R., §4.

tratada apenas de um modo muito breve. Após a Filosofia do Direito ter sido elaborada e publicada como um compêndio autónomo, Hegel já não se viu induzido a alargar substancialmente a *Enciclopédia*.

Mas os parágrafos acerca do espírito absoluto permaneceram totalmente insuficientes. Efetivamente, Hegel oferece aqui apenas os conceitos fundamentais. Para a exposição histórica da filosofia, mesmo no fim, já nem sequer se aduzem os conceitos de base, ao passo que isso ainda acontecera para a história da arte. As exposições encontram-se agora sem nenhuma relação com as partes anteriores, embora o trabalho de Hegel, no período de Berlim, tenha consistido justamente em dar forma a estas partes do sistema. Devemos certamente ter em conta que Hegel, nos seus cursos sobre as diversas regiões do espírito absoluto, nunca se baseou na *Enciclopédia*, de maneira que o propósito do livro para esta última secção nunca foi levado a cabo. Esta circunstância influenciou certamente de um modo retroativo também a forma que estas secções tomaram na impressão.

A Filosofia do Espírito é, pois, segundo a forma ou o valor em si, muito díspar: a doutrina do espírito subjetivo apresenta-nos uma elaboração muito preciosa; a exposição do espírito objetivo é inferior ao resumo da Filosofia do Direito; a filosofia do Espírito Absoluto surge exposta apenas em mero esboço. Impera, pois, no todo, uma falta de equilíbrio. Mas na *Enciclopédia* há também muitas vezes uma concisão muito densa, ao lado de passagens longas e desproporcionadas. Por vezes, o estilo seco de um compêndio é interrompido por discussões polémicas quase intermináveis – assim, por exemplo, quando Hegel se refere ao conflito entre Goethe e Newton, à censura do Panteísmo ou à relação entre Religião e Estado.

Contudo, a *Enciclopédia* representa à sua maneira, numa exposição fechada sobre si, o todo da filosofia, a automediação do Absoluto no sistema. Nos últimos parágrafos do livro, Hegel toma ainda, mais uma vez, por tema o fechamento circular do sistema. Afirmada na Introdução, a ausência de começo da filosofia surge como resultado da própria ciência.

Hegel diz: o sistema é um «silogismo». Mas ele não concebe o silogismo, o silogismo da lógica, como uma combinação de

40 | ENCICLOPÉDIA DAS CIÊNCIAS FILOSÓFICAS EM EPÍTOME

elementos diferentes e fixos uns em relação aos outros – isso seria apenas um «silogismo do entendimento»! Hegel procura antes, na sua lógica, conceber o silogismo como o que é especulativo: como o mediar-se-consigo ou combinar-se-consigo-mesmo de um todo, através dos seus momentos. «O silogismo é o *racional* e todo o *racional*» (§ 181).

Neste sentido, o absoluto é também para Hegel um silogismo: congrega-se consigo mesmo em sistema através dos seus momentos – o universal da lógica, o particular e o separado da natureza, a individualidade e a subjetividade do espírito. Segundo a doutrina hegeliana, um silogismo é perfeito quando cada momento se tornou «termo médio». Na exposição, tal como a *Enciclopédia* a oferece, a natureza é posta como o meio [termo] do «silogismo»-sistema. Mas é necessário que o leitor tenha presente a problemática desta exposição. Com a fixidez externa da exposição em geral, está conexa a falsa aparência de que as partes singulares se encontram ao *lado umas das outras*, «como se fossem apenas imóveis e, na sua diferenciação, substanciais, tal como espécies» (§ 18, nota). Mas o inconveniente particular que resulta da sucessão serial escolhida é suscitar a impressão de que a mediação do conceito no sistema teria lugar na forma exterior do «passar» do universal da lógica para a natureza e, em seguida, para o espírito. A sucessão sistemática – lógica, filosofia da natureza, filosofia do espírito – não é, pois, uma sucessão absoluta, mas unilateral, e esta unilateralidade deve suprimir--se numa apreensão integral do sistema. A automediação do Absoluto só é completa quando o espírito e o lógico se puseram como meios e quando se conceberam na sua especificidade as outras «sucessões seriais» possíveis das «partes» do sistema (cf. § 575 s.) «A filosofia é... como o universo, *redonda* em si mesma, nada existe de primeiro e de último – mas tudo é sustentado e mantido – *reciprocamente e ao mesmo tempo*»([58]).

Os prefácios que Hegel antepôs às três edições e que considerava inteiramente extrínsecos pertencem, para o leitor de hoje, ao conteúdo filosófico substancial da Enciclopédia. Mostram, de pontos de vista diferentes, que lugar, na sua

---

([58]) B. S., 9.

INTRODUÇÃO 41

época, Hegel pretendia para a sua obra. Em 1817, vira-se com força contra o arbitrário oco de um filosofar superficial e sem espírito, que se cansa com uma necessidade filosófica mais profunda e que, além disso, suscitou uma indiferença a respeito da ciência da filosofia. Por outro lado, refere-se à constatação agradável de que «o interesse filosófico e o amor sério pelo conhecimento mais elevado se conservaram intactos e sem arrogância», e é «a este interesse pelo conhecimento da verdade» que ele dedica a sua tentativa de sistema (p. 22). Graças à elaboração de um novo método – «que, como espero, será reconhecido como único verdadeiro e idêntico ao conteúdo» (p. 20) –, Hegel quer organizar novamente todo o reino do espírito.

Corretamente entendido, o prefácio da segunda edição, escrito pelo autor no zénite do seu poder criador, pode manter-se perfeitamente ao lado do grande Prefácio ao Sistema, publicado em 1807. Hegel esboça, mais uma vez, a situação do seu tempo e defende-se contra os juízos errados acerca do seu modo de filosofar. Considera somente aqueles que, na sua opinião, se lhe podem contrapor como reais adversários. A oposição que se deve tomar a sério não a vê ele nem na interpelação mítico-poética dos deuses, tal como a tentara o seu amigo Hölderlin, já há muito mergulhado no silêncio, nem na ciência empírica do positivismo incipiente, mas apenas na teologia, que se opõe à especulação. Se Hegel, apesar das diferenças existentes, considera com uma profunda satisfação o tratamento dogmático-especulativo da religião, tal como o apresentara Baader, deve, no entanto, contrapor-se a uma conceção da religião que recusa a competência do pensamento para a fé. Que ele venha precisamente a falar de Tholuck e a confrontar-se com ele é, sem dúvida, segundo o seu próprio testemunho, um puro acidente[59]. Mas a doutrina de Tholuck «sobre o pecado» – a doutrina segundo a qual a teologia cristã se funda na consciência que o homem tem do seu pecado – fornecia ainda, a uma grande parte da teologia protestante do século XIX, as categorias pelas quais se afastava do Idealismo. Hegel opõe-se de antemão a esta evolução e é a

---

[59] Cf. *Prefácio* (p. 9, 1. 16) e B. H., III, 225.

42 ENCICLOPÉDIA DAS CIÊNCIAS FILOSÓFICAS EM EPÍTOME

este respeito sustentado por uma grande autoconsciência: como filósofo, concebe a religião também mediante o pensamento, mas esta não pode por si mesma apreender-se convenientemente a partir da filosofia. «O teor é o mesmo; mas assim como algumas coisas, lá diz Homero, têm dois nomes, um na língua dos deuses, outro na dos homens superativos, há também para aquele teor duas linguagens, uma, a do sentimento, da representação e do pensar intelectual, que faz o seu ninho em categorias finitas e em abstrações unilaterais, a outra, a do conceito concreto» (p. 13). «A ciência compreende o sentimento e a fé, mas ela só pode julgar-se a partir do conceito, enquanto nele se apoia» (p. 19). – Hegel, que pessoalmente partira de trabalhos teológicos e políticos, podia viver na consciência de que uma revolução tinha tido êxito, de que o pensamento configurara o mundo. Esta consciência exprime-se através de argumentos que ele opõe aos seus adversários. No entanto, no prefácio de 1830, em que Hegel se refere ao combate incipiente entre a nova ortodoxia e a investigação histórico-crítica, própria do Iluminismo, reina já um tom mais reservado. «A filosofia pôde alegrar-se por ter ficado fora de jogo» (p. 27). Hegel distancia-se do barulho da época e apela para Aristóteles, que chamou à *theoria* «o que há de mais bem-aventurado e o melhor dos bens» (p. 28).

Desde 1827, encontra-se no fim da *Enciclopédia* uma citação tirada da teologia especulativa de Aristóteles. Hegel apela repetidamente para Aristóteles e também para o esforço de Anselmo por religar a fé e o saber, e também ainda para a metafísica dos escolásticos iluministas. Tal como estes pensadores, também ele quis reunir as ideias do seu tempo num sistema definitivo; procurou nele aprofundar em sentido cristão a metafísica grega, mas também superar a teologia cristã na especulação e levá-la ao seu cumprimento «no saber absoluto» do espírito, que se apreende a si mesmo. Admitiu-se muitas vezes – a começar pelos seus discípulos e contemporâneos até certos pensadores de hoje – que Hegel realizou na *Enciclopédia* os seus desígnios, que a sua tentativa fora bem-sucedida. Rosenkranz fala da *Enciclopédia* como de uma obra que «contém os conceitos fundamentais de toda a filosofia»: «Esta base não é um tapete multicolor, cujo tecido imaginário depressa se desmancha e desfia; tem antes

INTRODUÇÃO | 43

a natureza do bronze»[60]. Por seu lado, Rudolf Haym escreve: «Desde a época de Aristóteles, não se vira um tal edifício da ciência»[61]. E Richard Kroner afirma: «A Enciclopédia é a exposição mais rica e mais completa que o idealismo alemão encontrou; é a configuração do sistema para que ele tendera ao longo de todo o seu desenvolvimento.» A Enciclopédia de Hegel traça a suma da história ocidental, «quer ser a casa onde o espírito possa viver»[62].

Sem dúvida, o curso do espírito após Hegel alcançou posições novas e diversas, a partir das quais se formularam contradições fundamentais contra o sistema hegeliano e das quais não podemos alhear-nos. Finalmente, para nós, homens de hoje, este sistema tornou-se questionável em muitos aspetos. Talvez por isso nos interesse considerar com atenção as passagens da *Enciclopédia* em que ela nos oferece elaborações, conceções e problemáticas concretas, que podemos tomar separadas do conjunto do sistema – como, por exemplo, na filosofia do espírito subjetivo. Mas, mesmo em semelhante apropriação, a *Enciclopédia* remeter-nos-á, repetidamente, para a totalidade do filosofar hegeliano – «porque as partes só podem apreender-se a partir do todo»[63].

IV

Algumas observações acerca da história do texto da *Enciclopédia* bem como a especificação dos princípios que se utilizaram nesta nova edição devem encerrar a Introdução.

A história das edições é, no caso precedente, de interesse particular. Não só abrange uma série de edições mais ou menos corretas e não só reflete as diversas e sucessivas versões de Hegel, mas ostenta o fenómeno notável de que os editores singulares deram a esta obra, em virtude da sua posição perante a filosofia hegeliana, formas inteiramente diferentes.

---

[60] Rosenkranz, Prefácio à sua edição da *Enciclopédia* de 1845, p. V.

[61] R. Haym, *Hegel und seine Zeil*, Berlim 1857, p. 340.

[62] R. Kroner, *Vom Kant bis Hegel*, t. II, Tubinga, p. 502 ss.

[63] B. S., 9.

Hegel publicou a sua *Enciclopédia* pela primeira vez em 1817; a segunda edição de 1827 já foi fortemente ampliada e a terceira de 1830 sofreu novas modificações. (Na secção II já se forneceram pormenores acerca destas edições.) A primeira edição só foi reimpressa uma vez, a saber, por processos fotomecânicos na edição do Jubileu a cargo de H. Slockner. A segunda edição nunca foi reeditada. E na base das diversas edições da *Enciclopédia* encontra-se o texto de 1830.

Depois da morte de Hegel, a *Enciplopédia* foi pela primeira vez de novo editada dentro das obras completas publicadas pelos «Amigos do Defunto». Mas os editores não se ativeram simplesmente ao livro de Hegel; forneceram os parágrafos individuais com elucidações ou «apêndices» que foram buscar aos cursos de Hegel. E, claro está, tais aditamentos forneceram-se à Lógica, à Filosofia da Natureza e à Filosofia do Espírito Subjetivo, mas não à Filosofia do Espírito Objetivo e do Espírito Absoluto, pois as lições de Hegel sobre estes temas já em parte tinham sido elaboradas na Filosofia do Direito e, em parte, foram objeto de publicações autónomas. Era, pois, agora necessário distinguir no texto os parágrafos propriamente ditos, as observações que Hegel fizera aos parágrafos e os aditamentos que os editores tinham acrescentado a partir de notas de cursos.

A *Enciclopédia* assumiu em tal edição as proporções de uma obra em três volumes, que abrange mais de 1600 páginas. Cada volume foi confiado a um editor diferente: a Lógica a Leopold von Henning, a Filosofia da Natureza a Karl Ludwig Michelet, a Filosofia do Espírito a Ludwig Boumann. Os volumes apareceram separadamente nos anos de 1840, 1842 e 1845.

Mediante a introdução dos aditamentos, a *Enciclopédia* perdera totalmente o caráter de um «compêndio» filosófico e de fio condutor para os cursos. A tentativa de englobar na edição completa não só o texto do compêndio, mas também os cursos a que ele servira de base é, sem dúvida, muito sensata enquanto tal. Tudo mostra que a *Enciclopédia* era feita para introduzir elucidações orais. Tanto mais, pois, é lamentar a forma que os discípulos de Hegel tinham para tentar introduzir os cursos na *Enciclopédia*. Em vez de avolumarem esta última até se tornar numa obra inabarcável, teria sido mais sensato publicar

INTRODUÇÃO | 45

separadamente os cursos. Deve então observar-se que a maioria dos cursos de Hegel sobre a *Enciclopédia* e as suas partes não tem como base o livro de 1827 e de 1830, mas a primeira edição de 1817, com a sua ordenação dos parágrafos inteiramente diversa; é, pois, muito problemático integrar as lições desses anos numa divisão tardia. Mas os editores reuniram indistintamente conferências de anos diversos e Michelet reproduziu mesmo, para a edição da Filosofia da Natureza, projetos do sistema que remontam a Iena. – Além disso, por razões de estilo, os editores permitiram-se a si mesmos, sobretudo na segunda e terceira partes, fazer as mais diversas modificações no texto impresso da *Enciclopédia*. Só por si, a primeira secção da Filosofia do Espírito, que engloba 105 parágrafos e corresponde justamente a um quinto do livro, contém mais de 150 modificações redacionais, que não raro alteram o sentido original do texto. Assim, em numerosas passagens, esta edição da *Enciclopédia* já não apresenta o texto original de Hegel.

O procedimento dos amigos e discípulos de Hegel só se pode compreender suficientemente a partir da sua posição básica perante a filosofia. Eles procuravam o sistema acabado, encerrado, sobre o qual queriam continuar a construir. Por isso, não tinham nenhum interesse na evolução do pensamento hegeliano e nos documentos de tal evolução. Visto que Hegel nunca tinha proposto o seu sistema numa forma pormenorizada, o compêndio da *Enciclopédia* situou-se no centro da edição integral das obras; e foi de tal modo ampliada, que, juntamente com as outras obras relacionadas, podia valer como uma exposição completa do sistema. E importava tanto mais que o sistema estivesse integralmente editado, quanto já era acesa a luta em torno da filosofia hegeliana. A *Enciclopédia* devia, à sua maneira, ser um baluarte neste confronto. Assim, aos olhos de Michelet, foi uma coincidência muito particular que a parte do sistema consagrada à Filosofia da Natureza, e de que ele se encarregara, aparecesse no mesmo momento em que Schelling chegava a Berlim. «O criador da Filosofia da Natureza verá aqui acabado o edifício de que ele apenas foi capaz de lançar os fundamentos.» A «página na história da filosofia», que Schelling outrora deixara a meio, «foi escrita até ao fim» por Hegel; a

46 | ENCICLOPÉDIA DAS CIÊNCIAS FILOSÓFICAS EM EPÍTOME

polémica contra Schelling podia agora trabalhar apenas com uma refutação efetivamente científica[64].

Por outro lado, da vontade de continuar a construir sobre o fundamento de Hegel nasceu também a grande liberdade que os editores tomaram com as suas «melhorias» perante o texto e o pensamento hegelianos. Que as obras de Hegel fossem aos seus olhos estímulos e pontos de apoio para os seus próprios trabalhos, alimentados do seu espírito, mas, como supunham, mais bem elaborados do que os seus é o que indica, certamente, o prefácio de Boumann à Filosofia do Espírito, que apareceu muito tarde (1845). Boumann exprime aqui o desejo de que a filosofia do Espírito de Hegel possa, ao lado das obras dos seus discípulos sobre o mesmo objeto, «ter também um lugar honroso»[65]!

A *Enciclopédia* assim ampliada foi reeditada em Leida em 1906 pelo hegeliano G. J. P. J. Bolland. Publicou a obra num grosso volume e proveu-a de uma série de observações próprias em forma de comentário. Na edição do Jubileu (1927 s.), Hermann Glockner reproduziu, em seguida, por processos fotomecânicos, os três volumes de 1840, 1842 e 1845. Sublinhou ainda a forma que a escola hegeliana tinha dado à *Enciclopédia* e deu-lhe o título de *Sistema da Filosofia*. E como compêndio enciclopédico, imprimiu à parte a versão de Heidelberga de 1817.

Enquanto a *Enciclopédia* continuou assim a viver em forma modificada, a última versão original de Hegel de 1830 foi várias vezes reeditada. Já em 1845, ainda antes de A Filosofia do Espírito aparecer na edição completa como o terceiro tomo da *Enciclopédia*, apareceu uma reimpressão dessa versão. O editor, Karl Rosenkranz, chamou a esta edição a quarta edição. Religou-a assim, diretamente, na numeração com a terceira edição ainda organizada pelo próprio Hegel e saltou conscientemente por cima da elaboração contida na edição das obras completas, pois os editores dela tinham «feito um livro inteiramente diverso»[66].

---

[64] Cf. o Prefácio de Michelet ao vol. VII das *Obras*, p. XXIV ss.

[65] *Obras*, VII/2, p. VIII.

[66] Assim diz retrospetivamente Rosenkranz na Introdução da sua edição de 1870, p. VII.

INTRODUÇÃO | 47

Em 1870, a edição de Rosenkranz entrou na «Biblioteca Filosófica», juntamente com um volume independente intitulado «Elucidações» (uma nova tiragem realizou-se em 1878). Na sua introdução, Rosenkranz observa que «numa biblioteca, que deve reunir as obras capitais da filosofia antiga e moderna», não pode faltar a *Enciclopédia* de Hegel. «Ela é a obra em que se concentraram os próprios esforços de Hegel por construir uma imagem global da sua visão filosófica do mundo. É o centro de que promanou perifericamente uma grande quantidade de outros trabalhos. Mesmo só historicamente considerada, constitui o monumento essencial de uma das épocas mais importantes da especulação»[67].

Quanto ao estabelecimento do texto, ambas as edições de Rosenkranz são visivelmente um simples trabalho de copista. Não só não corrigiu os erros do texto impresso em 1830, mas ainda acrescentou uma série de erros novos.

Em 1905, Georg Lasson organizou, dentro da «Biblioteca Filosófica», uma nova edição da *Enciclopédia*. Escreve no prefácio: «Quando em 1870 a "Biblioteca Filosófica" acolheu na sua coleção a *Enciclopédia* de Hegel, era de algum modo uma última homenagem prestada a um morto. Entretanto, muito do que na altura passava por vivo se perdeu na noite. Não faltam espíritos cheios de esperança que veem luzir uma aurora para a filosofia. Se tal manhã despontar, Hegel tornará de novo a ser vivo, isso é certo»[68]. Na edição seguinte (1920), Lasson refere-se a que foi no ano de 1905 que apareceu também o livro de Dilthey sobre a *Juventude de Hegel* e a que começara efetivamente uma nova época, na receção da filosofia hegeliana. – Uma nova tiragem desta edição apareceu em 1930.

No estabelecimento do texto, Lasson procurou utilizar todas as edições anteriores da *Enciclopédia* e limpar o texto de todos os erros. O facto de não ter alcançado inteiramente o seu objetivo não desdiz do seu trabalho, difícil de imaginar na sua extensão, e que ele levou a cabo sozinho (chegou mesmo a fazer um cotejo com uma tradução inglesa!). Além disso, Lasson quis

---

[67] *Ibid.*, 5.
[68] Citado segundo a 4.ª edição, Lípsia 1930, p. X.

48 | ENCICLOPÉDIA DAS CIÊNCIAS FILOSÓFICAS EM EPÍTOME

referir-se à importância da evolução no pensamento hegeliano e «fornecer ao leitor um vislumbre do esforço intelectual do grande pensador sempre incansável e nunca satisfeito consigo mesmo»[69]. Enquanto Rosenkranz afirmara ainda que a edição de 1830 não apresenta «nenhuma modificação»[70] em relação à de 1827, Lasson assevera que, deixando de lado as variantes sem importância, se descobrem entre os dois textos cerca de três mil e seiscentas diferenças. Lasson quis assinalar por baixo do texto, pelo menos, as variações mais importantes. Diz ele: «A tarefa de escolher entre as inumeráveis variantes da edição de 1827 as que parecem realmente significativas poderá encontrar soluções muito diversas, segundo o juízo daquele que compara as duas edições»[71]. Deve reconhecer-se que Lasson se esforçou, no conjunto, por oferecer uma escolha judiciosa. No entanto, será possível censurar-lhe muitas vezes um pormenor no seu procedimento por induzir o leitor em erro. Por exemplo, ao atribuir uma variante a uma frase, omite a que respeita à frase seguinte, igualmente modificada, etc. No fundo, Lasson viu-se diante de uma tarefa que jamais se poderia resolver de maneira satisfatória.

Com base na edição de Lasson, Johannes Hoffmeister levou a cabo, em 1949, a quinta edição da *Enciclopédia*, no enquadramento da «Biblioteca Filosófica». Reduziu o aparato crítico e empreendeu algumas correções textuais. Por outro lado, na nova configuração do texto, introduziu uma série de novos erros. Se se juntarem às gralhas tipográficas, que nunca se tinham corrigido, chega-se nesta última edição da *Enciclopédia* a cerca de setenta incorreções textuais, que modificam o próprio sentido. Há erros como «teoria» em vez de «teologia», «psicológico» por «fisiológico», «absoluto» por «universal», etc. A omissão de certas expressões e palavras inverte, muitas vezes, completamente o sentido de uma frase; no § 140 falta, inteiramente, uma nota de seis linhas de Hegel.

---

[69] *Ibid.*, IX.

[70] Cf. a edição de 1807, p. VII. No mesmo sentido, K. Rosenkranz, *Hegel als deutscher Nationalphilosoph*, Lípsia 1870, p. 226.

[71] Lasson, *op. cit.*, 508.

V

A nova edição aqui proposta contém o texto da *Enciclopédia*, tal como o possuímos na sua última redação. Os três Prefácios surgem também na ordem e nos termos em que foram impressos em 1830. Como também já nas anteriores edições da «Biblioteca Filosófica», renunciou-se inteiramente a introduzir no livro de Hegel quaisquer aditamentos tirados dos seus cursos. Estes cursos só podem ser publicados de forma conveniente numa edição em separado[72]. Além disso, diferentemente de Lasson e de Hoffmeister, não oferecemos nenhumas variantes do texto de 1827. Isso só teria sentido se, ao mesmo tempo, se publicasse também a versão de 1817. Mas, sobretudo, haveria que indicar todas as variantes de 1827. Mas isso – em virtude do grande número de modificações feitas por Hegel – não seria possível numa edição de trabalho e não corresponderia ao seu objetivo. (No âmbito das *Obras Completas* de Hegel, que serão publicadas no mesmo editor num futuro próximo, sob os auspícios da Sociedade Alemã de Investigação Científica, a edição da *Enciclopédia* de 1830 conterá a totalidade das variantes de 1827. Mediante a reprodução integral da primeira versão de Heidelberga e de um quadro comparativo, tornar-se-á acessível toda a história do texto hegeliano de 1817 a 1830.)

Do ponto de vista tipográfico, a nossa edição apresenta duas modificações diversas:

1. As passagens sublinhadas no texto estão impressas em itálico e não em carateres espaçados;
2. As «anotações» que Hegel acrescentou a numerosos parágrafos (e que não se devem confundir com as suas ocasionais notas de rodapé) compuseram-se num corpo mais pequeno; nas edições originais, só se distinguiam do texto propriamente dito dos parágrafos por uma diferença de alinhamento.

---

[72] Uma tal publicação acontecerá no interior da edição do conjunto, mencionada mais à frente.

50 ENCICLOPÉDIA DAS CIÊNCIAS FILOSÓFICAS EM EPÍTOME

Pôs-se o maior cuidado no estabelecimento do texto. Na correção dos erros, atendeu-se às três edições preparadas pelo próprio Hegel para poder supervisar pessoalmente a impressão. Hegel desejou que a terceira edição fosse composta em Berlim e não em Heidelberga. Tal desejo foi atendido, mas o texto resultante é só medianamente satisfatório. Quanto à limpeza do texto, a edição de 1830 é, no conjunto, ainda pior do que a de 1827. De um modo característico, nem Hegel nem os seus tipógrafos utilizaram a pormenorizada lista de erratas que acompanhava a segunda edição e os erros subsistiram na terceira[*].

Evidentemente, no estabelecimento do texto tiveram-se em conta, além das três edições originais de Hegel, também conjeturas pertinentes dos editores ulteriores. No entanto, nesta edição de trabalho, não se estabeleceu o aparato crítico propriamente dito. Para a justificação do seu texto, os editores veem-se forçados a apelar para a edição (que há de aparecer mais tarde) da *Enciclopédia* no âmbito das *Obras Completas*. Apenas se incluíram algumas variantes importantes e significativas, que aparecem no aparato das Notas.

As numerosas notas[**], no fim do volume, de nenhum modo proporcionam um comentário à edição. Dizem apenas respeito às passagens em que Hegel se refere – segundo o seu hábito, quase sempre sem mencionar ou, então, só de um modo muito impreciso – a determinados autores, livros, textos ou a certos acontecimentos. Nas Notas, renunciou-se a citar textos paralelos de outras obras de Hegel. Isso só aconteceu quando a citação podia elucidar uma passagem *textualmente* obscura. Pela restrição das Notas às informações requeridas pelo texto, quis evitar-se uma exegese que, na sua escolha, permaneceria sempre unilateral e, no conjunto, sempre incompleta. Por outro

---

[*] Na edição alemã, seguem-se vários parágrafos que incluem problemas de grafia, originados pela distância no tempo entre a época de Hegel e o idioma alemão atual. Como não têm grande interesse para o contexto da nossa língua, foram deixados de lado. *(N. do T.)*

[**] Serão assinaladas por numeração contínua no corpo do texto. *(N. do T.)*

lado, é de esperar que as informações precisas sobre as fontes utilizadas por Hegel no domínio da história da filosofia e da literatura do seu tempo ajudem a compreender melhor o seu texto do que longas considerações sobre a conceção que Hegel tinha dos diferentes problemas.

FRIEDHELM NICOLIN
OTTO POGGELER

Prefácio à 2.ª edição

Nesta nova edição, o benévolo leitor encontrará várias partes remodeladas e desenvolvidas com determinações mais precisas; esforcei-me por atenuar e diminuir o caráter formal da exposição e também, mediante anotações[1] exotéricas mais extensas, por aproximar conceitos abstratos da sua aceção comum e das suas representações concretas. A concisão compacta, que um compêndio requer em matérias aliás abstrusas, mantém, para esta segunda edição, o destino que já a primeira tinha: servir de um livro de curso, que tem de receber através da exposição oral a sua necessária elucidação. À primeira vista, o título de *Enciclopédia* devia, sem dúvida, deixar espaço para um menor rigor do método científico e para uma justaposição extrínseca; mas a natureza da coisa exige que a conexão lógica tenha de permanecer como o fundamento.

Seriam apenas de mais as ocasiões e os estímulos que pareceram exigir que eu me explicasse sobre a posição exterior do meu filosofar em relação à atividade espiritual e privada de espírito da cultura atual; o que só se pode fazer de um modo exotérico, como num prefácio; pois esta atividade, embora atribua a si uma relação com a filosofia, não tem com ela nenhuma relação científica, ou mesmo qualquer relação em geral, mas prossegue a partir de fora na sua tagarelice e no exterior dela. É um descrédito e até uma inconveniência colocar-se em tal terreno estranho à ciência, pois semelhante explicação e discussão não fomenta a compreensão em vista da qual apenas se pode intentar o verdadeiro conhecimento. Mas pode ser útil ou necessário comentar alguns fenómenos.

O conhecimento científico da verdade é aquilo que em geral visei e intento nos meus esforços filosóficos. É o caminho mais difícil, mas o único que pode ter interesse e valor para o espírito, se este alguma vez enveredou pela via do pensamento e ao longo da mesma não sucumbiu à frivolidade, mas preservou o querer e a coragem da verdade; bem depressa descobre que só o método consegue domar o pensamento e levá-lo à coisa e aí o reter. Só uma tal prossecução se revela como o restabelecimento daquele teor absoluto, para lá do qual o pensamento se alcandorou e se pôs, mas um restabelecimento no elemento mais peculiar e mais livre do espírito.

Acabou, ainda não há muito, um estado de ingenuidade e, segundo a aparência, feliz em que a filosofia caminhava de mãos dadas com as ciências e com a cultura, em que uma ilustração moderada do entendimento vivia em paz ao mesmo tempo com a necessidade de discernimento e com a religião, da mesma maneira que um direito natural se harmonizava com o Estado e a política e a física empírica tinha o nome de filosofia natural. Mas a paz era bastante superficial e, em particular, havia uma contradição interna entre aquele discernimento e a religião, entre este direito natural e o Estado. Seguiu-se então a cisão, a contradição; mas, na filosofia, o espírito festejou a sua reconciliação consigo mesmo, de maneira que esta ciência só está em contradição com aquela própria contradição e com um verniz que sobre ela se põe. Um dos piores preconceitos consiste em querer que ela se encontre em oposição com um judicioso conhecimento de experiência, com a sensata realidade do direito e com uma religião e piedade ingénuas; estas formas são reconhecidas e até justificadas pela filosofia; pelo contrário, com um sentido pensante, aprofunda-se no seu teor, aprende e fortifica-se nelas, bem como nas grandes intuições da natureza, da história e da arte; pois, este conteúdo genuíno é, contanto que seja pensado, a própria Ideia especulativa. A colisão com a filosofia só acontece enquanto este solo se esquiva ao seu caráter peculiar e aprende o seu conteúdo em categorias e das quais se deve tornar dependente, sem conduzir as mesmas até ao conceito e sem as realizar em Ideia.

O importante resultado negativo, em que se encontra o entendimento da cultura científica universal – isto é, que, no caminho do conceito finito, nenhuma mediação com a verdade é possível –, costuma ter a consequência contrária da que imediatamente aí reside. Tal convicção suprimiu, pelo contrário, o interesse pela investigação das categorias, e a atenção e o cuidado que se punham na aplicação das mesmas, em vez de afastar do conhecimento as relações finitas; o uso destas últimas, como num estado de desespero, tornou-se tanto mais dissimulado, privado de consciência e acrítico. Da conclusão errónea de que a impotência das categorias finitas em relação à verdade traz consigo a impossibilidade de um conhecimento objetivo, seguiu-se a justificação para falar e decidir em nome do sentimento e da opinião subjetiva, e para o lugar da prova entraram os protestos e as simples descrições dos factos de consciência, considerados tanto mais puros quanto mais acríticos são. A uma categoria tão árida como é a *imediatidade*, e sem a examinar mais, devem submeter-se as mais altas necessidades do espírito e delas decidir por meio daquela. Pode constatar-se, sobretudo onde se trata de questões religiosas, que o filosofar é aí expressamente posto de lado, como se assim todo o mal fosse banido e se conseguisse a segurança contra o erro e a ilusão; e, em seguida, organiza-se a investigação da verdade, a partir de pressupostos tirados de qualquer lado e mediante a raciocinação, isto é, no uso das determinações comuns do pensamento, por exemplo, essência e fenómeno, fundamento e consequência, causa e efeito, etc., e recorre-se às inferências usuais, segundo estas e outras relações da finidade. «Livraram-se do Maligno, mas o Maligno ficou»[2] e este Maligno é nove vezes pior do que antes, porque se confia nele sem sombra de suspeita e de crítica; e como se aquela peste que se mantém a distância, a filosofia, fosse algo de diverso da pesquisa da verdade, mas com a consciência da natureza e do valor das relações do pensamento, que ligam e determinam todo o conteúdo.

A filosofia tem assim de sofrer o pior destino entre tais mãos, quando estas se decidem a lidar com ela e quando, por um

56　ENCICLOPÉDIA DAS CIÊNCIAS FILOSÓFICAS EM EPÍTOME

lado, dela formam uma conceção e, em parte, a submetem ao seu juízo. O próprio *facto* da vitalidade física ou espiritual, sobretudo também da vitalidade religiosa, é o que é deformado pela reflexão incapaz de o apreender. Este apreender tem, no entanto, para si, o sentimento de só ele elevar o facto a algo de sabido, e a dificuldade reside nesta passagem da coisa ao conhecimento, que se opera através do repensar. Esta dificuldade já não se apresenta na ciência. Com efeito, o facto da filosofia é o conhecimento já preparado, e o apreender seria aqui apenas um *repensar*, no sentido de um pensar *consecutivo*; só o julgar exigiria um repensar no sentido habitual. Mas o entendimento acrítico revela-se igualmente infiel na nua apreensão da ideia expressa de um modo determinado, suspeita ou duvida tão pouco das firmes pressuposições que contém que é mesmo incapaz de repetir o mero facto da ideia filosófica. Este entendimento une em si, de um modo estranho, dois carateres: por um lado, ao considerar a Ideia, surpreende-o a total rejeição e até a contradição expressa quanto ao seu uso das categorias; e, por outro, não tem ao mesmo tempo suspeita alguma de que existe e se pode utilizar um outro modo de pensamento diverso do seu, e que aqui se deve comportar de uma maneira diferente da sua atitude pensante noutros domínios. Acontece assim que imediatamente a ideia da filosofia especulativa se capta na sua definição abstrata, na convicção de que uma definição deve para si aparecer clara e completa e só tem o seu regulador e pedra de toque em representações pressupostas, pelo menos, sem saber que o sentido e a demonstração necessária da definição residem apenas no seu desenvolvimento e na circunstância de ela brotar desta como resultado. Ora, visto que a Ideia em geral é a unidade *concreta, espiritual*, e uma vez que o entendimento consiste, porém, em apreender as determinações conceptuais apenas na sua *abstração* e, portanto, na sua unilateralidade e finidade, aquela unidade transforma-se em identidade abstrata, privada de espírito na qual, por conseguinte, não se encontra a diferença, mas o *todo é um* e, entre outras coisas, também o bom e o mau se confundem. Por conseguinte, para a filosofia especulativa, o nome de *sistema da identidade, filosofia da identidade*, já se transformou num nome recebido. Se alguém recitasse o seu credo: «Creio em Deus Pai, Criador do Céu e da Terra», seria de espantar que uma outra pessoa, já a partir desta primeira parte, concluísse que aquele que confessa a sua fé crê em Deus, Criador do Céu e, *portanto*, teria a Terra por incriada e a matéria por eterna. É certamente genuíno o facto de que, na sua confissão de fé, ele enunciou a sua crença em Deus, Criador do Céu e, no entanto, semelhante facto, tal como foi apreendido pela outra pessoa, é perfeitamente falso; e tão falso, que este exemplo se deve considerar inacreditável e trivial. E, contudo, na apreensão da ideia filosófica, o que acontece é esta violenta divisão em metades, de modo que, para não compreender erroneamente a natureza da identidade, a qual, segundo se afirma, é o princípio da filosofia especulativa, se segue a instrução expressa e a respetiva refutação de que, por exemplo, o sujeito é *diferente* do objeto, o finito do infinito, etc., como se a unidade espiritual concreta fosse em si indeterminada e não *contivesse em si* a diferença, como se um homem qualquer não soubesse que um sujeito se distingue do objeto, o finito do infinito, ou a filosofia, imersa na sua sabedoria de escola, houvesse de recordar que fora da escola existe a sabedoria, para a qual aquela distinção é já algo de conhecido.

Visto que a filosofia, em relação à distinção que dela não deveria ser conhecida, é caluniada e de um modo tão preciso, que nela se suprimiria também a distinção entre o bem e o mal, é habitual exercitar-se de bom grado a moderação e a grandeza de ânimo, ao conceder-se «que os filósofos, nas suas exposições, nem sempre desenvolvem as consequências perniciosas *conexas* com os seus princípios» (mas isso acontece, no fim de contas, talvez porque eles não admitem também essas consequências!) (*).

(*) Palavras do Sr. *Tholuck* no *Florilégio da mística oriental*, p. 13 ([3]). De sentimentos calorosos, Tholuck deixa-se também levar no mesmo sítio, a enveredar pelo caminho estratégico habitual da conceção da filosofia. O entendimento, diz ele, só pode inferir dos dois modos seguintes: ou existe um fundamento originário, que tudo condiciona, e então é nele que reside igualmente o último fundamento de mim mesmo, e o meu ser e livre agir não passam de uma ilusão; ou eu sou efetivamente uma essência distinta do fundamento originário, e o meu agir não é determinado e produzido pelo fundamento originário, de maneira que o fundamento originário não é um ser absoluto e que tudo condiciona, portanto, não há nenhum Deus infinito, mas apenas uma multidão de deuses, etc. Quanto à primeira proposição, devem-na admitir todos os filósofos que pensam de modo profundo e vigoroso (nem sequer sei porque é que a primeira unilateralidade devia ser mais profunda e mais vigorosa do que a segunda); as consequências, que, no entanto, nem sempre decorrem segundo o [texto do autor] antes mencionado, seriam «que também o padrão moral do homem não pode ser absolutamente verdadeiro, mas *intrinsecamente* (é o próprio autor que sublinha) o bom e o mau são idênticos e só se distinguem pela aparência». O melhor a fazer seria sempre não falar de filosofia enquanto, apesar de toda a profundidade do sentimento, não se estiver assaz enredado na unilateralidade do entendimento, para apenas saber o *Ou-Ou*, quer de um fundamento originário em que o ser individual e a sua liberdade é somente uma ilusão, quer de uma autonomia absoluta dos indivíduos, e para jamais fazer a experiência do *Nem-Nem* destas duas unilateralidades de um dilema que, na expressão do Sr. Tholuck, é perigoso. Fala, sem dúvida, na p. 14, de tais espíritos, e estes seriam os verdadeiros filósofos, que admitem a segunda proposição (esta é, no entanto, a mesma que antes se chamava a primeira proposição) e suprimem a oposição entre ser *incondicionado* e ser *condicionado*, graças ao ser *originário indiferenciado*, em que todas as oposições relativas se imiscuem umas nas outras. Mas, ao falar assim, o Sr. Tholuck não observara já que o ser originário indiferenciado, em que a oposição tem de coincidir, é inteiramente idêntico ao ser incondicionado, cuja unilateralidade importa suprimir, e que, por conseguinte, se suprime de súbito esse ser unilateral e se lhe substitui um outro, que é exatamente este mesmo unilateral, portanto, em vez da supressão se exprime o subsistir da unilateralidade? Se se pretende dizer o que *espíritos* fazem, imporia ser capaz de apreender o facto com o espírito; de outro modo, o facto tornou-se falso debaixo da mão. – No fundo, é desnecessário observar que o que aqui e mais à frente se diz a propósito da representação do Sr. Tholuck acerca da filosofia não pode nem deve, por assim dizer, aplicar-se a ele a título *individual*; lê-se o mesmo numa centena de livros e, entre outros, sobretudo nos prefácios dos teólogos. Aduzi a exposição do Sr. Tholuck, em parte, porque deparei com ela acidentalmente e, em parte, porque o sentimento profundo que parece situar os seus escritos no polo oposto de uma teologia do entendimento se aproxima muito da profundidade de espírito; pois, o caráter fundamental de tal profundidade, a *reconciliação*, que não é o ser originário incondicionado e, por conseguinte, um abstrato, é o próprio teor que é a ideia especulativa e que esta exprime no pensar – um teor que aquela profundidade de espírito deveria ser a última a subestimar na ideia.

PREFÁCIO À 2.ª EDIÇÃO

A filosofia deve desdenhar desta compaixão que a seu respeito se deseja manifestar, pois precisa tão pouco dela para a sua justificação moral como pode carecer do discernimento das consequências efetivas dos seus princípios e deixa igualmente de tirar as consequências expressas. Quero elucidar brevemente a pretensa consequência, segundo a qual a distinção entre o bom e o mau se deveria reduzir a uma simples aparência, mais para fornecer um exemplo da vacuidade de semelhante conceção da filosofia do que para justificar esta. Com este propósito, queremos apenas considerar o espinosismo, a filosofia em que Deus é apenas determinado como *substância*, e não como sujeito e espírito. Esta diferença diz respeito à *determinação* da unidade; é disto apenas que se trata e, no entanto, nada sabem desta *determinação*, embora ela seja um facto, os que costumam chamar a esta filosofia o sistema de identidade e se permitem utilizar a expressão de que, segundo a mesma filosofia, tudo seria *um e o mesmo*, e que também o bom e o mau seriam *idênticos* – o que constitui tudo os piores modos da unidade de que não se pode falar em filosofia especulativa, mas de que só um pensar ainda bárbaro em matéria de ideias pode fazer uso. Ora, no tocante à afirmação de que naquela filosofia *em si* ou *essencialmente* não vigora a distinção de bom e de mau, é preciso perguntar então o que significa este «*essencialmente*»? Se se trata da natureza de Deus, então não se exigirá que para a mesma se transfira o mau; essa unidade substancial é o próprio bem; o mal é pura divisão;

Mas acontece ao Sr. Tholuck, aqui e também noutros escritos, deixar-se arrastar para o habitual palavreado acerca do *panteísmo*, de que já falei mais longamente numa das últimas anotações([4]) da *Enciclopédia*. Chamo aqui a atenção apenas para a peculiar imperícia e absurdidade em que o Sr. Tholuck cai. Para ele, um dos lados do pretenso dilema filosófico seria o fundamento originário, que, mais à frente (pp. 33 e 38) qualifica de panteísta([5]); e outro é por ele caracterizado como o dos Socinianos, Pelagianos e filósofos populares, para os quais «não existe nenhum Deus infinito, mas um *grande número* de deuses, a saber, o número de *todos* os seres distintos do que se chama o fundamento originário, e que tem, ao lado desse fundamento originário, um *ser* e agir próprios». De facto, neste lado [do dilema], o Sr. Tholuck tem expressamente toda a sua *omnideidade*, o seu *panteísmo*, e não no primeiro, em que ele apresenta explicitamente Deus como *único* fundamento originário – o que é tão-só *monoteísmo*. *(Nota de Hegel.)*

60 | ENCICLOPÉDIA DAS CIÊNCIAS FILOSÓFICAS EM EPÍTOME

naquela unidade nada menos se encontra do que uma unificação do bem e do mal; pelo contrário, o último está excluído. Eis porque em Deus como tal não se encontra nenhuma diferença entre bem e mal; pois esta diferença só existe no dividido, em algo em que o próprio mal existe. Além disso, no espinosismo, ocorre também a distinção seguinte: *o homem distinto de Deus*. O sistema pode, segundo este aspeto, não satisfazer no plano teórico; com efeito, o homem e o finito em geral, mesmo reduzidos subsequentemente a modos, *acham-se* na reflexão apenas *ao lado* da substância. Aqui, porém, no homem, onde a diferença existe, ela existe também essencialmente como a diferença entre o bem e o mal, e só aqui é que ela é *essencialmente*, pois só aqui reside a sua determinação própria. Se, no espinosismo, se tem diante dos olhos apenas a substância, então não existe nela decerto diferença alguma entre o bem e o mal, mas simplesmente porque, tal como o finito e o *mundo* em geral (cf. § 50, nota), o mal deste ponto de vista *não é*. Mas se se encarar o ponto de vista em que neste sistema se admite também o homem e a relação do homem com a substância, e em que apenas o mal pode ter lugar na sua distinção quanto ao bem, é preciso ter examinado as partes da *Ética*([6]) que tratam dos afetos, da servidão humana e da liberdade do homem, para poder descrever as consequências morais do sistema. Sem dúvida, persuadi-los-emos assim não só da elevada pureza desta moral, cujo princípio é o puro amor de Deus, mas também de que esta pureza da moral constitui uma consequência do sistema. *Lessing* dizia no seu tempo: lida-se com Espinosa como com um cão morto([7]); não se pode dizer que, hoje em dia, se lide melhor com o espinosismo e, em seguida, com a filosofia especulativa em geral, quando se verifica que os que disso falam e julgam nem sequer se esforçam por considerar corretamente os factos e os referir e expor de um modo exato. Seria, no entanto, o mínimo de equidade e o que essa filosofia podia em todo o caso exigir.

A história da filosofia é a história da descoberta dos *pensamentos* sobre o Absoluto, que é o seu objeto. Pode assim dizer-se, por exemplo, que Sócrates descobriu *a* determinação do *fim* (*Zweck*), a qual foi elaborada e conhecida de modo mais determinado por Platão e, sobretudo, por Aristóteles. A história da filosofia

PREFÁCIO À 2.ª EDIÇÃO

de Brucker([8]) é tão acrítica, não só quanto aos aspetos exteriores do histórico, mas também segundo a exposição das doutrinas, que aí se encontram aduzidas, como filosofemas dos antigos filósofos gregos, vinte, trinta e mais frases, das quais nem uma só lhes pertence. São consequências que Brucker tira à maneira da má metafísica do seu tempo, e que atribui falsamente àqueles filósofos como afirmações suas. Estas consequências são de dois tipos; em parte, são apenas explicitações mais pormenorizadas de um princípio e, em parte, um retrocesso a princípios mais profundos; o histórico consiste justamente em mostrar a que indivíduos pertence um tal aprofundamento do pensamento e o desvelamento do mesmo. Mas semelhante processo é inadequado não só porque esses filósofos não tiraram pessoalmente e, portanto, nem sequer enunciaram de modo expresso as consequências que deviam residir nos seus princípios, mas mais ainda porque, em tal inferência, se lhes insinua uma admissão e um uso de relações de pensamento ao nível da finidade, que se opõem diretamente ao sentido dos filósofos – que eram de espírito especulativo – e apenas corrompem e falseiam a ideia filosófica. No tocante às antigas filosofias, das quais só umas quantas máximas nos informam, semelhante falsificação tem a desculpa de uma inferência pretensamente correta; pelo contrário, numa filosofia que, por um lado, expressou a sua ideia em pensamentos determinados e, por outro, investigou e determinou expressamente o valor das categorias, tal desculpa não existe, se a Ideia foi concebida de um modo mutilado, se da exposição se reteve apenas um único momento e (como a identidade) se faz passar pela totalidade, e se as categorias, com desembaraço, se aduzem do modo melhor e mais imediato na sua unilateralidade e inverdade, tal como impregnam a consciência de todos os dias. O conhecimento ilustrado das relações de pensamento é a primeira condição de uma apreensão correta do facto filosófico. Porém, a rudez do pensamento não só se justifica expressamente mediante o princípio do saber imediato, mas erige-se em lei; o conhecimento das ideias e, por conseguinte, a formação do pensar subjetivo é tão pouco um saber imediato como qualquer outra ciência, ou arte, ou talento.

A religião é a espécie e o modo da consciência como a verdade é para todos os homens, para os homens de toda a cultura; mas o conhecimento científico da verdade é uma espécie particular da sua consciência, a cujo trabalho nem todos se sujeitam, antes pelo contrário, só muito poucos. *O teor é o mesmo*, mas, assim como algumas coisas – lá diz Homero[9] – têm dois nomes, um na língua dos deuses e outro na dos homens inquietos, há também para aquele teor duas linguagens: uma é a do sentimento, da representação e do pensar intelectual, que faz o seu ninho em categorias finitas e em abstrações unilaterais; a outra é a do conceito concreto. Se, a partir da religião, se quer também criticar e julgar a filosofia, exige-se mais do que possuir apenas o hábito da linguagem própria da consciência agitada. O fundamento do conhecimento científico é o teor interior, a Ideia inerente e a sua vitalidade industriosa no espírito, do mesmo modo que a religião é um ânimo profundamente exercitado, um espírito desperto para a meditação, um teor cultivado. Em tempos recentes, a religião estreitou sempre mais a extensão cultivada do seu conteúdo e retirou-se para o elemento intensivo da piedade ou do sentimento e, claro está, muitas vezes, ele é de tal natureza, que manifesta um teor muito pobre e miserável. Enquanto ela tem um credo, uma doutrina, uma dogmática, tem algo de que se pode ocupar a filosofia e que pode constituir para esta última enquanto tal um laço com a religião. No entanto, não deve tomar-se à maneira do entendimento separador, entendimento mau, em que a moderna religiosidade se encontra enredada e segundo o qual ela representa as duas partes como se uma excluísse a outra ou fossem em geral tão separáveis, que só a partir de fora se vinculam. Pelo contrário, pelo que se disse até agora se vê que a religião pode, sem dúvida, existir sem a filosofia, mas não a filosofia sem a religião, pois aquela inclui em si esta última. A verdadeira religião, a religião do espírito, deve ter algo assim, um conteúdo; o espírito é essencialmente consciência do conteúdo tornado objetal (*gegenständlich*); como sentimento, ele é o próprio conteúdo inobjetal – (*qualiert*, só para usar uma expressão de J. Böhme)[10], e apenas o grau mais baixo da consciência, e justamente na forma da alma, que também é comum ao animal. Só o *pensar* é que faz da alma, da qual é também dotado o animal, espírito, e a filosofia é apenas uma consciência do conteúdo do espírito e da sua verdade, sob a forma e no modo daquela essencialidade que o distingue do animal e o torna capaz da religião. Reduzida, concentrada no coração, a religiosidade deve fazer da contrição e da atrição momentos essenciais do seu renascimento; mas devia ao mesmo tempo lembrar-se de que tem de lidar com o coração de um espírito, que o espírito está remetido ao poder do coração e que só pode ser este poder enquanto ele próprio for renascido. O renascimento do espírito, que se subtrai tanto à ignorância natural como ao erro natural, acontece mediante o ensino e graças ao testemunho do espírito por meio da subsequente fé na verdade objetiva, no conteúdo. O renascimento do espírito é também, entre outras coisas, um renascimento imediato do coração, a partir da vacuidade do entendimento unilateral que se vangloria de saber coisas como: o finito distingue-se do infinito, a filosofia deve ser ou politeísmo ou, nos espíritos vigorosos, panteísmo, etc. – renascimento, que permite esquivar-se às conceções miseráveis, em que se apoia a piedosa humildade, para se elevar arrogantemente contra a filosofia e contra o conhecimento teológico. Se a religiosidade persiste nessa intensidade sem expansão e, por conseguinte, sem espírito, só conhece decerto a oposição desta sua forma limitada e limitante à expansão espiritual, tanto da doutrina religiosa enquanto tal como da doutrina filosófica(*). Mas o espírito pensante não

---

(*) Para mais uma vez regressarmos ao Sr. *Tholuck*, que pode considerar-se o mais ardente representante da tendência pietista, o que caracteriza o seu escrito sobre *A Doutrina do Pecado* (2.ª ed., que acaba de me cair sob os olhos) é a ausência de toda a *doutrina*[11]. Já me impressionara o seu tratamento da teoria trinitária no escrito *A Doutrina Especulativa da Trindade no Oriente Tardio*, por cujas informações históricas industriosamente elaboradas lhe estou em verdade muito grato; chama ele a esta doutrina uma doutrina *escolástica*; em todo o caso, ela é muito mais antiga do que aquilo que se apelida de escolástico; aborda-a apenas do ponto de vista extrínseco de uma génese, supostamente só histórica, a partir de passagens bíblicas sob a influência da filosofia platónica e aristotélica (p. 41)[12]. Mas, no escrito sobre o pecado, considera este dogma de um modo, poder-se-ia dizer, insolente, porque o explica apenas como suscetível de ser uma *construção* em que se podem ordenar os artigos de fé (quais?) (p. 220), e assim torna-se mesmo imperioso aplicar

64 | ENCICLOPÉDIA DAS CIÊNCIAS FILOSÓFICAS EM EPÍTOME

só não se confina à satisfação que tem na religiosidade pura e ingénua, como este ponto de vista é nele próprio um resultado proveniente da reflexão e da raciocinação; foi com a ajuda do entendimento superficial que ele conseguiu esta altiva libertação de quase toda a doutrina, e quando usa o pensar, de que está contaminado, para se atirar contra a filosofia mantém-se pela força na ponta estreita e sem conteúdo de um estado afetivo abstrato. – A propósito de uma tal forma de piedade, não consigo conter-me de aduzir em resumo a parénese do senhor

---

a este dogma a expressão (p. 219) de que ele surgiria como uma *Fata Morgana* àquele que se encontra na margem (porventura na areia do espírito?). Mas a doutrina trinitária «nunca é um fundamento» (o Sr. Tholuck fala também de tripé, *ibid.*, p. 221), «sobre o qual *se possa fundar a fé*» [13]. Não é esta doutrina, como a mais santa de todas, desde sempre – ou, pelo menos, há muito – o conteúdo principal da própria fé enquanto *Credo*, e não foi este Credo o fundamento da fé subjetiva? Como é que, sem este dogma, a doutrina da redenção, que o Sr. Tholuck procura com tanta energia, no escrito aduzido, reduzir ao sentimento, pode ter um sentido ainda cristão, e não apenas moral ou, se se quiser, pagão? Nesta obra, também nada se diz de outros dogmas mais específicos: o Sr. Tholuck evoca para os seus leitores, por exemplo, a paixão e a morte de Cristo, mas não a sua ressureição e a sua ascensão à direita do Pai, nem ainda a efusão do Espírito Santo. Uma determinação capital na doutrina da redenção é a *punição do pecado*; esta surge no Sr. Tholuck (p. 119 ss.) como o peso da autoconsciência e a infelicidade a ela ligada, em que se encontram todos os que vivem *fora* de Deus, única fonte da beatitude e da santidade, de maneira que o pecado, a consciência da culpa e a infelicidade não podem *pensar-se* a não ser conjuntamente (importa aqui recorrer também ao pensar, tal como, na p. 120, se mostram as determinações como dimanando da *natureza* de Deus). A determinação da punição do pecado é o que se chamou de o castigo *natural* do pecado: é (como a indiferença perante a doutrina trinitária) o resultado e a teoria da razão e do Iluminismo, aliás, tão depreciados pelo Sr. Tholuck [14]. – Há algum tempo, a câmara alta do parlamento inglês votou um édito relativo à seita dos *unitários*; um jornal britânico forneceu nesta ocasião uma notícia sobre o grande número de unitários que viviam na Europa e na América e, a seguir, acrescentava: «Hoje, no Continente, protestantismo e unitarismo são quase sempre sinónimos.» Aos teólogos cabe decidir se a dogmática do Sr. *Tholuck* se distingue da teologia comum em mais de um ponto ou, quando muito, em dois e se, vista de mais perto, realmente se distinguirá mesmo nesses dois pontos. *(Nota de Hegel.)*

Fr. von Baader, no quinto caderno dos seus *Fermenta Cognitionis*[15] (Prefácio p. IX, s.).

Enquanto – diz ele – a religião e as suas doutrinas não constituírem de novo, por parte da ciência, o objeto de um exame fundado na investigação livre e, por conseguinte, numa verdadeira convicção... não conseguireis, piedosos e não piedosos, com todos os vossos preceitos e interditos, com toda a vossa conversa e ação, remediar o mal; e enquanto esta religião não respeitada não for também amada, porque só se pode amar com o coração e com sinceridade o que sinceramente se vê respeitado e se reconhece como indubitavelmente digno de respeito, assim também só se pode servir a religião com semelhante *amor generosus...* Por outras palavras: se quereis que a prática da religião de novo prospere, preocupai-vos que cheguemos novamente a uma teoria racional da mesma, e não deixais todo o campo livre aos vossos adversários (os ateus), afirmando de *modo irracional* e *blasfemo* que não se deve pensar em semelhante teoria da religião, como se fosse uma coisa impossível, e que a religião seria simples afazer do coração, na qual se poderia, mais, deveria dispensar convenientemente a cabeça[*].

No tocante à indigência do conteúdo, pode ainda observar-se que dela é possível falar só como manifestação do estado exterior da religião numa época particular. E seria de lamentar uma tal época, se sente a necessidade de apenas produzir a simples fé em Deus – tarefa que o nobre *Jacobi* tomara tão a peito – e, além disso, de somente despertar um cristianismo concentrado na sensação; há que não minimizar ao mesmo tempo os princípios superiores que também aí se podem revelar (cf. Introdução à Lógica § 104, nota). Mas, diante da ciência, encontra-se o rico conteúdo que lhe forneceram séculos e milénios de atividade

---

[*] O Sr. *Tholuk* cita numerosas vezes passagens do *Cur Deus Homo* de Anselmo e louva (p. 217) a «profunda humildade deste grande pensador[16]; porque é que não tem em conta e não refere também a frase (citada no § 77 da *Enciclopédia*, p. 101) do mesmo tratado: *Negligentiae mihi videtur si... non studemus quod credimus intelligere?* – Se o Credo se reduz com dificuldade a uns escassos artigos, pouca substância resta para conhecer e magra é a contribuição do conhecimento. *(Nota de Hegel.)*

cognitiva, e semelhante conteúdo não está diante dela como algo de historiográfico, que só *outros* possuíram e que seria para nós algo de passado, apenas uma ocupação para o conhecimento da memória e para a sagacidade na crítica das narrativas, sem nada ter que ver com o conhecimento do espírito e o interesse da verdade. O que há de mais sublime, de mais profundo *e* de mais interior veio à luz nas religiões, nas filosofias e nas obras de arte, sob uma forma mais ou menos pura, mais ou menos clara, muitas vezes abominável. Constitui um mérito particular observar que o senhor *Franz von Baader* continua não só a trazer à memória tais formas, mas também, com um espírito profundamente especulativo, a honrar expressamente de um modo científico o seu teor, ao expor e corroborar a partir delas a ideia filosófica. A profundidade de *Jakob Böhme* fornece aqui a ocasião e as formas. A este espírito poderoso atribui-se com razão o nome de *philosophus teutonicus* [17]; por um lado, alargou o teor da religião para si até à ideia universal; concebeu no mesmo teor os mais elevados problemas da razão e tentou apreender o espírito e a natureza nas suas esferas e configurações mais determinadas, ao fundar-se no princípio de que o espírito humano e todas as coisas foram criadas à imagem de Deus – e, claro está, de mais nenhum outro do que o *Unitrino* – e de que só estes são vida para, após a perda do seu arquétipo, nele serem reintegrados; por outro lado, ele aplicou inversamente, com violência, as formas das coisas naturais (o enxofre, o salitre, etc., o ácido, o amargo, etc.) às formas do espírito e do pensamento [18]. A gnose do senhor Von Baader, que se religa a configurações análogas, é um modo peculiar de despertar e promover o interesse filosófico; opõe-se, com energia, tanto à insipidez sem conteúdo das Luzes como a uma piedade que apenas quer permanecer no intensivo. O senhor Von Baader mostra, em todos os seus escritos, que está muito longe de considerar esta gnose o modo exclusivo do conhecimento. Ela tem, por seu lado, inconvenientes, a sua metafísica não a induz à consideração das próprias categorias e ao desenvolvimento metódico do conteúdo; sofre da inadequação do conceito para tais formas e configurações selvagens ou engenhosas; como também sofre em geral de ter por *pressuposto* o conteúdo

PREFÁCIO À 2.ª EDIÇÃO | 67

absoluto e de dele partir nas suas explicações, raciocinações e refutações(*).

Configurações mais puras e mais opacas da verdade temos nós, podemos dizer, *bastantes* e até *em excesso* – nas religiões e nas mitologias, nas filosofias gnósticas e místicas de outrora e do nosso tempo; é possível comprazer-se em fazer a *descoberta* da Ideia nestas configurações e achar satisfação em constatar

---

(*) Deve para mim ser grato, tanto em virtude do conteúdo de vários escritos recentes do Sr. *Von Baader* como por causa das menções nominais de muitas proposições minhas, constatar a aprovação que ele lhes dá[19]; a propósito da maior parte e, provavelmente, da totalidade dos pontos que ele impugna, não seria difícil mostrar que concordo com ele e que, na realidade, não me desvio das suas conceções. Adorarei apenas uma única censura, que figura nas *Anotações sobre alguns filosofemas antirreligiosos do nosso tempo*, 1824, pp. 5 e 56 ss.[20]: aí se fala de um filosofema que «procede da escola da *filosofia da natureza*, e que apresenta um falso conceito da matéria, ao afirmar acerca da essência do mundo, perecível e albergando em si a corrupção, que ela emanou e emana *imediatamente* de Deus, enquanto saída (exteriorização) eterna de Deus, *condiciona* eternamente o seu eterno reingresso (como espírito)». No tocante à primeira parte desta representação, a da *emergência* (eis uma categoria que não uso, porque é apenas uma expressão metafórica, e não uma categoria) da matéria a partir de Deus, nada vejo a não ser que esta proposição está contida na determinação segundo a qual Deus é o criador do mundo; mas, no que respeita à outra parte, isto é, que a eterna saída de Deus *condiciona* o seu reingresso como espírito, o Sr. *Von Baader* usa neste lugar o *condicionar*, uma categoria que, em si e para si, é aqui inadequada e por mim não utilizada para expressar tal relação; recordo a observação que acima fiz, sobre a substituição acrítica das determinações de pensamento. Debater, porém, a emergência *imediata* ou *mediata* da matéria levou unicamente a determinações inteiramente formais. O que o Sr. Von Baader diz (p. 54 ss.) sobre o conceito de matéria[21], não vejo que se afaste das minhas próprias determinações a propósito da mesma; como também não entendo que ajuda se pode encontrar, para a tarefa absoluta de apreender a criação do mundo como conceito, no que o Sr. V. B. (p. 58) assere, a saber, que a matéria «não é o produto imediato da unidade, mas o dos seus *princípios* (representante autorizado, *Elohim*), *que ela* suscitou para este fim». Se o sentido da frase (não é, com efeito, inteiramente claro segundo a posição gramatical) é que a matéria é o produto dos princípios, ou ainda que a matéria é que suscitou os *Elohim* e por eles se fez a si produzir[22], então, esses Elohim, ou todo o círculo em conjunto, devem pôr-se numa relação com Deus, a qual de nenhum modo é esclarecida mediante a interpolação dos Elohim[23]. (*Nota de Hegel.*)

que a verdade filosófica não é algo de isolado, mas que em tais configurações a sua eficácia esteve presente, pelo menos, como fermentação. Mas se a arrogância da imaturidade, como aconteceu num imitador do senhor Von Baader, vem aquecer esses produtos de fermentação, facilmente na sua preguiça e incapacidade de pensar científico eleva semelhante gnose a modo exclusivo do conhecer; com efeito, é menos fatigante rondar por tais produtos e associar-se a filosofemas assertóricos do que empreender o desenvolvimento do conceito e submeter o seu pensar, bem como o seu ânimo, à necessidade lógica do mesmo. É também quase arrogância tomar por descoberta o que se aprendeu dos outros, crença tanto mais fácil quando eles se combatem ou desdenham; ou, pelo contrário, causam irritação, justamente porque a eles se foram buscar as propinas conceções.

Assim como nos fenómenos do nosso tempo, a que aludimos neste prefácio, se anuncia a urgência do pensar, embora deformada, assim também é em si e para si uma necessidade do próprio pensamento cultivado até ao cume do espírito, e uma necessidade para o seu tempo e, por isso mesmo, a única digna da nossa ciência, que o que outrora se revelou como um mistério – mas permanece nas configurações mais puras e, ainda mais, nas configurações mais opacas da sua revelação algo de misterioso para o pensamento formal – se revele ao próprio pensar, o qual, no direito absoluto da sua liberdade, afirma a obstinação de se reconciliar com o conteúdo genuíno, pois que este soube ao mesmo tempo dar a si a configuração mais digna de si mesmo, a do conceito, da necessidade, configuração que vincula tudo, o conteúdo e o pensamento e, por isso mesmo, tudo liberta. Se algo de antigo se deve renovar, isto é, uma configuração antiga, pois o próprio teor é eternamente jovem, então, a configuração da Ideia, tal como lha deu *Platão* e, de modo mais profundo ainda, *Aristóteles*, é infinitamente mais digna de lembrança, pela razão também de que o seu desvelamento mediante a anexação à nossa cultura intelectual é de modo imediato não só uma compreensão desta cultura, mas também um progresso da própria ciência. Mas compreender tais formas da Ideia não fica, contudo, à superfície, como apreender fantasmagorias gnósticas e cabalísticas, e a tarefa que consiste em as aperfeiçoar cumpre-se ainda menos por si mesma do que aquela que consiste em descobrir ou sugerir nelas ecos da Ideia.

Assim como se disse corretamente acerca do verdadeiro que ele é *index sui et falsi*, ao passo que a partir do falso nada se sabe do verdadeiro, assim o conceito é o compreender de si mesmo e da configuração aconceptual. Mas esta não compreende o conceito a partir da sua verdade interna. A ciência compreende o sentimento e a fé, mas só pode avaliar-se a partir do conceito, enquanto sobre ele se funda, e visto que ela é o seu autodesen-volvimento, um veredicto acerca deste a partir do conceito não é tanto um julgar a seu respeito quanto um progredir com ele. Semelhante julgar devo eu desejar também para este ensaio, como o único pelo qual posso sentir consideração e respeito.

Berlim, 25 de maio de 1827

Prefácio à 1.ª edição

A necessidade de fornecer aos meus ouvintes um fio condutor para as minhas lições filosóficas é a primeira razão que me induz a publicar esta sinopse de todo o conjunto da filosofia mais cedo do que tinha pensado.

A natureza de um compêndio exclui não só uma exposição exaustiva das ideias segundo o seu *conteúdo*, mas também restringe em particular a exposição da sua dedução sistemática, a qual deve conter o que outrora se entendia por demonstração e que é indispensável a uma filosofia científica. O título devia mostrar, em parte, o âmbito de um todo e, em parte, a intenção que temos de reservar os pormenores para o ensino oral.

Num epítome, porém, espera-se mais apenas uma ordenação e disposição *exteriormente conformes ao fim* que se propõe, quando o conteúdo é já suposto e conhecido e cuja exposição se deve fazer com uma concisão intencional. A presente exposição não se encontra neste caso; propõe, antes, uma nova elaboração da filosofia segundo um método que, como espero, será reconhecido como o único, idêntico ao conteúdo, pelo que, se as circunstâncias me tivessem permitido, eu teria podido considerar mais vantajoso para o público fornecer-lhe primeiro um trabalho mais pormenorizado sobre as outras partes da filosofia, análogo àquele que lhe entreguei sobre a primeira parte do conjunto, a *Lógica*. De resto, embora na presente exposição houvesse necessidade de limitar o que mais põe em luz o conteúdo da

72 | ENCICLOPÉDIA DAS CIÊNCIAS FILOSÓFICAS EM EPÍTOME

representação e da informação empírica, em prol das passagens que só podem ser uma mediação através do conceito, creio, no entanto, ter mostrado que o elemento metódico do processo se distingue bastante, tanto da *ordem* apenas *externa*, que as outras ciências buscam, como também de um *estilo* tornado habitual em torno dos objetos filosóficos, o qual pressupõe um esquema e para isso paraleliza os materiais de um modo tão externo e ainda mais arbitrário do que faz o outro método e assim, por meio do mais estranho mal-entendido, imagina ter satisfeito a necessidade do conceito, com o caráter acidental e arbitrário das conexões.

Vimos também este arbitrário a apoderar-se do conteúdo da filosofia, a partir para a aventura do pensamento e a impor--se por um tempo ao esforço autêntico e sincero, mas, além disso, também a fazer-se passar por uma tolice, que ia até à loucura. Em vez de realidades imponentes ou loucas, o que se apresentou efetivamente e quase sempre foi, quanto ao conteúdo, trivialidades bem conhecidas e, quanto à forma, o puro maneirismo de uma brincadeira deliberada, metódica e fácil, feita de ligações barrocas e de uma excentricidade forçada e, em geral sob a capa da seriedade, um engano de si mesmo e do público. Do outro lado, pelo contrário, vimos a banalidade rotular a *ausência de pensamentos* de ceticismo sábio em relação a si mesmo e de criticismo modesto quanto à razão, e com o vazio de ideias intensificar em igual grau a sua arrogância e futilidade. – Estas duas orientações do espírito meteram a ridículo, durante algum tempo, a seriedade alemã, fatigaram a sua profunda necessidade filosófica e provocaram por fim, em relação à ciência da filosofia, uma tal indiferença e até mesmo um tal desprezo, que, agora, até uma pretensa modéstia se julga autorizada a dissertar e a pronunciar veredictos sobre o mais profundo da filosofia e a negar-lhe o conhecimento racional, cuja forma outrora se concebia como pertencendo à *demonstração*.

O primeiro dos fenómenos aflorados pode, em parte, considerar-se a alegria juvenil dos novos tempos, alegria que se difundiu no domínio da ciência e no da política. Se esta alegria saudou com frenesi a aurora do espírito rejuvenescido e se, sem profundo trabalho, chegou igualmente à fruição da Ideia e, durante algum tempo, se refastelou nas esperanças e nos horizontes que esta Ideia lhe proporcionava, mais facilmente se lhe perdoam as suas exuberâncias, porque se funda num núcleo sólido e o fumo superficial, que ela em torno dele espalhou, se deve dissipar por si mesmo. Mas o outro fenómeno é mais repulsivo, porque dá a conhecer a exaustão e a impotência e a procura encobrir com uma arrogância que, querendo controlar os espíritos filosóficos de todos os séculos, os menospreza a eles e, sobretudo, a si mesma.

É, porém, tanto mais reconfortante constatar e referir de que modo, perante as duas correntes, o interesse filosófico e o amor sério do *conhecimento superior* se conservaram livres e sem vaidade. Se, por vezes, este interesse se virou mais para a forma de um *saber imediato* e do *sentimento*, manifesta, pelo contrário, o amplo impulso interno do discernimento intelectual, que é o único a conferir ao homem a sua dignidade, sobretudo porque esse ponto de vista é para ele apenas o *resultado* do saber filosófico, de modo que aquilo de que ele parece desdenhar é, pelo menos, reconhecido por ele *como condição*. – A este interesse pelo *conhecimento da verdade* dedico esta tentativa de proporcionar uma introdução ou contribuição para a sua satisfação; que um tal fim me possa procurar um acolhimento favorável.

Heidelberga, maio de 1817

Prefácio à 3.ª edição

Nesta terceira edição, introduziram-se aqui e além múltiplos melhoramentos e visou-se, em particular, tornar mais clara e precisa a exposição. No entanto, o fim do manual, que é ser um compêndio, exigia que o estilo permanecesse condensado, formal e abstrato; conserva o seu destino de só mediante o ensino oral receber as necessárias elucidações.

Desde a segunda edição apareceram diversas apreciações do meu filosofar[24] que, na maior parte das vezes, mostraram pouca qualificação para tal empreendimento; semelhantes refutações irresponsáveis de obras que foram pensadas durante muitos anos e foram elaboradas com toda a seriedade, que o objeto exige e com a exigência científica, não proporcionam qualquer alegria em virtude do espetáculo das más paixões da arrogância, orgulho, inveja, sarcasmo, etc., que aí se ostentam, e muito menos ainda algo de instrutivo. Cícero diz no Livro II das *Tusculanas*: «Est philosophia paucis contenta judicibus, *multitudinem* consulto ipsa fugiens, eique ipsi et *invisa et suspecta*; ut, si quis universam velit vituperare, *secundo* id *populo* facere possit»[25]. Ao atirar-se à filosofia é tanto maior a popularidade quanto menor o discernimento e a diligência com que isso se faz; a paixão mesquinha e repulsiva reconhece-se no eco que encontra noutros e a ignorância associa-se-lhe com igual clareza. Outros objetos caem sob os sentidos ou encontram-se em intuições globais diante da representação; sente-se a necessidade de acerca das mesmas se ter um conhecimento, ainda que de grau inferior, para sobre elas se poder conversar; também facilmente remetem para o bom senso, porque se situam num presente conhecido e sólido. Mas a penúria em tudo isso toma sem vergonha posição contra a filosofia ou, antes, contra qualquer imagem vazia fantástica, que a ignorância para si forja imaginativamente e da qual se persuade; nada tem diante de si que lhe permita orientar-se e assim vagueia completamente no indeterminado, no vazio e, por conseguinte, no que não tem sentido. – Empreendi noutro lugar a tarefa ingrata e infrutífera de ilustrar em toda a sua patente insignificância alguns destes fenómenos tecidos de paixão e de ignorância[26].

Ter-se-ia podido, não há muito, imaginar que do solo da teologia, e até da religiosidade, haveria de surgir um estímulo científico num domínio mais vasto, a partir de uma investigação mais séria acerca de Deus, das coisas divinas e da razão[27]. Mas logo que o começo desse movimento se desencadeou, tal esperança não vingou; pois a iniciativa provinha aqui de *personalidades*, e nem a pretensão da piedade acusadora nem a pretensão acusada da livre razão se elevaram ao nível da *coisa*, e menos ainda à consciência de que, para discutir a coisa, se deveria entrar no terreno da filosofia. O ataque ao elemento pessoal com base em exterioridades muito especiais da religião revelou-se na enorme imprudência com que alguns quiseram, por sua própria autoridade, proferir a sentença sobre o cristianismo dos indivíduos e assim apor-lhes o estigma de uma reprovação temporal e eterna. Por força da inspiração de uma poesia divina, *Dante* aventurou-se a utilizar as chaves de Pedro e a condenar nominalmente ao Inferno muitos dos seus contemporâneos – já mortos, porém, e até Papas e Imperadores. A uma filosofia moderna fez-se a reprovação infamante de que nela o indivíduo humano se põe como Deus[28]; mas, perante tal censura, que é fruto de uma falsa inferência, constitui uma temeridade totalmente diversa comportar-se como juízes do mundo, julgar severamente o cristianismo dos indivíduos e expressar a seu respeito a mais íntima reprovação. A palavra-teste desta autoridade é o *nome de Cristo Senhor* e a *segurança* de que o Senhor habita no coração destes juízes. Cristo diz (*Mat.* VII, 20):

«Conhecê-los-eis nos seus frutos»; mas a insolência enorme da reprovação e da condenação não é um fruto bom. E continua: «Nem todos os que me dizem "Senhor, Senhor" entrarão no Reino dos Céus; muitos nesse dia me dirão: "Senhor, *Senhor,* não profetizámos em Teu nome, não expulsámos em Teu nome o demónio, não fizemos *em Teu nome* muitas obras?" Então, dir-lhes-ei: *"Ainda não vos conheci, afastai-vos de mim, artífices da iniquidade!".*» Os que têm a certeza de estar na posse exclusiva do Cristianismo e que exigem aos outros esta fé não chegaram ainda a expulsar os demónios; pelo contrário, muitos deles, como fiéis da vidente de Prevorst[29], se gloriam de estar em boas relações com uma chusma de espectros e de a respeitar, em vez de perseguir e banir a falsidade de uma superstição servil e anticristã. Tão-pouco se mostram capazes de profetizar e revelam-se inteiramente impotentes para realizar grandes feitos no campo do conhecimento e da ciência – o que, no entanto, seria a sua vocação e dever; a erudição não é ainda ciência. Visto que lidam em grande medida com a massa de coisas exteriores à fé e em si indiferentes, agarram-se tanto mais rigidamente ao nome de Cristo Senhor e, de modo propositado e com vitupérios, desdenham da formação doutrinal, que é o fundamento da fé da Igreja cristã, pois a expansão espiritual, plenamente pensante e científica, perturbaria, mais, proibiria e destruiria a arrogância da presunção subjetiva à segurança sem espírito, estéril para o bem e apenas rica de maus frutos, segurança essa de se encontrarem na posse do Cristianismo e de o terem como feudo exclusivo. – Esta expansão espiritual distingue-se de tal modo, com a mais determinada consciência na Escritura, da simples fé, que esta só por aquela se torna *verdade.* «Quem *crê* em Mim», diz Cristo (*Jo.* VII, 38), «do seu seio correrão *rios de água viva».* E isto é logo elucidado no versículo 39, ao precisar-se que não é a fé como tal na personalidade temporal, sensível, presente, de Cristo que produz semelhante efeito; essa fé não é ainda a verdade como tal; no versículo 39, a fé é especificada, de modo que Cristo disse isso acerca *do espírito,* que *deviam receber* os que Nele *acreditavam;* pois o Espírito Santo *ainda não estava ali,* porque Jesus não *fora ainda glorificado;* – a figura de Cristo ainda não transfigurada é a personalidade então sensivelmente presente no tempo ou mais tarde, o que equivale ao mesmo, a personalidade representada que constitui o objetivo imediato da fé. Foi nesta presença que Cristo revelou oralmente aos seus discípulos a sua natureza eterna e a sua missão – a reconciliação de Deus consigo mesmo e com os homens –, a ordem da salvação e a doutrina ética, e a fé que os discípulos Nele tinham engloba tudo isso em si. No entanto, esta fé, a que não faltava a mais firme certeza, é declarada apenas como começo e condição de base, algo de ainda imperfeito; os que assim acreditavam não têm ainda o espírito, devem primeiro *recebê-lo* – a ele, que é a própria verdade, e que só vem depois da fé, espírito que conduz a toda a verdade. Mas aqueles permanecem em semelhante certeza, que é uma condição; mas a certeza em si mesma, apenas subjetiva, produz tão-só formalmente o fruto subjetivo da *segurança* e, em seguida, do orgulho, da difamação e da condenação. Contrariamente à Escritura, essas pessoas aderem apenas à certeza contra o espírito, que é a expansão do conhecimento e, antes de mais, a verdade.

Esta indigência de conteúdo científico e, em geral, de conteúdo espiritual partilha-o esta piedade com o que ela imediatamente a si atribui como objeto da sua denúncia e condenação. Pelo seu pensamento formal abstrato e sem teor, a ilustração, que é uma filosofia do entendimento, esvaziou a religião de todo o conteúdo, tal como o fizera aquela piedade, mediante a sua redução da fé à palavra-teste de «Senhor, Senhor». Nenhuma tem vantagem perante a outra; e embora coincidam enquanto se opõem, nenhuma matéria existe em que se toquem e possam obter um solo comum e a possibilidade de o transformarem em objeto de investigação e, em seguida, o trazerem ao conhecimento e à verdade. Por seu lado, a teologia iluminista fixou-se no seu formalismo, isto é, na evocação da *liberdade* de consciência, da *liberdade* de pensamento, da *liberdade* de ensino, isto é, da razão e da ciência. Sem dúvida, semelhante liberdade é a categoria do *direito infinito* do espírito e a outra *condição particular* da verdade que se junta à primeira, a fé. Mas *o que* a consciência verdadeira e livre *contém* de determinações e de leis racionais, o que a fé e o pensamento livres têm por *conteúdo* e ensinam, eis o ponto material que eles se coibiram de abordar, tendo

PREFÁCIO À 3.ª EDIÇÃO

ficado no formalismo do negativo e na liberdade de repletar a liberdade, segundo o seu bel-prazer e opinião, de maneira que em geral o próprio conteúdo é indiferente. Também não conseguiram aceder a um conteúdo, porque a comunidade cristã tem de estar unida e sempre o deve estar através do vínculo de uma doutrina, de uma confissão de fé; pelo contrário, as universalidades e abstrações da insípida e morta água do entendimento racionalista não admitem o específico de um conteúdo e dogma cristão, determinado e em si constituído. Em contrapartida, os outros agarrados à palavra «Senhor, Senhor» desdenham abertamente, e sem mais, do pleno cumprimento da fé no espírito, no teor e na verdade.

Levantou-se assim, sem dúvida, muito pó de orgulho, de ódio e de personalidade, bem como universalidades vazias, mas semelhante poeira está afetada pela exterioridade, não podia conter a coisa nem levar ao teor e ao conhecimento. – A filosofia pôde alegrar-se por ter ficado fora do jogo; encontra-se fora do terreno daquelas pretensões, como, por exemplo, as de personalidades ou de generalidades abstratas, e se ela se tivesse deixado arrastar para tal campo, só poderia esperar consequências desagradáveis e improfícuas.

Visto que o profundo e rico teor se sumiu do interesse máximo e incondicionado da natureza humana, e a religiosidade, simultaneamente a piedosa e a reflexiva, chegou a ponto de encontrar a maior satisfação na ausência de conteúdo, a filosofia tornou-se assim numa necessidade contingente, subjetiva. Esses interesses incondicionados organizaram-se de tal modo nas duas espécies de religiosidade e, claro está, a partir da simples raciocinação, que para os satisfazer já não se precisa da filosofia; mais, considera-se que ela, e com razão, apenas pode perturbar essa satisfação de novo criada e reduzida a tão estreitos limites. A filosofia encontra-se assim totalmente submetida à livre necessidade do sujeito; este não sofre nenhuma espécie de constrangimento em relação a ela; pelo contrário, onde semelhante necessidade está presente, ele tem de se defender contra as suspeitas e as dissuasões; só existe como uma necessidade interna, que é mais poderosa do que o sujeito, pela qual o espírito é então incessantemente impelido «a triunfar»[30] e

80 ENCICLOPÉDIA DAS CIÊNCIAS FILOSÓFICAS EM EPÍTOME

a procurar à ânsia da razão a fruição que ela merece. Assim, sem a estimulação de qualquer autoridade, nem sequer também da religiosa, a ocupação com esta ciência, tida antes por um supérfluo e por um luxo perigoso ou, pelo menos, contestável, está tanto mais livre para se votar apenas ao interesse da coisa e da verdade. Se, como diz Aristóteles, a teoria é o que há de *mais bem-aventurado* e o *melhor*([31]) de todos os bens, então, os que partilham deste gozo sabem o que têm na satisfação da necessidade da sua natureza espiritual; podem abster-se de sobre ela fazer exigências aos outros e podem abandoná-los às suas necessidades e às satisfações que para elas encontram. Evocou-se antes a tendência para a filosofia de pessoas sem qualificação para tal; assim como ela faz tanto mais barulho quanto menos apropriada é para participar na filosofia, assim também a participação mais cuidadosa e mais profunda está mais a sós consigo e é menos ruidosa para o exterior; a vaidade e a superficialidade depressa acaba e corre para um pronto desaparecimento; mas a seriedade em torno de uma coisa grande em si e que, para se realizar, exige o longo e penoso trabalho de um desenvolvimento pleno, mergulha nela lentamente em silenciosa ocupação.

O facto de rapidamente se ter esgotado a segunda edição deste fio condutor enciclopédico – que não torna fácil o estudo da filosofia, segundo a definição que dela antes se deu – deu-me a satisfação de ver que, fora do barulho, da superficialidade e da vaidade, havia lugar para uma participação mais silenciosa, mais gratificante, a que eu agora desejo também para esta nova edição.

Berlim, 19 de setembro de 1830

ENCICLOPÉDIA DAS CIÊNCIAS FILOSÓFICAS EM EPÍTOME

Introdução

§ 1

A filosofia não tem a vantagem, de que beneficiam as outras ciências, de poder *pressupor* os seus *objetos* como imediatamente dados pela representação, e de pressupor também como já admitido, para o início e o ulterior desenvolvimento, o *método* do conhecer. Tem, sem dúvida, os seus objetos em comum com a religião. Ambas têm a *verdade* por objeto e, certamente, no mais elevado sentido – enquanto *Deus*, e *só Deus*, é verdade. Além disso, ambas se ocupam do âmbito do finito, da *natureza* e do *espírito humano*, da sua relação recíproca e a Deus, enquanto sua verdade. A filosofia pode, pois, e *deve* mesmo pressupor um *trato* com os seus objetos, como também um interesse pelos mesmos; – e justamente porque a consciência, na ordem do tempo, forma primeiro para si *representações* dos objetos do que *conceitos* dos mesmos, o espírito *pensante* só *através de* representações e pela sua aplicação a elas é que progride para o conhecimento e para o conceito.

Mas, na consideração pensante, depressa se torna manifesto que nela se encerra a exigência de mostrar a *necessidade* (*Notwendigkeit*) do seu conteúdo e de *provar* o ser e as determinações dos seus objetos. Aquele trato com estes aparece, pois, como insuficiente, e o fazer ou permitir *pressupostos* e *asserções*, como inadmissível. Mas surge assim, ao mesmo tempo, a

84 | ENCICLOPÉDIA DAS CIÊNCIAS FILOSÓFICAS EM EPÍTOME

dificuldade de fazer um *começo*, porque um começo, enquanto algo *imediato*, forma, ou antes, ele próprio é um pressuposto.

§ 2

A filosofia pode, antes de mais, definir-se em geral como a *consideração pensante dos* objetos. Se é verdade (e sê-lo-á certamente) que o *homem* se distingue do *animal* pelo pensar, então todo o humano é humano por e somente por ser produzido pelo pensar. No entanto, uma vez que a filosofia constitui um modo peculiar do pensamento, modo esse pelo qual ele se torna conhecer e conhecer conceptual, o seu pensar terá então igualmente uma *diferença* em relação ao pensamento ativo em tudo o que é humano, pensamento que suscita a humanidade do humano, porquanto é idêntico ao mesmo e o pensar é *em si um só.* Esta diferença religa-se ainda ao facto de que o conteúdo humano da consciência, constituído pelo pensar, não aparece logo *na forma do pensar*, mas como sentimento, intuição, representação – *formas* que há que distinguir *do* pensar *enquanto forma.*

É uma opinião antiga, uma asserção que se tornou trivial, que o homem se distingue do animal pelo pensar; pode parecer trivial, mas deveria também parecer estranho relembrar, por força da necessidade, uma tal crença antiga. Pode, com efeito, considerar-se uma necessidade em virtude da opinião do tempo atual, que de tal modo separa *sentimento* e *pensar*, que os apresenta como opostos, e até mesmo como inimigos; como se o sentimento, sobretudo o religioso, fosse contaminado, pervertido e mesmo aniquilado pelo pensar, e a religião e a religiosidade não tivessem essencialmente a sua raiz e sede no pensar. Em tal separação, esquece-se que unicamente o homem é capaz de religião; mas o animal não tem religião alguma, como tão-pouco lhe pertence o direito e a moralidade.

Quando se afirma a separação entre religião e pensar, costuma ocorrer aquele pensar que se pode designar por *reflexão* – o pensar *reflexivo* que tem por *conteúdo* e traz à consciência os *pensamentos* enquanto tais. O descuido em notar e tomar em conta a diferença que, relativamente ao pensar, se deu da filosofia é o que suscita as mais grosseiras representações e censuras a respeito da mesma filosofia. Enquanto a religião, o direito e a moralidade pertencem unicamente ao homem e, sem dúvida, apenas porque ele é um ser pensante, também no elemento religioso, jurídico e moral – seja ele sentimento, crença ou representação – não esteve inativo o *pensar* em geral; a sua atividade e as suas produções estão aí *presentes* e *contidas*. Só que é diferente ter sentimentos e representações *determinados* e *penetrados* pelo *pensar* – e *pensamentos sobre eles*. Os pensamentos produzidos por *reflexão sobre* aqueles modos da consciência são o que se entende por reflexão, raciocínio e coisas semelhantes, e, em seguida, por filosofia.

Aconteceu também, e ainda mais frequentemente imperou, o equívoco de se afirmar que uma tal *reflexão* é a condição, ou antes, o único caminho pelo qual se obtém a representação e o conhecimento do eterno e do verdadeiro. Assim, por exemplo, as *provas metafísicas* (agora, mais *antiquadas*) *da existência de Deus* foram propostas para que fizessem surgir, ou como se apenas essencialmente por meio do seu conhecimento e convicção pudesse surgir, a fé e a convicção da existência de Deus. Semelhante afirmação concordaria com a de que não poderíamos comer antes de termos adquirido o conhecimento das qualidades químicas, botânicas ou zoológicas dos meios de nutrição e que deveríamos aguardar a digestão até termos acabado o estudo da anatomia e da fisiologia. Se assim fosse, estas ciências no seu campo, tal como a filosofia no que lhe é próprio, cresceriam, sem dúvida, em utilidade, mais ainda, a sua utilidade transformar-se-ia progressivamente em absoluta e universal indispensabilidade; ou antes, todas elas, em vez de ser indispensáveis, não existiriam.

§ 3

O *conteúdo* que enche a nossa consciência, seja qual for a natureza dele, constitui a *especificação* (*Bestimmtheit*) dos sentimentos, intuições, imagens, representações, fins, deveres, etc., e dos pensamentos e conceitos. O sentimento, a intuição, a imagem, etc., são, pois, *as formas* de tal conteúdo, que permanece *um só e o mesmo*, quer ele seja sentido, intuído, representado, querido, e quer ele seja *unicamente* sentido, ou sentido e intuído com mescla de pensamentos, ou pensado inteiramente *sem mescla alguma*. Em qualquer destas formas ou na mistura de várias, é o conteúdo *objeto* da consciência. Mas nesta sua condição de objeto (*Gegenstädlichkeit*), também as *especificações dessas formas se acrescentam ao conteúdo*, de modo que parece surgir, segundo cada uma dessas formas, um objeto particular, e o que em si é o mesmo pode afigurar-se como um conteúdo diverso.

Uma vez que se tem *consciência* das especificações do sentimento, da intuição, do desejo, da vontade, etc., designam-se elas *representações* em geral: e pode geralmente dizer-se que a filosofia, no lugar das representações, *põe pensamentos, categorias* e, mais precisamente, *conceitos*. As representações em geral podem considerar-se *metáforas* dos pensamentos e conceitos. Mas, pelo facto de se terem representações, nem por isso se conhece o seu significado para o pensar, isto é, não se conhecem ainda os seus pensamentos e conceitos. Inversamente, são duas coisas distintas ter pensamentos e conceitos, e saber quais as representações, intuições, sentimentos que lhes correspondem. – Com isto se relaciona um aspeto do que se chama *a incompreensibilidade* da filosofia. A dificuldade reside, por um lado, numa incapacidade, que em si é apenas *falta de hábito*, de pensar abstratamente, isto é, de se ater a puros pensamentos e de neles se mover. Na nossa consciência ordinária, os pensamentos estão revestidos de e unidos à comum matéria sensível e espiritual e, no repensar, na reflexão e raciocínio, *mesclamos* os sentimentos, as intuições e as representações com pensamentos (em toda a proposição de conteúdo totalmente sensível – «esta folha é verde» – encontram-se já misturadas categorias, o *ser* e a *individualidade*). Mas é muito diferente tomar como objeto os próprios pensamentos sem nenhuma mescla. O outro aspeto da incompreensibilidade é a impaciência de querer ter diante de si, no modo de representação, o que está na consciência como pensamento e conceito. E chega a dizer-se que não se sabe o que dever *pensar* num conceito, que já foi apreendido; num conceito nada mais há que pensar do que o próprio conceito. Mas o sentido de tal dito é uma ânsia de uma *representação* já *conhecida* e *corrente*; para a consciência, é como se, com o modo da representação, lhe fosse tirado o solo em que tem a posição firme e familiar. Quando se vê deslocada para a pura região dos conceitos, não sabe *em* que mundo se encontra. – Acham-se, pois, imensamente *compreensíveis* os escritores, pregadores, oradores, etc., que proporcionam aos seus leitores ou ouvintes coisas que eles já sabem de memória, que lhes são familiares e que *se compreendem por si*.

§ 4

Em relação com a nossa consciência comum, a filosofia deveria primeiramente demonstrar ou despertar a *necessidade* (*Bedürfnis*) do seu *peculiar modo de conhecimento*. Relativamente, porém, aos objetos da religião, e à *verdade* em geral, teria de provar a *capacidade* de os conhecer por si mesma; no tocante à *diferença* que se manifesta entre [o pensamento filosófico] e as representações *religiosas*, deveria *justificar* as suas determinações divergentes.

§ 5

Em vista de um acordo preliminar acerca da diferença aduzida e do juízo com ela conexo de que o verdadeiro *conteúdo* da nossa consciência *se conserva* na tradução do mesmo para a forma do pensamento e do conceito e, mais ainda, só então se coloca na sua verdadeira luz, pode recordar-se uma *outra opinião* antiga, a saber, que para aprender o que há de *verdadeiro* nos objetos e acontecimentos, e também nos sentimentos, intuições, opiniões, representações, etc., se requer a *reflexão*. Mas, ao menos, a

88 ENCICLOPÉDIA DAS CIÊNCIAS FILOSÓFICAS EM EPÍTOME

reflexão faz isto em todos os casos: transforma os sentimentos, as representações, etc., em *pensamentos*.

Visto que é só o *pensar* o que a filosofia reivindica como *forma* peculiar da sua ocupação, e todo o homem por natureza pode pensar, ocorre assim, em virtude desta abstração que omite a diferença aduzida no § 3, o contrário do que antes se mencionara como a queixa acerca da *incompreensibilidade* da filosofia. Esta ciência experimenta com frequência o desprezo em virtude de também outros, que por ela se não esforçaram, exprimirem a pretensão de *compreender* naturalmente o assunto da filosofia e de serem capazes, a partir e no âmbito de uma cultura ordinária, sobretudo de sentimentos religiosos, de filosofar e a seu respeito emitir um juízo. Admite-se que importa ter estudado as outras ciências para as conhecer e que só em virtude de um tal conhecimento se tem o direito de sobre elas proferir um juízo. Admite-se que, para fazer um sapato, se deve ter aprendido e exercitado [o ofício de sapateiro], embora cada um tenha no próprio pé a medida do sapato e possua mãos e nelas a habilidade natural para a ocupação requerida. Só para filosofar é que não se exigem nem o estudo, nem a aprendizagem, nem o esforço. – Esta cómoda opinião encontrou, muito recentemente, a sua confirmação na doutrina do saber imediato, do saber por intuição[a].

§ 6

Por outro lado, é igualmente importante que a filosofia tome nota de que o seu conteúdo não é mais nenhum senão o que originariamente se produziu e se produz no domínio do espírito vivo, conteúdo que se tornou *mundo*, mundo externo e interno da consciência – isto é, de que o seu conteúdo é a *realidade*

---

[a] Hegel aborda aqui, sem dúvida, a doutrina de F. H. Jacobi (1743-1819), que, na sua posição anticriticista, desenvolveu uma «filosofia da fé» de tipo intuitivo.

INTRODUÇÃO

[efetiva] (*Wirklichkeit*)([b]). Chamamos *experiência* à primeira consciência deste conteúdo. Uma inteligente consideração do mundo distingue já, no amplo reino da existência externa e interna, o que é unicamente *aparência*, fugaz e insignificante, e o que em si merece verdadeiramente o nome de *realidade*. Visto que a filosofia se distingue, só pela forma, de todo o outro tornar-se-consciente (*Bewusstwerden*) deste único e mesmo conteúdo, é, pois, necessária a sua consonância com a realidade e a experiência. Mais ainda, esta consonância pode considerar-se uma pedra de toque, pelo menos extrínseca, da verdade de uma filosofia, da mesma maneira que se deve olhar como fim último da ciência o produzir, mediante o conhecimento de tal consonância, a reconciliação da razão autoconsciente com a razão *que simplesmente é*([c]), com a realidade.

No *prefácio* à minha *Filosofia do Direito*, p. XIX, encontram-se as proposições:

> *O que é racional é real,*
> *e o que é real é racional*([32]).

Estas simples proposições pareceram estranhas e muitos encontraram oposição por parte daqueles que não querem que se ponha em dúvida o possuírem filosofia e, de qualquer modo, religião. É desnecessário mencionar a este respeito a religião, já que as suas doutrinas acerca do governo divino do mundo exprimem essas proposições de modo bem determinado. Mas, no tocante ao significado filosófico, deve pressupor-se tanta cultura (*Bildung*), que se saiba não só que Deus é real – que Ele é realíssimo, que só Ele é verdadeiramente real, mas também, sob o aspeto formal, que em geral a existência é, em parte, *aparência* e só em parte realidade. Na vida ordinária, chama-se irrefletidamente *realidade*

([b]) No contexto que se segue, aparece este termo (ou outros afins), que indica a «realidade em ato».

([c]) Hegel contrapõe aqui a *selbslbewusste Vernunft* (razão autoconsciente) à «*seiende*» *Vernunft* (razão tal como é imediatamente).

90 | ENCICLOPÉDIA DAS CIÊNCIAS FILOSÓFICAS EM EPÍTOME

a todo o capricho, ao erro, ao mal e ao que se situa nesta linha, como também a toda e qualquer existência atrofiada e passageira. Mas também já, para o modo ordinário de sentir, uma existência acidental não merecerá o enfático nome de real; – o acidental (*das Zufällige*) é uma existência que não tem um valor maior do que o de um *possível*; que pode *não ser* do mesmo modo que é. Mas, quando falei de realidade, deveria pensar-se em que sentido uso eu esta expressão, já que, numa exaustiva *Lógica*[d], tratei também da realidade e a distingui claramente não só do acidental que, no entanto, tem existência, mas mais especificamente do ser determinado (*Dasein*)[e], da existência e de outros conceitos[33]. – À *realidade do racional* contrapõe-se já, por um lado, a conceção de que as ideias, os ideais, não passam de quimeras, e a filosofia, de um sistema de tais fantasmas cerebrais; por outro, que as ideias e os ideais são algo demasiado excelente para ter realidade, ou então, algo demasiado impotente para a obter. Mas a separação da realidade em relação à ideia é particularmente querida ao entendimento (*Verstand*)[f], que tem os sonhos das suas abstrações por algo de verdadeiro e está inchado do seu *dever ser* (*Sollen*)[g], que ele especialmente no campo político de bom grado prescreve, como se por ele o mundo esperasse para saber como *deve* ser, mas não é; fosse este como deve ser, onde residiria a precocidade do seu dever ser? Quando o entendimento, com o dever ser, se vira para objetos, instituições, condições, etc., triviais, extrínsecos e passageiros, que podem porventura ter uma grande importância relativa por um certo tempo e para círculos

---

[d] *Wissenschaft der Logik*, publicada em Nuremberga, 1812-1816, I vol., 2.º Livro, 3.ª Secção.

[e] *Dasein*, aqui vertido por «ser determinado», é, para Hegel, «ser com uma determinação» (cf. § 90) ou qualidade; «o ser que foi resultado de devir, [...] um ser que se refere ao mesmo tempo a outro, portanto, ao próprio não ser» (*Prop.* III, 118), que tem limite e se distingue dos outros.

[f] Hegel toma o *Verstand*, «entendimento, intelecto», em sentido pejorativo, como atividade produtora de abstrações, como pensamento que produz apenas determinações *finitas* e nelas se move.

[g] Cf. § 472.

INTRODUÇÃO 91

particulares, poderá ter razão e encontrar em tal caso muitas coisas que não correspondem a determinações universais e justas; quem não seria tão inteligente para, naquilo que o circunda, descobrir muitas coisas que, de facto, não são como devem ser? Mas essa sabedoria não tem razão para se situar, com tais objetos e com o seu dever ser, no interior dos interesses da ciência filosófica. Esta tem apenas que ver com a Ideia, que não é tão impotente que se restrinja só ao dever ser e a não ser realmente: lida, pois, com uma realidade em que aqueles objetos, instituições, condições, etc., constituem apenas o lado externo e superficial.

§ 7

Visto que a *reflexão* contém em geral o princípio (inclusive no sentido de começo) da filosofia, e tendo ela novamente florescido na sua *independência*, nos tempos modernos (após a época da Reforma luterana), e uma vez que, justamente desde o início, não se ateve simplesmente ao abstrato, como nos primórdios filosóficos dos gregos, mas se arrojou ao mesmo tempo à matéria, aparentemente ilimitada, do mundo fenoménico, deu-se o nome de *filosofia* a todo o saber que se ocupa do conhecimento da medida permanente e do *universal* no mar das individualidades empíricas, e do *necessário,* das *leis* na aparente desordem da infinita multidão do acidental, e deste modo recebeu o seu *conteúdo* das *próprias* intuições e perceções do exterior e do interior, da *natureza presente* e do espírito *presente,* e do peito do homem([h]).

O princípio da *experiência* contém a especificação infinitamente importante de que o homem, para a aceitação de e o assentimento a um conteúdo, deve *estar dentro dele*, mais determinadamente, que ele descobre tal conteúdo em união e harmonia com a *certeza de si mesmo.* Deve aí estar, ou só

([h]) «aus der *präsenten* Natur», «aus der *präsenten* Geist», isto é, dos factos contingentes da natureza e do espírito, que emergem na experiência imediata.

com os seus sentidos externos ou com o seu mais profundo espírito, com a sua autoconsciência essencial. – É este mesmo princípio que, hoje em dia, se chamou fé, saber imediato, a revelação no exterior e, sobretudo, no *próprio* íntimo. Àquelas ciências, que foram chamadas *filosofia*, denominamo-las nós ciências *empíricas*, em virtude do ponto de partida que tomam. Mas o essencial que elas visam e produzem são *leis, proposições gerais*, uma *teoria*; os *pensamentos* do que existe (*des Vorhandenen*). Assim, a física newtoniana[34] recebeu o nome de filosofia natural[i], ao passo que, por exemplo, *Hugo Grotius*[35], mediante a recolha dos comportamentos históricos dos povos entre si e com o apoio de um raciocínio ordinário, estabeleceu princípios gerais, uma teoria, que se pode designar filosofia do direito externo dos Estados[j]. – Entre os ingleses, o *nome filosofia* possui ainda, em geral, este significado. *Newton* continua a ter a fama de máximo filósofo; mesmo nos catálogos dos fabricantes, os instrumentos que, como os termómetros, barómetros, etc., não se inseriram numa rubrica especial de aparelho magnético, elétrico, são denominados *instrumentos filosóficos*; sem dúvida, não é um composto de madeira, de ferro, etc., mas unicamente o *pensar*, que se deve chamar o instrumento da filosofia[*]. – Chama-se também filosofia em especial à ciência, que se deve aos tempos mais recentes, da economia política, a qual

---

[i] O título da obra de Newton era: *Philosophiae naturalis principia mathematica*, Londres 1687.

[j] Hegel refere-se ao tratado de H. Grotius: *De iure belli et pacis*, Paris 1625.

[*] Também a revista publicada por Thomson tem o título: Anais da *filosofia* ou magazine da *química, mineralogia, mecânica, história natural, agricultura* e *artes*[36]. – Daí se pode depreender como são constituídas as matérias que aqui se chamam filosóficas. – Entre os anúncios de livros recentemente aparecidos, encontrei, há pouco, num jornal inglês, o seguinte: *The art of preserving the hair, on philosophical principles*, neatly printed in post 8., price 7 sh. – Por princípios filosóficos da preservação do cabelo há que entender provavelmente noções químicas, filosóficas e similares[37]. *(Nota de Hegel.)*

Os *Annals of Philosophy* editaram-se de 1813 a 1826; Th. Thomson (1773-1852) foi professor de Química em Glasgow. O livro *The art*, etc., foi publicado anonimamente em Londres, em 1825.

INTRODUÇÃO

costumamos designar por economia *racional* dos Estados ou economia estatal da *inteligência*(*).

§ 8

Por satisfatório que seja, no seu campo, este conhecimento, vem ainda à luz, *em primeiro lugar,* um outro círculo de *objetos* que além não estão incluídos – *liberdade, espírito, Deus.* Não é que eles não sejam para encontrar naquele campo, porque não deviam pertencer à experiência – não são certamente apreendidos por experiência sensível, mas o que está na consciência em geral é por experiência: eis uma proposição tautológica –, mas porque tais objetos se apresentam imediatamente, segundo o seu *conteúdo,* como infinitos.

Existe uma máxima antiga, que se costuma falsamente atribuir a Aristóteles, como se assim houvesse de se exprimir o ponto de vista da sua filosofia: «*nihil est in intellectu, quod non fuerit in sensu*»: nada há no pensar que não tenha estado no sentido, na experiência. Há que considerar um simples mal-entendido se a filosofia especulativa não quis admitir

---

(*) Na boca dos homens de Estado ingleses, e também em discursos públicos, ocorre com frequência a expressão: princípios *filosóficos,* em relação a princípios gerais de economia. Na sessão parlamentar de 1825 (2 de fev.), na altura da alocução em resposta ao discurso da Coroa, *Brougham* exprimia--se assim: «os princípios do comércio livre dignos de um homem de Estado e *filosóficos* – pois, sem dúvida alguma, são filosóficos –, sobre cuja aceitação S. M. felicitou hoje o Parlamento, etc.»([38]). – E não só este membro da oposição, mas também, no banquete anual (e no mesmo mês) que a Sociedade de armadores teve sob a presidência do primeiro-ministro Earl Liverpool, ladeado pelo secretário de Estado, Canning, e pelo tesoureiro-geral do exército, Sir Charles Long, disse Canning, em resposta ao brinde que lhe fora feito: «Iniciou-se, há pouco, um período em que os ministros têm o poder de aplicar ao governo deste país as retas máximas de uma *profunda filosofia*»([39]). Por muito diferente que a filosofia inglesa possa ser da alemã, é sempre agradável se, noutros lados, o nome filosofia se emprega apenas como alcunha e irrisão ou como algo de odioso, vê-lo ainda honrado na boca de estadistas ingleses. *(Nota de Hegel.)*

94 | ENCICLOPÉDIA DAS CIÊNCIAS FILOSÓFICAS EM EPÍTOME

esta proposição. Mas, inversamente, ela também afirmará: «*nihil est in sensu, quod non fuerit in intellectu*» – no significado inteiramente geral de que o *Nus*([k]) e, em determinação mais profunda, o *espírito* é a causa do mundo e, na aceção mais restrita (cf. § 2), de que o sentimento jurídico, moral, religioso, é um sentimento e, portanto, uma experiência de tal conteúdo, que tem a sua raiz e a sua sede unicamente no pensar.

§ 9

Por outro lado, a razão subjetiva exige, *segundo a forma,* a sua ulterior satisfação; esta forma é a *necessidade* (*Notwendigkeit*) em geral (cf. § 1). No modo da ciência [empírica], em parte, o *universal* nela contido, o género, etc., enquanto para si indeterminado, não é por si conexo com o *particular,* mas ambos são reciprocamente extrínsecos e acidentais, como também as particularidades ligadas são, para si, mutuamente exteriores e acidentais. Em parte, os pontos de partida são, por todo o lado, *imediatidades, achados, pressupostos.* Nos dois aspetos, não se satisfaz plenamente a forma da necessidade. A reflexão, que é dirigida a satisfazer esta necessidade (*Bedürfnis*), é a genuinamente filosófica, *o pensar especulativo.* Enquanto reflexão, que, na sua *comunidade de natureza* (*Gemeinsamkeit*) com a primeira reflexão, dela ao mesmo tempo se *distingue,* possui, além de formas comuns, também *formas próprias,* das quais a universal é o *conceito.*

A relação entre a ciência especulativa e as outras ciências é, pois, apenas esta: a primeira não deixa de lado o conteúdo empírico das últimas, mas reconhece-o e utiliza-o; reconhece igualmente o universal destas ciências, as leis, os géneros, etc., e aplica-o ao seu próprio conteúdo; além disso, entre estas categorias, outras introduz e faz valer. A diferença refere-se, pois, unicamente a esta mudança de categorias.

([k]) Transliteração do grego νουζ (espírito, mente).

INTRODUÇÃO 95

A lógica especulativa contém a lógica antiga e a metafísica([1]), conserva as mesmas formas de pensamento, as mesmas leis e objetos, mas, simultaneamente, desenvolve-os e também os transforma com outras categorias.

Há que distinguir do *conceito* em sentido especulativo o que, ordinariamente, se chama conceito([m]). No último sentido, que é unilateral, fez-se a afirmação e milhares de vezes se repetiu e se transformou em preconceito de que o infinito não pode ser abrangido por conceitos.

§10

O pensar do modo filosófico de conhecimento concebido segundo a necessidade (*Notwendigkeit*), e também segundo a sua capacidade de conhecer os objetos absolutos, precisa também de se justificar. Mas um tal juízo constitui já em si um conhecer filosófico que, por conseguinte, só tem lugar *dentro* da filosofia. Uma explicação *preliminar* seria, pois, afilosófica e não poderia ser senão um tecido de pressupostos, de asserções e raciocinações – isto é, de afirmações acidentais, às quais com igual direito se poderiam opor as contrárias.

Um ponto de vista fundamental da filosofia *crítica*([n]) é que, antes de se proceder a conhecer Deus, a essência das coisas, etc., importa primeiro investigar a *faculdade de conhecer* e ver se ela é capaz de realizar tal [tarefa]; deve aprender-se a conhecer o *instrumento* antes de se empreender o trabalho que, mediante o mesmo, se deve levar a cabo; se o instrumento fosse insuficiente, todo o esforço se despenderia em vão. – Este pensamento pareceu *tão plausível*, que suscitou a maior admiração e consenso e retrotraiu o conhecer, do seu interesse pelos *objetos* e da sua ocupação com eles, para si

---

([1]) A lógica antiga e a metafísica padeciam, segundo Hegel, do vício intelectualista e não eram imunes ao empirismo.

([m]) Distinção paralela à que existe entre «entendimento» e «razão», entre «reflexão intelectual» e «reflexão filosófica», etc.

([n]) Ou seja, da filosofia kantiana.

96 | ENCICLOPÉDIA DAS CIÊNCIAS FILOSÓFICAS EM EPÍTOME

mesmo, para o formal. Se, porém, alguém não quiser iludir-se com palavras, fácil é de ver que outros instrumentos se podem bem indagar e julgar de um outro modo que não através do empreendimento do trabalho peculiar a que são destinados. Mas a inquirição do conhecer não pode realizar-se a não ser *conhecendo*; indagar o dito instrumento é o mesmo que conhecê-lo. Mas querer conhecer *antes* de se conhecer é tão destoante como o sábio propósito daquele escolástico (°) de aprender a *nadar antes de se aventurar à água*.

Reinhold[40], que deu ela confusão que impera em semelhante começo, sugeriu como remédio partir preliminarmente de um filosofar *hipotético e problemático* (P) e, neste, não se sabe como, prosseguir até que aconteça alcançar por esta via a *verdade originária*. Visto de mais perto, este caminho equivale a algo de muito comum, a saber, a análise de um fundamento empírico ou de uma suposição preliminarmente incluída numa definição. Importa não desconhecer que existe uma justa consciência em declarar como procedimento hipotético e problemático o processo ordinário de suposições e dados preliminares. Mas este discernimento exato não modifica a natureza de tal procedimento, antes manifesta diretamente a sua insuficiência.

§ 11

A necessidade (*Bedürfnis*) da filosofia pode determinar-se com maior precisão deste modo: o espírito, como senciente e enquanto intui, tem por objeto o sensível; como fantasia, as imagens; como vontade, os fins, etc. E em *contraste* com ou apenas *na diferença quanto a estas formas* do seu ser determinado e dos seus objetos, cria a satisfação também para a sua mais elevada

---

(°) «Scholasticus» representa o «caloiro» de certas *Facetiae*, atribuídas a Hiérocles, filósofo pitagórico, usadas como textos no ensino do grego nas escolas alemãs. Cf. Gesch. *der Philos.*[2], III, 504.

(P) Alusão a *Beiträge zur leichtern Uebersicht deus Zustandes der Philosophie bei dem Anfang des 15. Jahrhunderis*, Hamburgo 1801-1803, de K. L. Reinhold (1758--1823). Cf. *Wissenschaft der Logik* I[2], 60 s.

interioridade, *o pensar*, e adquire como seu objeto o pensar. Vem assim a *si mesmo*, no mais profundo sentido da palavra, pois o princípio, a sua *ipseidade* (*Selbstheit*) sem mescla, é o pensar. Nesta sua ocupação, porém, acontece que o pensar se enreda em contradições, isto é, se perde na rígida não identidade dos pensamentos, de modo que não se alcança a si mesmo, mas antes permanece implicado no seu contrário. A mais elevada necessidade opõe-se a este resultado do pensar puramente intelectual(q) e radica no facto de o pensar não renunciar a si mesmo, de permanecer fiel a si neste consciente extravio do seu estar-em-si (*Beisichsein*) «*até que o supere*»; e, no próprio pensar, leva a cabo a resolução das suas próprias contradições.

A conceção de que a dialética é a natureza própria do pensar, de que este deve, enquanto entendimento, enredar--se na negação de si mesmo, na contradição, constitui um aspeto fundamental da Lógica. O pensar, ao desesperar de poder fornecer *por si* a solução da contradição em que a si mesmo se pôs, retorna às soluções e sedativos que foram compartilhados com o espírito noutros dos seus modos e formas. Contudo, o pensar não precisaria, neste retorno, de cair na *misologia*, de que já *Platão*(41) tivera perante si a experiência, e de se virar polemicamente contra si mesmo, como acontece na afirmação do dito *saber imediato* enquanto forma *exclusiva* da consciência da verdade.

§ 12

A *emergência* da filosofia a partir da mencionada necessidade tem como *ponto de partida* a *experiência*, a consciência imediata e raciocinante. Excitado assim como que por um estímulo, o pensar porta-se essencialmente de modo tal, que, da consciência natural, sensível e raciocinante, se *eleva* ao puro elemento de si mesmo, e assim se põe logo numa *relação* distanciante, *negativa*,

---

(q) «Verständig», isto é, atinente ao entendimento que, como já se viu, Hegel avalia de modo pejorativo.

com esse começo. Encontra deste modo imediatamente em si, na ideia da essência *universal* destas manifestações, o seu contentamento; esta ideia (o absoluto, Deus) pode ser mais ou menos abstrata. Inversamente, as ciências experimentais trazem consigo o estímulo para vender a *forma* – na qual a riqueza do seu conteúdo se oferece como algo de unicamente imediato e dado, como algo de múltiplo ordenado *numa justaposição*, portanto, em geral, como algo de *acidental* –, e para elevar o dito conteúdo à necessidade (*Notwendigkeit*); esse estímulo arranca o pensar da universalidade e da satisfação apenas procurada *em si mesma* e compele-o *ao desenvolvimento a partir de si mesmo*. Este é, por um lado, somente uma integração do conteúdo e das suas determinações propostas e, por outro, confere simultaneamente ao mesmo a forma de sair livre, no sentido do pensar originário apenas segundo a própria necessidade das coisas.

Da relação entre a *imediatidade* e a *mediação na consciência*, ir-se-á falar à frente, de uma maneira mais expressa e pormenorizada. Aqui, importa apenas chamar preliminarmente a atenção para o facto de que, mesmo se ambos os momentos *aparecem* como distintos, *nenhum dos dois* pode *faltar*, e que se encontram numa conexão *indissociável*. – O conhecimento de Deus, bem como de todo o suprassensível em geral, contém assim essencialmente uma *elevação* sobre a apreensão sensível ou intuição; contém, pois, uma atitude *negativa* para com esta, mais aí reside também a *mediação*. Com efeito, a mediação é um começo e uma passagem a um segundo [termo], de modo que este segundo só é enquanto ao mesmo se chegou a partir de algo que é outro em relação a ele. Mas o conhecimento de Deus nem por isso é menos autónomo relativamente a esse lado empírico; mais, conquista-se a sua independência essencialmente através desta negação e elevação. – Se a mediação é apresentada como uma condicionalidade e é unilateralmente realçada, pode dizer-se (mas nem por isso se diz muito) que a filosofia deve à experiência (ao *a posteriori*) a sua *primeira origem*. Na realidade, o pensar é essencialmente a negação de algo imediamente existente – da mesma forma que o comer se deve aos alimentos, pois sem estes não se

INTRODUÇÃO | 99

poderia comer; o comer representa-se, sem dúvida, sob este aspeto, como ingrato, já que é a destruição daquilo a que ele mesmo se deve. O pensar é, neste sentido, não menos ingrato.

Mas a própria *imediatidade*, em si refletida e, portanto, em si mediada, do pensar (o *a priori*) é a *universalidade*, o seu estar-em-si em geral; nela está ele contente consigo e, por isso, está nele ínsita a indiferença perante a *particularização* e, por conseguinte, perante o seu próprio desenvolvimento. Assim, a religião, por mais desenvolvida ou mais inculta que seja, quer esteja imbuída de consciência científica ou permaneça enredada na fé ingénua e no coração, possui sempre a mesma natureza intensiva da satisfação e do arroubo. Quando o pensar se fixa na *universalidade* das ideias – como acontece necessariamente nas primeiras filosofias (por exemplo, no *ser* da escola eleática, no *devir* de Heraclito, e semelhantes) –, é com razão que se lhe censura o *formalismo*; também numa filosofia desenvolvida pode acontecer que se apreendam apenas proposições ou determinações abstratas – por exemplo, que no absoluto tudo é um, a identidade do subjetivo e do objetivo – e que, no particular, unicamente as mesmas se repitam. Em relação à primeira universalidade abstrata do pensar, existe um sentido correto e mais profundo na afirmação de que o *desenvolvimento* da filosofia se deve à experiência. As ciências empíricas, por um lado, não ficam paradas no percecionar das *singularidades* do fenómeno, mas elaboraram cogitativamente a matéria para a filosofia, ao encontrarem as determinações gerais, os géneros e as leis; e preparam assim o conteúdo do particular para poder ser acolhido na filosofia. Por outro lado, constringem deste modo o pensamento a ir além destas determinações concretas. O acolhimento deste conteúdo em que, mediante o pensar, se supera a ainda persistente imediatidade e o mero dado (*Gegebensein*) é ao mesmo tempo um *evolver* (*Entwicklen*) do pensar a partir de si mesmo. A filosofia, ao dever assim o seu desenvolvimento às ciências empíricas, confere ao conteúdo delas a forma essencial da liberdade (do *a priori*) do pensar e a garantia da *necessidade*, em vez da certificação do dado

100 | ENCICLOPÉDIA DAS CIÊNCIAS FILOSÓFICAS EM EPÍTOME

e do facto experimentado, isto é, o facto torna-se representação da originária e plenamente autónoma atividade do pensar.

§ 13

A origem e o desenvolvimento da filosofia expõem-se na forma peculiar de uma *história externa* como *história desta ciência*. Esta configuração dá aos graus de desenvolvimento da Ideia a forma de uma sucessão acidental e, até, de simples *diversidade* dos princípios e da sua realização nas filosofias. Mas o artífice deste trabalho de milénios é o espírito vivo, único, cuja natureza pensante consiste em trazer à sua consciência aquilo *que ele é* e, após disto ter feito o seu objeto, em ao mesmo tempo se sobre--erguer e constituir em si um grau mais alto. A *história da filosofia* mostra, em parte, nas filosofias, que parecem diferentes, apenas uma única filosofia em diversos estádios de desenvolvimento e, em parte, que os *princípios* particulares, dos quais cada um subjaz a um sistema, são unicamente *ramos* de um só e mesmo todo. A filosofia que é última segundo o tempo é o resultado de todas as filosofias precedentes e deve, portanto, conter os princípios de todas; se for, pois, verdadeiramente uma filosofia, ela é a mais desenvolvida, a mais rica e concreta.

Perante tantas e tão *diversas* filosofias, há que distinguir o *universal* e o *particular*, segundo a sua própria determinação. O universal, tomado formalmente e posto *perto* do particular, torna-se também ele algo de particular. Uma tal posição, junto dos objetos da vida comum, revelar-se-ia por si inadequada e imprópria, como se, por exemplo, alguém exigisse fruta e recusasse cerejas, peras, uvas, etc., porque são cerejas, peras, uvas, mas não fruta. No tocante à filosofia, porém, admite-se poder justificar o desdém por ela, devido a haver tantas filosofias diferentes, e porque cada uma é apenas *uma* filosofia, não *a* filosofia – como se também as cerejas não fossem fruta. Acontece igualmente que uma filosofia, cujo princípio é o universal, se coloca *ao pé de* outra, cujo

INTRODUÇÃO 101

princípio é um particular, mais ainda, ao lado de doutrinas que asseguram não ser possível filosofia alguma; e diz-se que umas e outras são *unicamente diversos* modos de ver da filosofia, um pouco como se a luz e as trevas se denominassem apenas duas espécies *distintas* da luz.

§ 14

O mesmo desenvolvimento do pensar, que é exposto na história da filosofia, se exibe na própria filosofia, mas liberto daquela exterioridade histórica, *puramente no elemento do pensar.* O pensamento livre e verdadeiro é em si *concreto* e, por isso, é *ideia*; e, em toda a sua universalidade, é a Ideia ou *o Absoluto.* A ciência do mesmo é essencialmente *sistema*, porque o verdadeiro como *concreto* só é enquanto se desdobra em si e se recolhe e mantém na unidade, isto é, como *totalidade*, e só mediante a diferenciação e a determinação das suas diferenças são possíveis a necessidade das mesmas e a liberdade do todo.

Um filosofar *sem sistema* nada de científico pode ser; além disso, que um tal filosofar para si exprima antes um modo de sentir subjetivo é, segundo o seu conteúdo, acidental. Um conteúdo tem a sua justificação só como momento do todo, fora dele, porém, constitui um pressuposto infundado ou uma certeza subjetiva; muitos escritos filosóficos limitam-se deste modo expressar apenas *convicções* e *opiniões*. – Por *sistema* entende-se, falsamente, uma filosofia que tem um *princípio* limitado e diferente de outros; é, pelo contrário, princípio de verdadeira filosofia conter em si todos os princípios particulares.

§ 15

Cada uma das partes da filosofia é um todo filosófico, um círculo que se fecha em si mesmo, mas a ideia filosófica está aí numa particular determinação ou elemento. O círculo

102 | ENCICLOPÉDIA DAS CIÊNCIAS FILOSÓFICAS EM EPÍTOME

individual, por ser em si uma totalidade, rompe também os limites do seu elemento e funda uma mais ampla esfera; o todo representa-se, pois, como um círculo de círculos, de que cada um é um momento necessário, de tal modo que o sistema dos seus elementos peculiares constitui a ideia inteira, a qual aparece igualmente em cada um deles.

§ 16

Como *enciclopédia*, a ciência não se expõe no desenvolvimento exaustivo da sua particularização, mas restringe-se aos princípios e aos conceitos fundamentais das ciências particulares.

Não pode determinar-se quantas das partes especiais venham a constituir uma ciência particular, pois a parte, para ser algo de verdadeiro, não deve ser apenas um momento isolado, mas em si mesma uma totalidade. O todo da filosofia forma pois verdadeiramente *uma* ciência, mas pode também considerar-se um complexo de várias ciências particulares. – A enciclopédia filosófica distingue-se de uma enciclopédia ordinária por esta ter de ser como que um *agregado* das ciências, tomadas de modo acidental e empírico, e entre as quais algumas há que de ciência apenas têm o nome e são simplesmente uma recolha de conhecimentos. A unidade a que, em tal agregado, se reduzem conjuntamente as ciências é – por serem consideradas extrinsecamente – uma unidade *externa* – *uma ordem*. Pela mesma razão e, ademais, porque também os materiais são de natureza acidental, essa ordem deve permanecer uma *tentativa* e mostrar sempre aspetos inadequados. – Além de excluir 1) simples *agregados* de conhecimentos – tal como aparece a princípio, por exemplo, na filologia –, a enciclopédia filosófica exclui também, sem mais, 2) as disciplinas que têm por seu fundamento o simples arbítrio, como, por exemplo, a heráldica; as ciências da última espécie são as *inteiramente positivas*. 3) Outras ciências também se chamam *positivas*, mas têm um fundamento e um princípio racionais. Esta componente pertence à filosofia;

INTRODUÇÃO 103

mas o *lado positivo* é-lhes peculiar. O positivo das ciências é de espécie diferente. 1) O seu primeiro princípio, que é em si racional, penetra no acidental pelo facto de elas terem de fazer descer o universal à *individualidade empírica* e à *realidade*. Neste campo do mutável e do acidental, não se pode fazer valer o *conceito*, mas apenas aduzir *razões* (*Gründe*). A ciência do direito, por exemplo, ou o sistema dos impostos diretos ou indiretos exigem decisões *últimas exatas* que residem fora *do caráter determinado em si e para si do conceito* e concedem, por isso, espaço à determinação que pode, segundo um princípio, ser concebida assim, e segundo um outro, conceber-se de modo distinto, e não é capaz de algo último e seguro. Igualmente a ideia da *natureza*, na sua singularização, se perde no acidental; e a *história natural*, a *geografia*, a *medicina*, etc., embatem em determinações da existência, em espécies e diferenças, que são determinadas por acidentes externos e como que por um jogo, e não pela razão. Também a *história* aqui se inclui, visto que a Ideia é a sua essência, mas a sua manifestação tem lugar na acidentalidade e no campo do arbítrio. 2) Tais ciências são também *positivas* enquanto não reconhecem as suas determinações como *finitas* e não indicam a passagem das mesmas e de toda a sua esfera para uma esfera superior, mas as admitem como *absolutamente válidas* (*geltend*). Com esta finidade da *forma* – tal como a primeira é finidade da *matéria* – conecta-se 3) a do *princípio cognoscitivo* que é, em parte, o raciocínio, em parte, o sentimento, a fé, a autoridade de outros, em geral, a autoridade da intuição interna ou externa. Aqui se inclui igualmente a filosofia que quer fundar-se na antropologia, nos factos da consciência, na intuição interna ou na experiência externa. 4) Pode ainda acontecer que unicamente a *forma da exposição científica* seja empírica, mas que a intuição eficiente ordene o que apenas são fenómenos de modo conforme à consequência interna do conceito. Em tal empiria, as *circunstâncias externas e acidentais* das condições eliminam-se mediante a oposição e a multiplicidade dos fenómenos agrupados, e o *universal* surge então inopinadamente diante da mente. – Uma física experimental, uma história, etc., edificada com argúcia,

104 ENCICLOPÉDIA DAS CIÊNCIAS FILOSÓFICAS EM EPÍTOME

exibirá deste modo a ciência racional da natureza e dos dados e feitos humanos numa imagem extrínseca, em que o conceito se reflete.

§17

Para o *começo* que a filosofia tem de fazer, parece que também ela em geral, como as outras ciências, começa com um pressuposto subjetivo, a saber, deve tomar como objeto de pensamento um objeto particular: como além se tem o espaço, o número, etc., aqui é o *pensar*. Mas é este apenas o ato livre do pensar: colocar-se no ponto em que ele é para si mesmo e, portanto, *produz e a si mesmo dá o seu objeto*. Além disso, o ponto de vista que assim aparece como *imediato* deve tornar-se, no interior da ciência, no seu resultado último, no qual ela atinge de novo o seu começo e a si retorna. A filosofia revela-se deste modo como um círculo que a si regressa (ʳ), que não tem começo algum no sentido das outras ciências, de modo que o começo tem só uma relação ao sujeito, como aquele que quer decidir-se a filosofar, e não à ciência enquanto tal. – Ou, o que é o mesmo, o conceito da ciência e, por conseguinte, o primeiro – e por ser o primeiro, contém a separação que faz do pensar objeto de um sujeito (por assim dizer, exterior) filosofante – deve ser compreendido pela própria ciência. Tal é justamente o seu único fim, a sua ação e meta: atingir o conceito do seu conceito e, assim, o seu retorno e pacificação.

§ 18

Como de uma filosofia não é possível fornecer uma representação geral preliminar, pois só o *todo* da ciência é a representação

---

(ʳ) Já segundo Proclo, *Inst. theol.*, c. 15, 31, 33, 35, o espiritual, o incorpóreo (ο ΑΣΠΜΑΤΟΥ) é retorno a si mesmo (πεζ εαυο επιτρεπτιου), e é dotado de movimento circular (κυκικην εχε τυ ευεγειαυ).

– A visão da Trindade surge também em Escoto Eriúgena como προδοζ, επστροφη e μοη; *De divis. naturae.*

– Sobre Proclo e Eriúgena, cf. *Gesch. der Phil.*², III, 61-79, 142-4.

da Ideia, assim também só a partir desta se pode conceber a sua *divisão*; ela é, como esta [ideia], da qual se tira, algo de antecipado. A Ideia, porém, revela-se como o pensar absolutamente idêntico a si mesmo e este, ao mesmo tempo, como a atividade de se pôr perante si a fim de ser para si e, neste outro, estar unicamente em si. A ciência divide-se assim em três partes:

   I. A *Lógica*, a ciência da Ideia em si e para si;
  II. A *Filosofia da Natureza*, como a ciência da Ideia no seu ser-outro;
 III. A *Filosofia do Espírito*, como a ciência da Ideia que, do seu ser-outro, a si retorna.

Observou-se acima, § 15, que as diferenças das ciências filosóficas particulares são apenas determinações da própria Ideia, e é unicamente esta que se representa nestes diversos elementos[42]. Na natureza, nenhum outro se conhece a não ser a Ideia, mas esta na forma da *exteriorização*; no espírito, é igualmente a mesma *enquanto é para si*, e *em si e para si devém*. Uma tal determinação, em que a Ideia aparece, é ao mesmo tempo um momento *transeunte*; por conseguinte, a ciência particular consiste tanto em conhecer o seu conteúdo como objeto *que é*, como também em aí reconhecer imediatamente a sua transição para a sua esfera mais alta. A *representação* própria da *divisão* tem, pois, de incorreto o pôr *lado a lado* as partes ou ciências singulares como se fossem unicamente imóveis e substanciais na sua diferenciação, como as *espécies*.

PRIMEIRA PARTE

A CIÊNCIA DA LÓGICA

NOÇÃO PRELIMINAR

§ 19

A lógica é a ciência *da ideia pura*, isto é, da Ideia no elemento abstrato do *pensar.*

Desta como de outras determinações contidas na noção prévia vale o que se disse dos conceitos anteriormente propostos acerca da filosofia em geral: são determinações obtidas *a partir da* e *após a* sinopse do todo.

Pode muito bem dizer-se que a lógica é a ciência do *pensar*, das suas *determinações* e *leis,* mas o pensar como tal constitui apenas a *especificação geral* ou o *elemento,* em que a Ideia é enquanto lógica. A Ideia é o pensar não como algo de formal, mas como a totalidade envolvente das suas determinações e leis peculiares, que ele a si mesmo se dá, as não *tem* já e em si encontra.

A lógica é a ciência *mais difícil*; não tem que ver com intuições, nem sequer, como a geometria, com representações sensíveis abstratas, mas com abstrações puras, e exige uma força e o hábito de se retirar para o puro pensamento, o reter

108 | ENCICLOPÉDIA DAS CIÊNCIAS FILOSÓFICAS EM EPÍTOME

e nele se mover. Por outro lado, poderia considerar-se a mais *fácil*, porque o seu conteúdo nada mais é do que o próprio pensar e as suas determinações ordinárias, e estas são ao mesmo tempo as *mais simples* e o que há de *elementar*. São também o que há de *mais conhecido*: o ser, o nada, etc., especificação, grandeza, etc., ser-em-si, ser-para-si, uno, múltiplo, etc. No entanto, este conhecimento familiar dificulta antes o estudo da lógica; por um lado, facilmente se crê que não vale a pena ocupar-se ainda do que já é conhecido; por outro, trata-se de o conhecer de um modo inteiramente diverso e até oposto ao modo como já é conhecido.

A *utilidade* da lógica concerne à relação com o sujeito, enquanto este demanda uma certa cultura (*Bildung*) para outros objetivos. E a cultura que o sujeito busca por meio da lógica consiste em se exercitar no pensar, porque esta ciência é pensar do pensar, e em obter os pensamentos também como pensamentos. – Mas, enquanto o lógico é a forma absoluta da verdade e, mais ainda, a própria verdade pura, é algo de completamente diverso do que é apenas *útil*. Mas como o mais excelente, o mais livre e o mais independente é também o que há de mais útil, também assim se pode conceber o lógico. A sua utilidade deve então avaliar-se, não apenas pelo exercício formal do pensar, mas de um modo inteiramente diverso[a].

§ 20

Se tomarmos o pensar na sua representação mais próxima, aparece, α) antes de mais, no seu significado ordinário, subjetivo, como uma das atividades ou faculdades espirituais ao *lado de* outras, da sensibilidade, da intuição, da fantasia, etc., do desejo, do querer, etc. O *produto* desta atividade, a especificação ou forma do pensamento, é o *universal*, o abstrato em geral. O *pensar* como *atividade* é, pois, o universal *ativo* e, sem dúvida, o

---

[a] Cf. o prefácio à *Wissensch. der Logik*[2], I, 12 s., e os *Zus.* 2.º e 3.º ao § 19 da *Grande Enciclopédia*.

que se faz a *si*, já que o ato, o produto, é justamente o universal. O pensar, representado como *sujeito*, é o *pensante*, e a simples expressão do sujeito que existe como pensante é o *Eu*.

As determinações expostas aqui e nos parágrafos seguintes não devem tomar-se como afirmações e *opiniões* minhas acerca do pensar; no entanto, visto que nesta maneira preliminar nenhuma dedução ou prova pode ter lugar, devem valer como *factos*, no sentido de que na consciência de cada um, se ele tiver pensamentos e os perscrutar, se descobre empiricamente que aí estão presentes o caráter da universalidade e igualmente as determinações consecutivas. Para a observação dos factos da própria consciência e das suas representações, exige-se já a existência de uma cultura da atenção e da abstração.

Nesta exposição preliminar, expressa-se já a diferença entre a sensibilidade (*Sinnlich*), a representação (*Vorstellung*) e o pensamento (*Gedanke*); é fundamental para a compreensão da natureza e das espécies do conhecer; servirá, pois, de elucidação o pôr aqui já em relevo esta diferença. – Quanto ao *sensível*, aduz-se logo como explicação a sua origem externa, os sentidos ou os órgãos dos sentidos. Mas a menção do instrumento não dá determinação alguma para aquilo que com ele se apreende. A diferença entre o *sensível* e o pensamento deve pôr-se na *individualidade*, que é o caráter do sensível; e visto que o singular (*das Einzelne*) (de modo inteiramente abstrato, o átomo) se encontra também em conexão, o sensível é assim uma *exterioridade recíproca* (*Aussereinander*), cujas primeiras formas abstratas são a *justaposição* e a *sucessão* (*das Neben-und das Nacheinander*). – O *representar* (*Vorstellen*) tem uma tal matéria sensível como conteúdo, mas está posta na determinação do *meu*, de que tal conteúdo está em *mim*, e da *universalidade*, da referência-a-si, da *simplicidade*. – Além do sensível, porém, a representação tem também por conteúdo a matéria que provém do pensar autoconsciente, como as representações do jurídico, do moral, do religioso, e ainda do próprio pensar, e não é assim tão fácil a distinção entre tais *representações* e os *pensamentos* de tal conteúdo. Aqui, é tanto o conteúdo pensamento como presente está também a forma da universalidade, a qual já se tem em virtude de um conteúdo estar em mim e de, em geral, ele ser representação. A peculiaridade da representação, porém, há que pô-la, em geral também sob este aspeto, no facto de nela se encontrar, isolado, um tal conteúdo. O direito, as determinações jurídicas e similares não se encontram, claro está, na exterioridade sensível do *espaço.* Segundo o tempo, estas representações aparecem como sucessivas; no entanto, o seu conteúdo não *se* representa como afetado pelo tempo, como nele transeunte e mutável. Tais determinações, espirituais em si, estão *isoladas* no amplo solo da universalidade interna, abstrata, da atividade representativa em geral. Neste isolamento, são *simples:* direito, dever, Deus. Ora, a representação, ou se fixa em que o direito *é* direito, e Deus é Deus – ou, num grau de maior cultura, aduz determinações, por exemplo, que Deus é criador do mundo, omnisciente, omnipotente, etc.; aqui se alinham igualmente várias determinações simples e isoladas, as quais, apesar da conexão que lhes vem assinalada no seu sujeito, permanecem mutuamente exteriores. A representação coincide aqui com o *entendimento* (*Verstand*), que dela se distingue unicamente por estabelecer relações de universal e particular, ou de causa e efeito, etc., e, portanto, relações de necessidade entre as determinações isoladas da representação, em que esta as deixa *lado a lado,* no seu espaço indeterminado, ligadas pelo simples *também.* – A diferença entre representação e pensamento tem especial importância, porque se pode dizer em geral que a filosofia nada mais faz do que transformar as representações em pensamentos – mas, na verdade, ela transforma ainda o simples pensamento em conceito.

De resto, quando para o sensível se aduzem as determinações da *individualidade e da exterioridade,* pode ainda acrescentar-se que também elas mesmas são, por seu turno, pensamentos e universais; na lógica, mostrar-se-á que o pensamento e o universal são justamente isto, que é ele mesmo e o seu outro, domina este outro e nada se lhe subtrai. Enquanto a *linguagem* é obra do pensamento, também nada se pode nela dizer que não seja universal. Aquilo que

A CIÊNCIA DA LÓGICA | 111

eu apenas *intento*, é *meu*, pertence-me a mim, como a este indivíduo singular; mas se a linguagem exprime unicamente o universal, não posso dizer o que apenas *intento* (*was ich nur meine*). E o *indizível*, o sentimento, a sensação, já não é o mais excelente, o mais verdadeiro, mas o mais insignificante, o mais inverdadeiro. Quando digo: «o *individual*», «*este* indivíduo», «aqui», «agora», são tudo universalidades; *tudo* e *cada* é um individual, um este, e também, se for sensível, aqui, agora. Igualmente quando digo: «*Eu*», *viso-me* a mim *como um este* que exclui todos os outros; mas o que eu digo, Eu, é justamente cada um; Eu, que exclui de si todos os outros. – Kant ([43]) serviu-se da expressão manca de que o Eu *acompanha* todas as minhas representações([b]), e também as sensações, desejos, ações, etc. O Eu é o universal em si e para si; e o comum (*Gemeinschaftlichkeit*) é também uma forma, mas uma forma externa da universalidade. Todos os outros homens têm em comum comigo o serem Eu, como a todas as *minhas* sensações, representações, etc., é comum serem as *minhas*. Mas o *Eu* como tal, em abstrato, é a pura relação a si mesmo, na qual se abstrai do representar, do sentir, de todos os estados e de todas as particularidades da natureza, do talento, da experiência, etc. O eu é, pois, a existência da universalidade totalmente *abstrata*, o abstratamente *livre*. Por isso, o eu é *o pensar* enquanto *sujeito*; e visto que eu estou simultaneamente em todas as minhas sensações, representações, estados, etc., o pensamento está em toda a parte presente e impregna como categoria todas estas determinações.

§ 21

β) Tomando-se o pensar como ativo em relação aos objetos – como o *repensar sobre* alguma coisa –, o universal, enquanto produto da sua atividade, contém o valor da coisa, o *essencial*, o *intrínseco*, o *verdadeiro*.

([b]) Cf. *Crítica da Razão Pura*, na *Doutrina elementar*, § 16.

112 | ENCICLOPÉDIA DAS CIÊNCIAS FILOSÓFICAS EM EPÍTOME

No § 5, mencionou-se a antiga crença de que o que é verdadeiro nos objetos, nas características, nos acontecimentos, de que o que é intrínseco, essencial, a coisa que interessa, não se encontra *imediatamente* na consciência, não é já o que se oferece à primeira vista e ao primeiro encontro, mas que importa primeiro *refletir* a seu respeito para chegar à verdadeira natureza do objeto, e que isso se obtém mediante a reflexão.

§ 22

γ) Pela reflexão, algo *muda* no modo como o conteúdo está, de início, na sensação, na intuição e representação; por isso, só *mediante* uma mudança é que a *verdadeira* natureza do *objeto* vem à consciência.

§ 23

δ) Uma vez que na reflexão se obtém a verdadeira natureza, e este pensar é atividade *minha*, então a verdadeira natureza é igualmente o *produto do meu* espírito e, claro está, enquanto sujeito pensante, de mim segundo a minha simples universalidade, enquanto eu que pura e simplesmente *está em si* – ou da minha *liberdade.*

É possível ouvir frequentemente a expressão *pensar por si (Selbstdenken)*, como se com isso algo de importante se dissesse[c]. Na realidade, ninguém pode pensar, como também comer e beber, por outro; pelo que essa expressão é um pleonasmo. – No pensar reside imediatamente a *liberdade,* porque ele é a atividade do universal, portanto, um abstrato referir-se a si mesmo, um estar-em-si sem determinações segundo a subjetividade, que, quanto ao *conteúdo,* está ao mesmo tempo apenas na *coisa* e nas suas determinações.

---

[c] Hegel alude aqui a Schleiermacher e aos seus *Monologen* e, em geral, ao princípio romântico e a Fr. Schlegel.

Quando, pois, se fala de humildade ou de modéstia e de soberba em relação ao filosofar, e se a humildade ou a modéstia consiste em nada atribuir de *particular* como sua propriedade e seu ato à subjetividade, então, absolver-se-á o filosofar pelo menos da soberba, pois o pensar, segundo o conteúdo, só é verdadeiro enquanto se adentra profundamente na *coisa* e, quanto à forma, não constitui um ser ou fazer *particular* do sujeito, mas é justamente o manter-se da consciência, como eu abstrato, *livre* de *toda a particularidade* de quaisquer propriedades, estados, etc., e apenas realiza o universal, em que ela é idêntica a todos os indivíduos. – Quando Aristóteles[d] convida a manter-se *digno*[44] de uma tal conduta, a dignidade, que a consciência para si adquire, consiste juntamente em excluir todo o parecer e opinião *particular* e deixar em si imperar a *coisa*.

§ 24

Segundo estas especificações, os pensamentos podem chamar-se pensamentos *objetivos*; entre eles há também que contar as formas, que é habitual considerar na lógica ordinária e tomar apenas como formas do pensar *consciente*. A *Lógica* coincide, portanto, com a *Metafísica*, com a ciência das *coisas* apreendidas em *pensamentos*, que se consideram aptos para exprimir as *essencialidades* das *coisas*.

A relação de tais formas, como o conceito, o juízo e o raciocínio, com outras, como a causalidade, etc., só pode provar-se no âmbito da própria Lógica. Mas também se pode ver de modo preliminar que, enquanto o pensamento procura fazer para si um *conceito* das coisas, este conceito (e, com isso, também as suas formas mais imediatas, o juízo e o raciocínio) não pode consistir em determinações e relações, que sejam estranhas exteriores às coisas[45]. O repensar, foi dito acima, conduz ao *universal* das coisas; mas ele próprio

---

[d] *Metaf.*, I, 2,19 (982 a).

114 | ENCICLOPÉDIA DAS CIÊNCIAS FILOSÓFICAS EM EPÍTOME

é um dos momentos do conceito. Que no mundo há entendimento, razão, diz o mesmo que a expressão «pensamento objetivo». Esta expressão, porém, é incómoda, porque *pensamento* se usa de maneira demasiado habitual para indicar o que apenas pertence ao espírito, à consciência, e *objetivo* se emprega, em primeiro lugar, a propósito do não espiritual.

§ 25

A expressão de *pensamentos objetivos* designa a *verdade*, a qual deve ser o *objeto* absoluto, e não apenas a *meta* da filosofia. Mas manifesta imediatamente uma antítese e, claro está, aquela em torno de cuja determinação e validade gira o interesse do ponto de vista filosófico da época atual e a questão acerca da sua *verdade* e do seu conhecimento. Se as determinações do pensar estão afetadas de uma antítese firme, isto é, se são de natureza unicamente *finita*, então, são inadequadas para a verdade, que é absolutamente em-si e para si; então, a verdade não pode entrar no pensar. O pensar que somente suscita determinações *finitas* e nelas se move chama-se *entendimento* (no sentido mais próprio da palavra). Mais particularmente, a *finidade* das determinações do pensar deve conceber-se de dois modos: um, que elas são *meramente subjetivas* e se encontram numa oposição permanente ao objetivo; outro, que elas, em virtude do seu *conteúdo limitado*, persistem em oposição tanto entre si como, ainda, relativamente ao absoluto. Importa agora examinar, como introdução mais próxima, as *posições que se forneceram ao pensamento a propósito da objetividade*, a fim de elucidar e realçar o significado e o ponto de vista que aqui se atribuiu à Lógica.

Na minha *Fenomenologia do Espírito*, que, por isso, na sua publicação, se designou como a primeira parte do sistema da ciência([e]), parte-se da primeira, simplicíssima, aparição

---

([e]) Efectivamente, o título da primeira edição era: *System der Wissenschaft. Erster Theil, die Phänomenologie des Geistes* (Bamberg u. Würzburg, bey Joseph Anton Goebhart, 1807); no entanto, na segunda edição, em 1832, o título, por indicação de A., é apenas *Fenomenologia do Espírito*.

do espírito, a *consciência imediata*, e desenvolve-se a dialética da mesma até ao ponto de vista da ciência filosófica, cuja necessidade se ostenta mediante este progresso. Não se podia, porém, ficar parado no formal da simples consciência, pois o ponto de vista do saber filosófico é ao mesmo tempo em si o mais rico de conteúdo e o mais concreto; assim, ao produzir-se como resultado, pressupunha também as formas concretas da consciência, como, por exemplo, da moral, da eticidade, da arte, da religião. O evolver do *conteúdo*, dos objetos das partes peculiares da ciência filosófica, entra, pois, simultaneamente no evolver da consciência, que parece primeiro restringir-se apenas ao formal; sem ela saber, esse evolver deve, por assim dizer, avançar, enquanto o conteúdo se comporta como o *em-si* relativamente à consciência. A exposição torna-se assim mais complicada e o que pertence às partes concretas insere-se já em parte naquela introdução. – A consideração aqui antecipada tem ainda mais o inconveniente de proceder apenas de modo histórico e raciocinativo; mas deve sobretudo colaborar para o discernimento de que as questões que se antepõem no representar acerca da natureza do *conhecer*, acerca da *fé* e assim por diante, e que se consideram inteiramente *concretas*, se reduzam na realidade a *simples* determinações do pensamento, que só na Lógica recebem o seu verdadeiro tratamento.

A

PRIMEIRA POSIÇÃO DO PENSAMENTO RELATIVAMENTE À OBJETIVIDADE

Metafísica[46]

§ 26

A primeira posição é o procedimento *ingénuo*, o qual, sem ter ainda consciência da oposição do pensar em e consigo mesmo, contém a *fé* de que pela *reflexão se conhece a verdade* e se adquire a consciência daquilo que os objetos verdadeiramente são. Nesta fé, o pensar vai diretamente aos objetos, reproduz o conteúdo das sensações e intuições e dele faz um conteúdo do pensamento e com isso se satisfaz como se a verdade fora. Toda a filosofia incipiente, todas as ciências e até o agir e a prática quotidiana da consciência vivem nesta fé.

§ 27

Este pensar, em virtude da inconsciência a respeito da sua oposição, *pode* ser, segundo o seu conteúdo, um filosofar genuinamente *especulativo*, como pode também deter-se em determinações *finitas* do pensar, isto é, na oposição *ainda não resolvida*. Aqui, na introdução, o interesse pode ser apenas o de considerar a posição do pensar segundo a sua fronteira e, portanto, examinar em primeiro lugar o último *filosofar*. – Tal era, na sua forma mais determinada e mais próxima de nós, a *antiga metafísica*, como entre nós se encontrava constituída antes da filosofia kantiana. A metafísica é, no entanto, algo de *antigo* só em relação à história da filosofia; para si mesma, é em geral sempre dada a *simples vista intelectualista* dos objetos da razão. A consideração mais pormenorizada do seu método e do seu conteúdo principal tem, pois, ao mesmo tempo o interesse presente mais próximo.

§ 28

Esta ciência considerava as determinações do pensar *determinações fundamentais das coisas*; e pelo pressuposto de que o que é, em virtude de ser *pensado*, é *em si* conhecido, ela encontrava-se mais alto do que a ulterior filosofia crítica. Mas, 1) aquelas determinações eram tomadas como válidas por si e capazes, na sua abstração, de ser *predicados do verdadeiro*. A metafísica pressupunha em geral que o conhecimento do absoluto podia ocorrer mediante o *atribuir-lhe predicados*, e não indagava nem as determinações do entendimento segundo o seu peculiar conteúdo e valor, nem também a forma de determinar o absoluto pela atribuição de predicados.

Tais predicados são, por exemplo, a *existência*, como na proposição: *«Deus tem existência»*; a *finidade* ou *infinidade*, na questão de se o mundo é finito ou infinito; *simples, composto*, na proposição: «a alma é *simples*»; – além disso, «a coisa é *um*, um *todo*», etc. – Não se inquiria se tais predicados em si e por si são algo de verdadeiro, nem se a forma do juízo pode ser forma da verdade.

§ 29

Semelhantes predicados são para si um conteúdo *limitado* e mostram-se já como não adequados à *plenitude* da *representação* (de Deus, da natureza, do espírito, etc.) e incapazes de a esgotar. Além disso, por serem predicados de um mesmo sujeito, estão entre si conexos; mas, pelo seu conteúdo, são diversos, de maneira que permanecem *extrínsecos uns perante os outros*.

À primeira deficiência procuravam obviar os Orientais, por exemplo, com a determinação de Deus mediante os múltiplos *nomes*([f]) que lhe atribuíam; mas, ao mesmo tempo, deviam os nomes ser *infinitos*.

([f]) Hegel refere-se ao *De mystica theologia* e ao *De divinis nominibus* do pseudo-Dionísio, por um lado, e à prática da espiritualidade judaica e islâmica, por outro.

§ 30

2) Os seus *objetos* eram, sem dúvida, totalidades que em si e para si pertencem à *razão*, ao pensar do universal em si *concreto* – *alma, mundo, Deus*; – mas a metafísica tomou-os da *representação*, pô-los, enquanto *sujeitos prontos e dados*, como fundamento na aplicação das determinações do entendimento, e tinha unicamente a *medida* nessa representação para determinar se os predicados eram ou não oportunos e suficientes.

§ 31

As representações de alma, mundo, Deus, parecem, a princípio, fornecer ao pensar um *apoio firme*. Mas, além de nelas estar mesclado o caráter de subjetividade particular e de poderem aqui ter um significado muito diferente, precisam, pelo contrário, de receber primeiro pelo pensar a sua firme determinação. É isto o que exprime toda a proposição, pois, só mediante o *predicado* (isto é, na filosofia, mediante a determinação do pensar) se deve indicar *o que é* o sujeito, isto é, a representação inicial.

Na proposição «Deus é eterno, etc.», começa-se com a representação Deus; mas o que Ele *é* ainda não se sabe; só o predicado assere o que Ele *é*. Por conseguinte, no [âmbito] lógico, em que o conteúdo é exclusivamente determinado na forma do pensamento, não só é supérfluo fazer destas determinações predicados de proposições, cujo *sujeito* seria Deus ou, mais vagamente, o absoluto, mas teria mesmo a desvantagem de evocar uma outra medida diferente da natureza do próprio pensamento. – Além disso, a forma da proposição ou, mais precisamente, do juízo, é imprópria para exprimir o concreto – e o verdadeiro é concreto – e o especulativo; o juízo é, em virtude da sua forma, unilateral e, portanto, falso.

§ 32

3) A metafísica tornou-se *dogmatismo*, porque, segundo a natureza das determinações finitas, teve de assumir que, de *duas afirmações opostas*, como eram essas proposições, uma devia ser *verdadeira*, e a outra *falsa*.

§ 33

A *primeira parte* da metafísica, na sua configuração ordenada, era a *ontologia* – a doutrina das *determinações abstratas da essência*. Para estas, na sua multiplicidade e no seu valor finito, falta um princípio; devem, pois, evocar-se *de modo empírico e acidental* e o seu *conteúdo* mais preciso pode fundar-se apenas na *representação* e na *asserção* de que, com uma dada palavra, se pensa justamente isto, e até mesmo na etimologia. Pode lidar-se, neste caso, com a *exatidão* da análise conforme ao uso linguístico, e com a *integridade* empírica, mas não com a *verdade* e a *necessidade* de tais determinações em si e para si.

A questão de se o ser, a existência, ou a finidade, a simplicidade, a composição, etc., são *em si e para si verdadeiros conceitos*, deve soar estranha aos que creem que se trata apenas da verdade *de uma proposição*, e unicamente se pergunta se um *conceito* é ou não *aplicável* (como se dizia) com verdade a *um sujeito*; a inverdade dependeria da contradição que se encontrasse entre o sujeito da representação e o conceito que do mesmo se predica. Mas o conceito como concreto e até toda a determinidade em geral é essencialmente em si mesma uma unidade de determinações diversas. Se, pois, a verdade nada mais fosse do que a carência da contradição, deveria primeiramente considerar-se, em cada conceito, se ele não conterá, para si, uma tal contradição interna.

§ 34

A *segunda parte* era *a psicologia racional* ou *pneumatologia*, que diz respeito à natureza metafísica da *alma*, a saber, do espírito enquanto *coisa*.

A imortalidade era indagada na esfera em que têm o seu lugar a *composição*, o *tempo*, a *mudança qualitativa*, o *crescer* ou o *diminuir quantitativo*.

§ 35

A *terceira parte*, a *cosmologia*, tratava do *mundo*, da sua contingência, necessidade, eternidade, limitação no espaço e no tempo; das leis formais nas suas mudanças e, além disso, da liberdade do homem e da origem do mal.

Como antíteses absolutas, valem aqui principalmente: contingência e necessidade; necessidade externa e interna; causas eficientes e finais, ou a causalidade em geral e fim; essência ou substância e aparência; forma e matéria; liberdade e necessidade; felicidade e dor; bem e mal.

§ 36

A *quarta parte*, a *teologia natural* ou *racional*, considerava o conceito de Deus ou a sua possibilidade, as provas da sua existência e as suas propriedades.

a) Nesta consideração intelectualista de Deus, trata-se sobretudo de estabelecer que predicados se ajustam ou não àquilo que *representamos* por Deus. A oposição de realidade e negação aparece aqui como absoluta; pelo que, para o *conceito*, tal como o compreende o entendimento, resta apenas no fim a abstração vazia da *essência* indeterminada, da pura realidade ou positividade, o produto morto do moderno

Iluminismo. *b*) A *demonstração* do conhecer finito apresenta em geral a posição absurda de que se deve aduzir um fundamento objetivo do ser de Deus, que assim se apresenta como algo de *mediatizado* por um outro. Esta demonstração, que tem por regra a identidade do entendimento, embate na dificuldade de levar a cabo a passagem do *finito* ao *infinito*. Não podia, pois, ou libertar Deus da finidade positiva do mundo existente e Ele tinha, portanto, de se determinar como a substância imediata deste mundo (panteísmo) –, ou Deus permanecia como um objeto perante o sujeito e, deste modo era um ser *finito* (dualismo). *c*) Os *atributos*, que devem ser determinados e diversos, esvanecem-se no conceito abstrato da pura realidade, da essência indeterminada. Mas, enquanto o mundo finito permanece ainda na representação, e perante Deus, como um *verdadeiro ser*, introduz-se também a representação de diversas relações de Deus com o mundo, as quais, concebidas como atributos, devem, por um lado, ser elas próprias, enquanto relações com estados finitos, de natureza finita (por exemplo, justo, bom, poderoso, sábio, etc.) e, ao mesmo tempo, porém, devem, por outro lado, também ser infinitas. Esta contradição permite, neste ponto de vista, unicamente a solução nebulosa mediante uma gradação quantitativa, que a impele para o indeterminado, para o *sensum eminentiorem*[g]. Mas o atributo é deste modo aniquilado e fica apenas reduzido a um nome.

---

[g] Na teologia e na filosofia escolástica, os atributos que não implicam negação ou deficiência (por exemplo, inteligência, amor, beleza, etc.), aplicam-se a Deus *sensu eminentiori*, isto é, em sentido supremo.

B

SEGUNDA POSIÇÃO DO PENSAMENTO RELATIVAMENTE À OBJETIVIDADE

I. *Empirismo*

§ 37

A necessidade, em parte, de um conteúdo *concreto* perante as teorias abstratas do entendimento, o qual, por si mesmo, não pode sair das suas generalidades para se particularizar e determinar e, em parte, [a necessidade] de um *apoio firme* contra a possibilidade de *tudo poder demonstrar* no campo e segundo o método das determinações finitas, levou primeiramente ao *empirismo*; este, em vez de procurar o verdadeiro no próprio pensamento, vai buscá-lo à *experiência*, ao presente exterior e interior.

§ 38

O *empirismo* tem, por um lado, esta fonte comum com a metafísica, a qual, para a autenticação das suas definições – dos pressupostos e do conteúdo mais particular –, possui como garantia igualmente representações, isto é, o conteúdo que provém diretamente da experiência. Por outro lado, a perceção tomada isoladamente é distinta da experiência, e o empirismo eleva o conteúdo pertencente à perceção, ao sentimento e à intuição, à *forma de representações, proposições* e *leis gerais*, etc. Isto, porém, acontece só no sentido de que estas determinações gerais (por exemplo, a força) não devem para si ter mais nenhuma significação e validade do que a tirada da perceção, e nenhum nexo deve ter justificação a não ser o que se pode provar no fenómeno. O conhecer empírico, segundo o lado *subjetivo*, tem o seu firme apoio no facto de que a consciência possui na perceção a sua *própria e imediata presença e certeza.*

Existe no empirismo este grande princípio: o que é verdadeiro deve existir na realidade e existir aí para a perceção. Este princípio é oposto ao *dever ser*, com o qual a reflexão se ensoberbece e se enche de desdém pela realidade e pelo presente com um *além* que apenas deve ter a sua sede e existência no entendimento subjetivo. Tal como o empirismo, também a filosofia conhece (§ 7) somente o que *é*; não sabe nada do que unicamente *deve* ser e que, por conseguinte, *não é*. – Do ponto de vista subjetivo, importa reconhecer igualmente o importante princípio da *liberdade*, que reside no empirismo, a saber, que o homem deve ver por *si mesmo* o que deve admitir no seu saber, e que deve aí saber-se *ele próprio presente*. – A realização *consequente* do empirismo, enquanto pelo seu conteúdo se restringe ao finito, nega o suprassensível em geral ou, pelo menos, o conhecimento e a determinidade do mesmo e permite ao pensar somente a abstração, a universalidade e a identidade formais. – A ilusão fundamental do empirismo científico consiste sempre em fazer uso das categorias metafísicas de matéria, força e, além disso, de um, muitos, universal, e infinito, etc.; e em continuar a *silogizar* na linha de tais categorias, pressupondo e aplicando as formas do raciocínio, sem saber que, em tudo isto, ele encerra e pratica metafísica, e que utiliza essas categorias e as suas relações de um modo totalmente acrítico e inconsciente.

§ 39

Acerca deste princípio fez-se, primeiramente, a observação justa de que naquilo que se chama *experiência* e que se deve distinguir da simples perceção particular de factos singulares, se encontram *dois elementos*: – um, que é a *matéria* em si individualizada, infinitamente *vária*; a outra, a *forma*, as determinações da *universalidade* e da *necessidade*. A empiria mostra, sim, muitas, inumeráveis perceções iguais; mas a *universalidade* é algo completamente diferente da grande multidão. A empiria oferece igualmente perceções de mudanças que *se seguem umas às outras*

124 | ENCICLOPÉDIA DAS CIÊNCIAS FILOSÓFICAS EM EPÍTOME

ou de objetos *justapostos*, mas não uma conexão da *necessidade*. Ora, enquanto a perceção deve permanecer o fundamento do que vale como verdade, a universalidade e a necessidade surgem como algo de *injustificado*, como uma contingência subjetiva, um simples hábito, cujo conteúdo pode ser constituído de uma ou outra maneira.

Uma consequência importante daqui derivada é que, neste modo empírico, as determinações e leis jurídicas e morais, bem como o conteúdo da religião, aparecem como algo de acidental, e se renuncia à sua objetividade e à sua interna verdade.

O *ceticismo de Hume*, do qual procede sobretudo a reflexão precedente, deve, de resto, distinguir-se muito bem do *ceticismo grego*. O de Hume põe como fundamento a *verdade* do empírico, do sentimento, da intuição e contesta, a partir daí, as determinações e leis gerais, porque não têm nenhuma justificação mediante a perceção sensível. O ceticismo antigo estava tão longe de fazer do sentimento e da intuição o princípio da verdade, que se virava, em primeiro lugar, contra o sensível. (Sobre o ceticismo moderno em comparação com o antigo, cf. *Jornal crítico da filosofia*, de Schelling e Hegel, 1802, vol. I, fase. 2)([47]).

II. *Filosofia crítica*

§ 40

A filosofia crítica tem em comum com o empirismo o tomar a experiência como o *único* solo dos conhecimentos, os quais ela não considera verdades, mas só conhecimentos de fenómenos.

Parte-se, em primeiro lugar, da diferença dos elementos que se encontram na análise da experiência, isto é, da *matéria sensível* e das *relações gerais* da mesma. Ao juntar-se-lhe a reflexão,

A CIÊNCIA DA LÓGICA 125

exposta no parágrafo precedente, de que na perceção por si mesma se contém apenas o *particular* e unicamente *o que acontece, insiste-se* ao mesmo tempo no facto de que a *universalidade* e a *necessidade*, enquanto determinações essenciais, se encontram igualmente no que se chama experiência. Visto que este elemento não provém do empírico como tal, pertence então à espontaneidade do *pensar* ou é *a priori*. – As determinações do pensar ou *conceitos do entendimento* constituem a *objetividade* dos conhecimentos de experiência. Contêm em geral *relações* e formam-se, pois, graças a elas, juízos *sintéticos a priori* (isto é, relações originárias de opostos) ([48]).

O ceticismo de Hume não nega o facto de, no conhecimento, existirem as determinações da universalidade e da necessidade. E na filosofia kantiana também não é mais do que um facto pressuposto; pode dizer-se, em conformidade com a linguagem ordinária das ciências, que ela propôs apenas uma outra *explicação* desse facto.

§ 41

A filosofia *crítica* submete, pois, a exame primeiramente o valor dos *conceitos do entendimento* utilizados na metafísica – e, de resto, também nas outras ciências e no modo habitual de representar. Esta crítica, porém, não entra no *conteúdo* e na relação determinada que as determinações do pensar entre si têm, mas considera-os em geral segundo a oposição de *subjetividade* e *objetividade*. Esta oposição, tal como aqui se toma, refere-se (cf. parágrafo precedente) à diferença dos elementos *dentro da* experiência. A *objetividade* é aqui o elemento de *universalidade* e *necessidade*, isto é, das próprias determinações do pensar – o chamado *a priori*. Mas a filosofia crítica alarga de tal modo a oposição, que na *subjetividade* entra o *conjunto* da experiência, isto é, esses dois elementos, e perante ela nada permanece a não ser a *coisa-em-si*.

Mais precisamente, as *formas do a priori*, isto é, do pensar, e, claro, deste enquanto atividade somente subjetiva, a despeito

126 | ENCICLOPÉDIA DAS CIÊNCIAS FILOSÓFICAS EM EPÍTOME

da sua objetividade, apresentam-se da seguinte maneira – com uma sistematização que, de resto, se apoia em bases psicológico-históricas.

§ 42

a) A *faculdade teórica*, o conhecimento como tal.

Esta filosofia fornece como *fundamento* determinado dos conceitos do entendimento a *identidade originária* do *Eu* no pensar (unidade transcendental da autoconsciência)[49]. As representações dadas pelo sentimento e pela intuição são, segundo o *seu conteúdo*, um *múltiplo*; e também quanto à sua forma, em virtude da *separação* da sensibilidade nas suas duas formas, o espaço e o tempo, que, enquanto formas (o universal) da intuição, também são *a priori*[50]. Este múltiplo da sensação e da intuição que o Eu refere a si mesmo e em si une como numa consciência (aperceção pura) é assim reduzido à identidade, a uma conexão originária. Os modos determinados deste referir são os puros conceitos do entendimento, as *categorias*.

Como se sabe, a filosofia kantiana não teve grande trabalho e incómodo em *descobrir* as categorias[51]. O *Eu*, a unidade da autoconsciência, é totalmente abstrato e plenamente indeterminado; como chegar, então, às *determinações* do Eu, às categorias? Por sorte, encontram-se na lógica ordinária as *diversas espécies de juízo* já empiricamente indicadas. Ora, julgar é *pensar* um objeto determinado. Os diferentes modos de juízo, já enumerados, proporcionam, pois, as diversas *determinações do pensar*. – *À filosofia de Fichte* cabe o profundo mérito de ter lembrado que as *determinações do pensar* se deviam apresentar na sua *necessidade*, e ser essencialmente *deduzidas*. – Esta filosofia deveria, ao menos, ter tido sobre o método de tratar a lógica o efeito de as determinações do pensar em geral ou o material lógico usual, as *espécies* de conceitos, de juízos, de raciocínios, não mais se tirarem apenas da observação e se conceberem assim só empiricamente, mas se derivarem do próprio pensar. Se o pensar houver de

A CIÊNCIA DA LÓGICA | 127

ser apto para provar alguma coisa, se a lógica tiver de exigir que se aduzam *provas*, e se quiser ensinar a demonstração, ela deve, no entanto, antes de mais, ser capaz de demonstrar o seu conteúdo peculiar e de discernir a sua necessidade.

§ 43

Por um lado, é mediante as categorias que a simples perceção se eleva à objetividade, à *experiência*; mas, por outro, estes conceitos, enquanto unidades simplesmente da consciência subjetiva, são condicionados pela matéria dada, são por si mesmos vazios e têm a sua aplicação e uso apenas na experiência[52], cuja outra componente, as determinações do sentimento e da intuição, são também algo de meramente subjetivo.

§ 44

As categorias são, pois, incapazes de ser determinações do Absoluto, o qual não é dado numa perceção; e o entendimento ou o conhecimento mediante categorias é, pois, impotente para conhecer as *coisas em si.*

A *coisa em si* (e sob o termo coisa compreende-se também o Espírito, Deus) exprime o objeto enquanto se *abstrai* de tudo o que ele é para a consciência, de todas as determinações do sentimento e de todos os pensamentos determinados da mesma [consciência]. É fácil ver o que resta – o *plenamente abstrato*, o inteiramente *vazio*, determinado apenas como um *além*; o *negativo* da representação, do sentimento, do pensamento determinado, etc. Igualmente simples é a reflexão de que mesmo este *caput mortuum* é só o *produto* do pensar, justamente do pensar que chegou até à pura abstração, do Eu vazio que toma como *objeto* a vazia *identidade* de si mesmo. A determinação *negativa* que esta abstrata identidade obtém como *objeto* é igualmente citada entre as categorias kantianas e é, pois, algo de totalmente conhecido, como essa identidade

128   ENCICLOPÉDIA DAS CIÊNCIAS FILOSÓFICAS EM EPÍTOME

vazia. – Depois disto, há apenas que espantar-se por tantas vezes ter lido que não se sabe o que seja a coisa *em si*; e nada é mais fácil de saber do que isto.

§ 45

É a *razão*, a faculdade do *incondicionado*, que discerne a natureza condicionada dos conhecimentos de experiência. O que aqui se chama objeto de razão, o *incondicionado* ou *infinito*, nada mais é do que o que é igual a si mesmo, ou é a mencionada (§ 42) *identidade originária* do *Eu* no *pensar*. Chama-se *razão* a este *abstrato* Eu ou pensar, que toma como objeto ou fim a pura *identidade*. Cf. a observação feita no parágrafo precedente ([h]). A esta identidade absolutamente *indeterminada* não convêm os conhecimentos de experiência porque, em geral, têm um conteúdo *determinado*. Quando um tal incondicionado se assume como o absoluto e o verdadeiro da razão (como a *Ideia*), declaram-se assim os conhecimentos de experiência como não verdadeiros, como *fenómenos*.

§ 46

Mas sobrevêm a necessidade de conhecer esta identidade ou a coisa *em si* vazia. *Conhecer*, porém, nada mais significa do que saber um objeto segundo o seu conteúdo *determinado*. Mas o conteúdo determinado encerra em si mesmo uma múltipla *conexão* e estabelece uma relação com muitos outros objetos. Para a determinação deste infinito ou da coisa *em si*, a razão nada

---

([h]) O «entendimento» (*Verstand*) era, na filosofia de Wolff, a faculdade de representar distintamente nas coisas (cf. Wolff, *Vernünftige Gedanken*, §§ 277 e 368), ao passo que a «razão» (*Vernunft*) se aplicava à conexão das coisas. Kant utiliza os mesmos termos, mas atribui à razão o significado de faculdade do raciocínio e dos princípios (*Crít. da Razão Pura, Dialéctica*, Int., III, A). A distinção kantiana encontra-se também, e com maior incisão, em Fichte e em Hegel.

teria a não ser as *categorias*; mas, ao querer para isso utilizá-las, *extravasa* (torna-se transcendente).

Começa aqui a segunda parte da *Crítica da razão*, e esta segunda é em si mais importante do que a primeira. Com efeito, a primeira constitui a opinião antes exposta de que as *categorias* têm a sua fonte na unidade da autoconsciência; que, por conseguinte, o conhecimento por meio delas não contém efetivamente nada de objetivo e que a objetividade a elas atribuída (§§ 40, 41) é só algo de *subjetivo*. Deste ponto de vista, a crítica kantiana é simplesmente um *idealismo subjetivo* (vulgar), que não penetra no *conteúdo*, que tem diante de si apenas as formas abstratas da subjetividade e da objetividade, e se atém unilateralmente à primeira, à subjetividade, como à última determinação absolutamente afirmativa. Mas, na consideração da chamada *aplicação* que a razão faria das categorias para o conhecimento dos seus objetos, vem a falar-se do conteúdo das categorias, pelo menos segundo algumas determinações, ou, pelo menos, haveria aí um ensejo para falar de tal conteúdo. Há um interesse especial em ver como *Kant* julga esta *aplicação das categorias ao incondicionado*, isto é, à metafísica; este procedimento deve aqui descrever-se e criticar-se com brevidade.

§ 47

1) O *primeiro incondicionado*, que se toma em consideração, é (cf. acima § 34) a *alma*. – Na minha consciência ([53]) encontro-me sempre: α) como o *sujeito determinante*; β) como um *singular* ou algo de abstratamente simples; γ) como *um e o mesmo* em todo o múltiplo de que sou consciente – como *idêntico*; δ) como um *eu*, enquanto pensante, e *distinguindo-me* de todas as *coisas fora de mim*.

O procedimento da antiga metafísica é corretamente indicado: no lugar das determinações *empíricas* colocava *determinações do pensar*, as *categorias* correspondentes, das quais nascem estas quatro proposições: α) a *alma é substância*; β) é uma substância

130 | ENCICLOPÉDIA DAS CIÊNCIAS FILOSÓFICAS EM EPÍTOME

simples; γ) é, nos diversos períodos da sua existência, *numerica-mente idêntica*; δ) está *em relação* com o *espacial.*

Nesta passagem, torna-se patente o defeito que consiste na confusão de duas determinações diversas (*paralogismo*), a saber, determinações empíricas com categorias; é injustificado *concluir* daquelas para estas e, em geral, pôr no lugar das primeiras as outras.

Vê-se que esta crítica nada mais exprime do que a observação de Hume (aduzida no § 39), a saber, que as determinações do pensar em geral – universalidade e necessidade – não se encontram na perceção, e que o empírico é diverso, pelo conteúdo e pela forma, da determinação do pensamento.

Se o empírico houvesse de realizar a autenticação do pensamento, teria certamente de se exigir que este tivesse de se comprovar com exatidão nas perceções. – Que da alma não pode afirmar-se a substancialidade, a simplici-dade, a identidade consigo e a autonomia persistente na sua comunhão com o mundo material, eis o que na crítica kantiana da psicologia metafísica se apoia apenas no facto de as determinações, que a consciência nos permite *conhecer por experiência* acerca da alma, não serem exatamente as mesmas determinações que o *pensar* produz. Mas, de acordo com a exposição precedente, Kant faz também consistir *o conhecer* em geral, e até o próprio *experimentar*, em as *perceções* serem pensadas, isto é, em as determinações, que dependem primeiro da perceção, se *transformarem* em determinações do pensar. – Importa, no entanto, considerar um bom resultado da crítica kantiana que o filosofar acerca do *espírito* tivesse ficado liberto da *coisa* alma (*Seelendinge*), das categorias e, por conseguinte, das questões sobre a *simplicidade* ou a *composição*, a *materialidade*, etc., da alma. – O verdadeiro ponto de vista, porém, quanto à *inadmissibilidade* de tais formas, não consistirá, mesmo para o entendimento humano comum, em elas serem *pensamentos,* mas antes em serem pen-samentos que em si e para si não contêm a verdade. – Se o pensamento e o fenómeno não se ajustam perfeitamente, tem-se primeiramente a escolha de considerar um ou o

A CIÊNCIA DA LÓGICA 131

outro deficiente. No idealismo kantiano[54], no tocante ao racional, a deficiência desloca-se para os pensamentos, de modo que estes seriam insuficientes porque não adequados ao percecionado e a uma consciência que se circunscreve ao âmbito da perceção; e neste não podem encontrar-se os pensamentos. Não se fala aqui do conteúdo do pensamento para si mesmo.

§ 48

2) Na tentativa que a razão faz de conhecer o incondicionado do *segundo* objeto (§ 35), do *mundo*, ela enreda-se em *antinomias*, isto é, na afirmação de duas proposições *opostas* acerca do *mesmo* objeto e, claro, de um modo tal, que cada uma das proposições se deve afirmar com igual necessidade. Daí se segue que o conteúdo do mundo, cujas determinações se encontram em tal contradição, não podem ser *em si*, mas somente fenómeno. A *solução* é que a contradição não reside no objeto em si e para si, mas apenas na razão cognoscente.

É aqui que se diz que o próprio conteúdo, isto é, as categorias por si mesmas é que suscitam a contradição. O pensamento de que a contradição, posta no racional pelas determinações do entendimento, é *essencial* e *necessária*, deve considerar-se um dos mais importantes e mais profundos progressos da filosofia da era moderna. Tão profundo é este ponto de vista como trivial é a solução; ela consiste apenas numa certa afeição pelas coisas do mundo. Não deve ser a essência do mundo que tem em si a mácula da contradição[55]; esta mancha cabe *apenas* à razão pensante, a *essência do espírito*. Sem dúvida, nada haverá a opor à afirmação de que o mundo *fenoménico* apresenta contradições ao espírito indagador – mundo fenoménico é o mundo tal como é para o espírito subjetivo, para a *sensibilidade* e o *entendimento*. Mas, quando se compara a *essência* do mundo com a *essência* do espírito, é possível espantar-se da ingenuidade com que se fez e repetiu a afirmação modesta de que não é a essência do mundo, mas a essência pensante, a razão, que é em si contraditória. De nada serve dizer que a razão se enreda na contradição *só* mediante a *aplicação das categorias*. Com efeito, afirma-se que esta aplicação é *necessária* e que a razão não tem, para a conhecer, mais nenhumas determinações além das categorias. Conhecer é, efetivamente, um pensar *determinante* e *determinado*; se a razão for apenas um pensar vazio, indeterminado, então *nada* pensa. Mas se, por fim, a razão se reduzir *à identidade vazia* (cf. o § seguinte), então será também, por último, felizmente liberta da contradição mediante o fácil sacrifício de todo o conteúdo e valor.

Pode, além disso, observar-se que a carência de uma mais profunda consideração da antinomia levou Kant a aduzir apenas *quatro* antinomias. Chegou a elas, como nos chamados paralogismos, mediante o pressuposto da tábua das categorias; utilizou o procedimento, transformado ulteriormente em jeito tão acarinhado, de, em vez de deduzir as determinações de um objeto a partir do conceito, colocar simplesmente o mesmo objeto sob um *esquema* já pronto. Indiquei ocasionalmente, na minha *Ciência da Lógica*, outras deficiências no desenvolvimento das antinomias [56]. – O ponto principal a observar é que a antinomia se encontra não só nos quatro objetos particulares tirados da cosmologia, mas antes em *todos* os objetos de todos os géneros, em *todas* as representações, conceitos e ideias. Saber isto e conhecer os objetos relativamente a esta propriedade pertence ao essencial da consideração filosófica; esta propriedade constitui o que, mais à frente, se determina como o momento *dialético* da lógica.

§ 49

3) O *terceiro* objeto da razão é *Deus* (§ 36) [57], que deve ser conhecido, isto é, *determinado pelo pensar*. Para o entendimento, em relação à simples *identidade*, toda a determinação é unicamente um *limite*, uma negação como tal; por conseguinte, toda a realidade se deve conceber só como ilimitada, isto é,

A CIÊNCIA DA LÓGICA   133

indeterminada, e Deus, como conjunto de todas as realidades ou como o ser sumamente real, torna-se num *simples abstrato* e, para o determinar, resta apenas a determinidade, puramente abstrata, o *ser*. A *identidade* abstrata, que aqui se chama também conceito, e o *ser* são os dois momentos cuja unificação é o que a razão demanda; é o *ideal* da razão.

§ 50

Esta unificação admite *duas vias* ou formas: pode começar pelo *ser* e, daí, passar ao *abstrato do pensar* ou, inversamente, a passagem pode efetuar-se do *abstrato* ao *ser*.

No tocante ao começo pelo ser, o ser, enquanto imediato, apresenta-se como um ser determinado de um modo infinitamente múltiplo, como um mundo pleno. Este [mundo] pode mais particularmente determinar-se como uma coleção de contingências infinitamente numerosas (na prova *cosmológica*[58]), ou como uma coleção de infinitos *fins* e relações *conformes a fins* (na prova *físico-teológica*). – *Pensar* o ser pleno significa tirar-lhe a forma da individualidade e da contingência e concebê-lo como um ser universal, em si e para si necessário, determinando-se e agindo segundo fins universais, que é diferente daquele primeiro: – como *Deus*. – O sentido principal da crítica deste procedimento é que o mesmo constitui um inferir, uma passagem. Visto que as *perceções* e o seu agregado, o mundo, não manifestam em si como tais a universalidade, para a qual aquele conteúdo é purificado pelo pensar, esta universalidade não é, pois, justificada pela representação empírica do mundo. À elevação do pensamento para Deus, a partir da representação empírica do mundo, contrapõe-se assim o ponto de vista de Hume (como nos paralogismos, v. § 47) – ponto de vista que declara inadmissível *pensar* as perceções, isto é extrair das mesmas o universal e necessário.

Porque o homem é pensante, nem o bom senso nem a filosofia se deixarão persuadir a não se elevar a Deus *a partir* e *por meio* da intuição empírica do mundo. Esta elevação

134 | ENCICLOPÉDIA DAS CIÊNCIAS FILOSÓFICAS EM EPÍTOME

nada mais tem como fundamento do que a consideração *pensante* – não meramente sensível e animal – do mundo. A *essência*, a *substância*, o *poder universal* e a *determinação* do mundo *segundo o fim* é pelo pensar e *só* pelo pensar. As chamadas provas da existência de Deus devem considerar-se unicamente *descrições* e análises da *marcha do espírito*, que é *pensante* e pensa o sensível. A *elevação* do pensar sobre o sensível, a sua *ultrapassagem* do finito em direção ao infinito, o *salto* que se leva a cabo, com a rutura das séries do sensível, para o suprassensível, tudo isso é o próprio pensar: semelhante passagem é *apenas pensamento*. Se tal passagem não deve efetuar-se, significa que ela não deve ser pensada. Com efeito, os animais não realizam uma passagem assim; permanecem fixos à apreensão sensível e à intuição; por isso não têm nenhuma religião. Importa, pois, tanto em geral como em particular, observar duas coisas a propósito da crítica da elevação do pensar. *Em primeiro lugar*, quando ela se põe sob a forma de *raciocínios* (as chamadas *provas* da existência de Deus), o *ponto de partida* é certamente a contemplação do mundo, determinado de qualquer modo como um agregado de contingências ou de fins, e de relações conformes a fins. Este ponto de partida pode parecer, no pensar, enquanto este faz *silogismos*, um *sólido fundamento*, e *aí permanecer* e na forma totalmente empírica, como de início o é esta matéria. A relação do ponto de partida com o ponto final para o qual se dirige representa-se assim apenas como *afirmativa*, como uma inferência a partir de *um*, que *é* e *permanece*, para *outro*, que *igualmente é*. O grande erro, porém, consiste em querer conhecer a natureza do pensar só na forma do entendimento. Pensar o mundo empírico significa antes transformar essencialmente a sua forma empírica e convertê-la em algo de universal: o pensar exerce ao mesmo tempo uma atividade *negativa* sobre esse fundamento; a matéria percebida, quando é determinada pela universalidade, *não persiste* na sua primeira forma empírica. O *conteúdo* interno do percebido é realçado com a remoção e a *negação* da casca (cf. §§ 13 e 23). As provas metafísicas da existência de Deus são, pois, interpretações e descrições defeituosas da elevação do espírito do mundo para Deus, porque não exprimem ou, melhor, não salientam o momento da *negação* que em tal elevação se contém; com efeito, na *contingência* do mundo está implícito que ele é somente algo de *caduco*, fenomenal, em si e para si um *nada*. O sentido da elevação do espírito é que ao mundo cabe, sem dúvida, o ser, mas este é apenas aparência, não o verdadeiro ser, não a verdade absoluta: que esta se encontra, pelo contrário, para lá do fenómeno só em Deus, e só Deus é o verdadeiro ser. Esta elevação, sendo *passagem* e *mediação*, é igualmente *superação* (*Aufhebung*) da passagem e da mediação, pois aquilo por cujo intermédio Deus poderia parecer mediado, o mundo, é antes declarado como nada: só a *niilidade* do *ser* do mundo é o laço da elevação, de maneira que o que surge como mediador se esvanece e, assim, na própria mediação, é removida a mediação. – É sobretudo a esta relação, concebida apenas como *afirmativa*, como afirmação entre os dois entes, que *Jacobi* se atém, ao propugnar a demonstração do entendimento; censura-a justamente por assim se buscarem as *condições* (o mundo) em vez do *incondicionado*, e por deste modo se representar o *infinito* (Deus) como *causado* e *dependente*[59]. Mas a elevação, tal como existe no espírito, corrige essa aparência: melhor, todo o seu conteúdo é a correção desta aparência. Mas a verdadeira natureza do pensar essencial, que consiste em remover (*aufheben*) na mediação a própria mediação, Jacobi não a conheceu e, por conseguinte, considerou uma censura que atinge todo o pensar em geral e, portanto, também o pensar racional, a censura que dirigiu só ao entendimento reflexivo.

Para elucidar a omissão do momento *negativo*, pode, por exemplo, aduzir-se a censura que se faz ao *espinosismo* de ser um panteísmo e um ateísmo. A *substância absoluta* de Espinosa[60] não é ainda certamente o *espírito* absoluto; e é com razão que se exige que Deus tenha de ser determinado como espírito absoluto. Mas, quando se representa a noção de Espinosa como confundindo Deus com a natureza, com o mundo finito, e fazendo do mundo Deus, pressupõe-se assim que o mundo finito possui verdadeira efetividade, *realidade* (*Realität*) *afirmativa*. Com este pressuposto, numa

136 | ENCICLOPÉDIA DAS CIÊNCIAS FILOSÓFICAS EM EPÍTOME

unidade de Deus e do mundo, faz-se de Deus um ser finito e é rebaixado à pura multiplicidade finita e extrínseca da existência. Prescindindo do facto de que Espinosa não define Deus como a unidade de Deus e do mundo, mas como a unidade do *pensar* e da extensão (do mundo material)[i], descortina-se já nesta unidade, embora tomada naquele primeiro modo inteiramente desajeitado, que, no sistema espinosista, o mundo é antes determinado como apenas um fenómeno, não lhe cabendo nenhuma realidade efetiva; semelhante sistema deve, pois, acima de tudo, considerar-se *acosmismo*. Uma filosofia que afirma que Deus e *só* Deus *é* não deveria denominar-se ateísmo. No entanto, atribui-se religião a povos que veneram como Deus o macaco, a vaca, estátuas de pedra, de bronze, etc. Mas, no sentido da representação, o que sobretudo repugna ao homem é abandonar o pressuposto daquela, a saber, que este seu agregado de finidade, chamado *mundo*, tenha realidade efetiva. Admitir, tal como se poderia exprimir na representação, que não *existe mundo algum* facilmente se considera de todo impossível ou, pelo menos, muito menos possível do que a ideia sobrevinda na mente de alguém de que *não existe nenhum Deus*. Acredita-se, pois – e isto não é justamente em glória própria –, com muito maior facilidade que um sistema negue Deus do que negue o mundo: acha-se muito mais compreensível negar Deus do que negar o mundo.

A *segunda* observação diz respeito à crítica do *conteúdo*, que aquela elevação pensante primeiramente adquire. Este conteúdo, se consiste só nas determinações da *substância* do mundo, da sua *essência necessária*, de uma *causa ordenadora e dirigente em conformidade com fins*, etc., não é certamente adequado para o que se entende ou deve entender por *Deus*. Mas, prescindindo da maneira de pressupor uma representação de Deus e de julgar um resultado segundo um tal pressuposto, essas determinações têm já um grande valor e são momentos necessários na ideia de Deus. Para, deste modo, trazer ao pensar o conteúdo na sua verdadeira determinação, a

---

[i] Espinosa, *Ética*, I, pr. 11; II, pr. 1, 2; I, pr. 10; II, pr. 7.

A CIÊNCIA DA LÓGICA | 137

verdadeira ideia de Deus, o ponto de partida não se deve ir buscar a um conteúdo subordinado. As coisas *simplesmente contingentes* do mundo são uma determinação muito abstrata. As formações orgânicas e as suas determinações segundo fins pertencem a uma esfera mais alta, à *vida*. Mas, além de que a consideração da natureza viva e da relação das coisas existentes a *fins* pode ser deturpada pela insignificância dos fins, e até por alegações pueris de fins e das suas relações, a própria natureza simplesmente viva não é ainda, de facto, aquilo em que se pode apreender a verdadeira *determinação* da ideia de Deus; Deus é mais do que vivo, é espírito. Só a natureza *espiritual* constitui o *ponto de partida* mais digno e mais verdadeiro para o pensamento do absoluto, enquanto o pensar se arroga um ponto de partida e quer tomar o mais próximo.

§ 51

A *outra via da unificação*, pela qual se deve realizar o *ideal*, vai do *abstrato do pensar para* a determinação, à qual resta apenas *o ser*; – é a *prova ontológica* da *existência de Deus*[61]. A oposição que aqui aparece é a do *pensar* e do *ser*, visto que, na primeira via, o *ser* é comum aos dois lados e a oposição concerne apenas à diferença do singular e do universal. O que o entendimento contrapõe a esta outra via é em si o mesmo que acaba de ser aduzido, a saber, que, assim como no empírico se não encontra o universal, assim também, inversamente, no universal não está contido o determinado, e o determinado é aqui o ser. Ou seja, o ser não pode deduzir-se e tirar-se do conceito por análise.

A crítica kantiana da prova ontológica encontrou, sem dúvida, um acolhimento e uma aceitação tão incondicionalmente favoráveis porque Kant, para explicitar a diferença entre pensar e ser, utilizou o exemplo dos *cem táleres*[62], que, quanto ao *conceito*, são sempre cem, quer sejam possíveis ou reais: mais, isso constitui uma diferença essencial para *o meu*

138 | ENCICLOPÉDIA DAS CIÊNCIAS FILOSÓFICAS EM EPÍTOME

estado de fortuna. – Nada pode ser mais evidente do que isto: que o que eu penso ou represento não é por isso ainda *real* – a ideia de que a representação ou também o conceito não basta para o ser. – Prescindindo de que não era sem razão que se poderia chamar barbárie dar o nome de «conceito» a uma coisa como cem táleres, os que continuamente repetem, contra a ideia filosófica, que *pensar* e *ser* são *diferentes* deviam ao menos pressupor que isso não é ignorado pelos filósofos; que conhecimento pode, na realidade, ser mais trivial do que este? Importaria, em seguida, observar que, ao falar-se de *Deus*, se trata de um objeto de uma espécie diversa dos cem táleres e de *qualquer* outro conceito particular, representação, ou como se quiser chamar. Efetivamente, todo o *finito é* isto e *só* isto: a *sua existência é diferente do seu conceito.* Mas Deus deve expressamente ser aquilo que pode ser «*pensado só como existente*» ([63]), em que o conceito implica o ser. A unidade do conceito e do ser é o que constitui o conceito de Deus. – Sem dúvida, é ainda uma determinação formal de Deus, que, por isso, contém efetivamente apenas a própria natureza do *conceito*. É fácil ver, porém, que este, já no seu sentido inteiramente abstrato, contém em si o *ser*. Com efeito, o conceito, seja qual for o modo da sua determinação, é pelo menos a *relação imediata* consigo mesmo, que resulta da remoção da mediação; ora, o ser nada mais é do que isto. – Seria, pode dizer-se, estranho se o mais íntimo do espírito, o conceito, ou ainda se o Eu ou, em suma, a totalidade concreta que é Deus, não fosse tão rica para conter em si uma tão pobre determinação como é o *ser,* que é mesmo a mais pobre, a mais abstrata. Para o pensamento, nada de mais pobre, quanto ao conteúdo, pode haver do que o *ser.* Mais pobre ainda só pode ser o que, de início, se representa como ser, isto é, uma existência *sensível externa*, como a do papel que tenho diante de mim; mas, aqui, não se quererá falar da existência sensível de uma coisa limitada e transitória. – Aliás, a observação trivial da crítica de que o pensamento e o ser são diferentes pode, quando muito, perturbar, mas não travar o homem na marcha do seu espírito do *pensamento* de Deus para a certeza de que Ele *é*. Esta passagem, a absoluta

A CIÊNCIA DA LÓGICA | 139

indissolubilidade entre o pensamento de Deus e o seu ser, foi restabelecida no seu direito pela doutrina do *saber imediato* ou da fé; acerca disto, mais adiante.

§ 52

Resta deste modo ao *pensar*, no seu cume mais alto, a *determinidade* como algo de *exterior*; resta apenas um *pensar abstrato*, que aqui se chama sempre *razão*. Esta – tal é o resultado – nada fornece senão a *unidade formal* para a simplificação e a sistematização das experiências; é um *cânon*, não um *órganon* da *verdade*; não pode proporcionar uma *doutrina* do infinito, mas apenas uma *crítica* do conhecimento. Tal crítica consiste, em última análise, na *asseveração* de que o pensar em si é unicamente a *unidade indeterminada* e a *atividade da unidade indeterminada*.

§ 53

b) A *razão prática*([64]) é concebida como a vontade que se determina a si mesma e, claro, de um modo *universal*, isto é, como vontade *pensante*. Deve dar leis imperativas e objetivas da liberdade, isto é, leis que digam o que *deve acontecer*. O direito de admitir aqui o pensar como atividade *objetivamente determinante* (isto é, na realidade, como *uma razão*) assenta em a liberdade prática se poder *demonstrar por experiência*, isto é, na aparição da autoconsciência. Contra esta experiência na consciência, protesta tudo o que o determinismo lhe opõe, igualmente a partir da experiência, sobretudo a indução cética (também a de Hume) acerca da *infinita diversidade* do que vale como direito e dever entre os homens, isto é, das leis da liberdade, que deveriam ser objetivas.

§ 54

Para aquilo que o pensar prático assume como sua lei, para o critério do seu *determinar-se* em si mesmo, também nada mais se

140 | ENCICLOPÉDIA DAS CIÊNCIAS FILOSÓFICAS EM EPÍTOME

encontra do que a mesma *identidade abstrata* do entendimento, a saber, que nenhuma contradição existe na determinação; – a razão *prática* não ultrapassa assim o formalismo, que deve ser o [resultado] derradeiro da razão *teórica*.

Esta razão prática, porém, põe a determinação universal, o *bem*, não somente *em si*, mas ela só é verdadeiramente *prática* na exigência de que o bem tenha existência no mundo, objetividade externa, isto é, que o pensamento seja, em geral, não só *subjetivo*, mas também objetivo. A propósito deste postulado da razão prática, mais adiante.

§ 55

c) Ao *juízo (Urteilskraft) reflexivo* atribui-se o princípio de um *entendimento intuitivo*, a saber, em que o *particular*, que é para o *universal* (a identidade abstrata) *contingente* e dele não se pode deduzir, é ele próprio determinado pelo universal; – eis o que se experimenta nos produtos da *arte* e da natureza *orgânica*.

A *Crítica do Juízo* tem de notável o facto de que Kant exprimiu nela a representação e, até, o pensamento da ideia([65]). A representação de um *entendimento intuitivo*, de uma finalidade *interna*, etc., é o *universal* ao mesmo tempo pensado como *concreto* em si mesmo. Por isso, só nestas representações é que a filosofia kantiana se mostra como *especulativa*. Muitos, nomeadamente *Schiller*([j]), encontraram na ideia do *belo artístico*, da unidade *concreta* do pensamento e da representação sensível, a saída das *abstrações* do entendimento que divide; outros encontraram-na na intuição e na consciência da *vida* em geral, quer seja a vida natural ou intelectual. – Sem dúvida, o produto da arte como também a individualidade vivente são limitados no seu conteúdo; mas a ideia, compreensiva também segundo o conteúdo, é posta por Kant na harmonia postulada da natureza ou da necessidade com o fim da liberdade, no fim último do mundo pensado como realizado. Mas

---

([j]) Nas Cartas *Über die aesthetische Erziehung des Menschen* (1795).

A CIÊNCIA DA LÓGICA 141

a preguiça do *pensamento*, como chamar se pode, tem nesta ideia suprema, no *dever ser* (*Solen*), uma saída demasiado fácil para se firmar na separação do conceito e da realidade contra a realização efetiva do fim último. A *presença*, pelo contrário, das organizações vivas e do belo artístico faz também ver ao *sentido* e à *intuição* a *realidade* [efetiva] do *ideal*. As reflexões kantianas sobre estes objetos seriam, pois, particularmente aptas para introduzir a consciência no apreender e pensar da ideia *concreta*.

§ 56

Aqui se propõe a noção de uma relação do *universal* do entendimento com o *particular* da intuição, diversa da que estava na base da doutrina da razão teórica e prática. Mas com isto não se conecta a ideia de que essa relação seja a *verdadeira*, e até a própria *verdade*. Pelo contrário, essa unidade só é admitida tal como vem à existência nos fenómenos finitos e se manifesta na *experiência*. Semelhante experiência é, em parte, fornecida primeiramente no *sujeito* pelo *génio*[66], que é a faculdade de produzir ideias estéticas, isto é, representações da livre *imaginação*, que estão ao serviço de uma ideia e fazem *pensar*, sem que tal conteúdo se expresse ou possa expressar-se num *conceito*; em parte, *pelo juízo de gosto*[67], que é o sentimento da *consonância* das *intuições* ou representações, na sua liberdade, com o *entendimento* na sua conformidade à lei.

§ 57

Além disso, o princípio do juízo reflexivo quanto aos *produtos vivos da natureza*[68] é determinado como o *fim*, o *conceito* ativo, o universal em si determinado e determinante. Ao mesmo tempo, rejeita-se a representação da *finalidade extrínseca* ou *finita*, em que o fim é, para o meio e o material em que se realiza, unicamente forma exterior; ao passo que, no ser *vivo*, o fim na matéria é determinação e atividade imanente e todos os membros são aí reciprocamente meio e fim.

§ 58

Ora, se bem que nesta ideia seja removida a relação intelectiva entre fim e meio, entre subjetividade e objetividade, qualifica-se aqui, não obstante a contradição, o fim como uma causa, a qual só existe e age *apenas como representação*, isto é, como algo de *subjetivo*; e assim, pois, se qualifica também a determinação de fins como apenas um princípio de juízo pertencente ao *nosso* entendimento.

Visto que é um resultado da filosofia crítica que a razão só pode conhecer *fenómenos*, ter-se-ia, ao menos para a natureza viva, uma escolha entre dois modos de pensar *igualmente subjetivos* e, segundo a própria exposição de Kant, uma obrigação de conhecer os produtos da natureza, não só segundo as categorias de qualidade, de causa e efeito, de composição, de partes constitutivas, etc. O princípio da *finalidade interna*, mantido e desenvolvido na aplicação científica, teria suscitado um modo de consideração dos mesmos [produtos naturais], inteiramente diverso e mais elevado.

§ 59

Segundo este princípio, a ideia, em toda a sua ilimitação, consistiria em que a universalidade fosse determinada pela razão – o fim último absoluto, *o Bem*, seria realizado no mundo e, claro, mediante um Terceiro, o poder que põe este fim último e o realiza – *Deus*, no qual, como absoluta verdade, se resolvem as oposições de universalidade e individualidade, de subjetividade e objetividade, e se declaram privadas de independência e inverdadeiras.

§ 60

Mas o *Bem*, no qual se coloca o fim último do mundo, é de antemão determinado apenas como *nosso* bem, como a lei

A CIÊNCIA DA LÓGICA | 143

moral da *nossa* razão prática; pelo que a unidade não vai além da concordância do estado do mundo e dos seus eventos com a nossa moralidade(*). Ademais, mesmo com esta restrição, o *fim último*, o *Bem*, é um abstrato indeterminado, como também o tem de ser o *dever*. Mais precisamente, evoca-se e afirma-se contra esta harmonia a oposição, que, no conteúdo dela, é posta como *não verdadeira*, de modo que a harmonia é determinada como algo de meramente *subjetivo*, como algo que unicamente *deve* ser, isto é, que *não tem realidade*; como algo de *crido*, a que apenas convém certeza subjetiva, não a verdade, isto é, *não* aquela objetividade que corresponde à ideia. – Se esta contradição parece ser ocultada pelo facto de a realização da ideia se transferir para o *tempo*, para um futuro, em que a ideia também *será*, então, uma condição sensível como o tempo constitui antes o contrário de uma solução da contradição, e a correspondente representação intelectiva, *o progresso infinito*, nada é de imediato a não ser a própria contradição perenemente posta.

Pode ainda fazer-se uma observação geral sobre o resultado derivado da filosofia crítica a propósito da natureza do *conhecer* e que se tornou num dos preconceitos, isto é, num dos pressupostos universais do [nosso] tempo.

Em todo o sistema dualista, mas sobretudo no de Kant, o defeito fundamental dá-se a conhecer pela *inconsequência* de *unir* o que, um momento antes, se declarou como independente e, portanto, como *não unificável*. Assim como ainda há pouco se declarou, pelo contrário, como verdadeiro que os *dois momentos*, aos quais, na unificação enquanto sua verdade, se negou o subsistir por si, só tenham verdade e

---

(*) Com as próprias palavras de Kant, na *Crítica do Juízo*[69], p. 427: «O fim último é simplesmente um conceito da nossa razão prática e não pode inferir-se *de nenhum dado da experiência* em vista de juízo teórico sobre a natureza, nem referir-se ao conhecimento da mesma. Nenhum uso deste conceito é possível a não ser unicamente para a razão prática, segundo leis morais, e o *fim último da criação* é essa constituição do mundo, que coincide com o que podemos apenas indicar segundo leis de modo preciso, a saber, o fim último da nossa *razão pura prática*, e, claro está, enquanto ela deve ser prática.» *(Nota de Hegel.)*

144 | ENCICLOPÉDIA DAS CIÊNCIAS FILOSÓFICAS EM EPÍTOME

realidade [efetiva] enquanto estão separados. Em semelhante filosofar, falta a simples consciência de que, com este
vaivém, também cada uma das determinações isoladas se
qualifica de insuficiente, e a deficiência consiste na simples
impotência de juntar dois pensamentos – e, quanto à forma,
há apenas *duas*. É, pois, a máxima inconsequência, por um
lado, conceder que o entendimento conhece só fenómenos
e, por outro, afirmar este conhecer como *algo de absoluto*,
ao dizer-se: o conhecer *não pode* ir mais além, este é o *limite
natural* e absoluto do saber humano. As coisas naturais são
limitadas e são coisas naturais só enquanto *nada sabem* do seu
limite universal; enquanto a sua determinidade é um limite
só para nós, não *para elas*. Algo só é conhecido, mais, sentido
como *limite*, como deficiência, ao ser *ultrapassado*. As coisas
vivas, em confronto com as não vivas, têm o privilégio da dor;
mas mesmo para elas, uma determinidade *individual* torna-se
na sensação de algo de *negativo*, porque, enquanto vivas, têm
em si a *universalidade* da vida, que *ultrapassa* o indivíduo, e
porque se mantêm na negação de si mesmas e sentem em
si a existência desta *contradição*. Semelhante contradição só
existe nelas enquanto uma e outra coisa estão num único
sujeito, a saber, a universalidade do seu sentimento vital e
a singularidade, que é a negação desse mesmo sentimento.
O limite, a deficiência do conhecer é, do mesmo modo,
determinado *como* limite e deficiência só por *comparação* com
a ideia *existente* do universal, de algo de íntegro e perfeito.
É, pois, simples inconsciência não discernir que justamente a
designação de algo como finito ou limitado contém a prova
da *presença real* do infinito, do ilimitado, e que só pode haver
conhecimento do confim enquanto o ilimitado está *aquém*
(*diesseits*) na consciência.

A propósito desse resultado do conhecer, pode ainda
acrescentar-se a *ulterior observação* de que a filosofia kantiana
não pôde ter nenhuma influência sobre o tratamento das
ciências. *Deixa totalmente intactas as categorias e o método do
conhecer ordinário.* Se os escritos científicos da época partem,
por vezes, de proposições da filosofia kantiana, vê-se, no
decurso do tratado, que essas proposições eram apenas

um ornamento supérfluo, e o conteúdo empírico seria o mesmo ainda que as primeiras páginas fossem deixadas de lado(*).

No tocante à comparação minuciosa da filosofia kantiana com o *empirismo de tendência metafísica,* vê-se que o empirismo *ingénuo* se atém à perceção sensível, mas admite também uma [efetiva] realidade espiritual, um mundo suprassensível, seja qual for a constituição do seu *conteúdo,* ou que derive do pensamento, da fantasia, etc. Quanto à forma, este conteúdo tem a sua autenticação na autoridade espiritual, tal como o conteúdo ordinário do saber empírico a tem na autoridade da perceção externa. Mas o *empirismo reflexivo,* que faz da *consequência* um princípio, combate um tal dualismo do conteúdo último e supremo, e nega a autonomia do princípio pensante e de um mundo espiritual que nele evolve. O *materialismo,* o *naturalismo* é o sistema *consequente* do empirismo. – A filosofia kantiana contrapõe sem mais a este empirismo o princípio do pensar e da liberdade e associa-se ao primeiro empirismo, sem minimamente sair do seu princípio geral. Um dos lados do seu dualismo permanece o mundo da perceção e do entendimento que sobre ele reflete. Este mundo é, sem dúvida, apresentado como um mundo de *fenómenos.* Mas isto é um simples título, uma determinação unicamente formal, pois a fonte, o conteúdo e o modo de consideração permanecem idênticos. O outro lado, pelo contrário, é a independência do pensar que a si se apreende, o princípio da liberdade, que ele tem em comum com a metafísica antiga e ordinária, mas esvazia de todo o conteúdo, e não é capaz de lhe procurar um. Este pensar, aqui chamado *razão,* por ser privado de toda a determinação, é também destituído de toda a *autoridade.* O efeito principal que a filosofia kantiana teve foi haver

---

(*) Também no «Manual de *Métrica*» do *Hermann,* se começa com parágrafos da filosofia kantiana; mais, no § 8, deduz-se que a lei do ritmo deve ser uma lei: 1) *objetiva*; 2) *formal*; 3) *determinada* «a priori»[70]. Mas se se comparar com estas exigências e com os princípios que se seguem de causalidade e de acção recíproca a dissertação sobre a medida do verso, ver-se-á que estes princípios formais não exercem sobre ela a mínima influência. *(Nota de Hegel.)*

despertado a consciência da absoluta interioridade, que, apesar de não poder, por causa da sua abstração, de modo algum desenvolver-se a partir de si, nem produzir determinações, nem conhecimentos nem leis morais, se recusa, no entanto, absolutamente a admitir e a fazer valer em si o que tenha caráter de *exterioridade*. O princípio da *independência da razão*, da sua absoluta autonomia em si mesma, deve olhar-se, desde agora, como princípio universal da filosofia, como um dos preconceitos do tempo [presente].

C

TERCEIRA POSIÇÃO DO PENSAMENTO RELATIVAMENTE À OBJETIVIDADE[71]

O saber imediato

§ 61

Na filosofia crítica, o *pensar* concebe-se como *subjetivo* e a sua determinação *última*, invencível, é a *universalidade abstrata*, a identidade formal; o pensar é assim contraposto à verdade, como universalidade em si concreta. Nesta suma determinação do pensar, que seria a razão, não se tomam em consideração as categorias. – O ponto de partida oposto consiste em conceber o pensar como atividade só do *particular* e em declará-lo assim como incapaz de apreender a verdade[k].

§ 62

O pensar, como atividade do particular, tem apenas as *categorias* como seu produto e conteúdo. Estas, da maneira como o entendimento as fixa, são determinações *limitadas*, formas do *condicionado*, do *dependente*, do *mediato*. Para o pensar, que a elas se restringe, o infinito, o verdadeiro, não é; não pode para ele abrir uma passagem (contrariamente às provas da existência de Deus). As determinações do pensar também se chamam *conceitos*; e *compreender* um objeto nada significa senão apreendê-lo na forma de um *condicionado* e *mediato*, e enquanto ele é assim o verdadeiro, o infinito, o incondicionado, transformá-lo em algo de condicionado e mediato e, deste modo, em vez de captar, pensando, o verdadeiro, convertê-lo antes em inverdadeiro.

---

[k] A crítica de Hegel, nesta secção, incide sobretudo em Jacobi, cuja filosofia já também abordara no ensaio *Glauben und Wissen (Fé e Saber)*.

148 | ENCICLOPÉDIA DAS CIÊNCIAS FILOSÓFICAS EM EPÍTOME

Esta é a única e simples polémica que aduz o ponto de vista que afirma, a propósito de Deus e do verdadeiro, unicamente um saber imediato. Outrora, eliminaram-se de Deus as chamadas representações antropopáticas de toda a espécie como finitas, e, portanto, indignas do infinito; e Deus tornou-se assim numa essência consideravelmente vazia. Mas as determinações do pensar não se contavam ainda, em geral, entre as antropopáticas; pelo contrário, o pensar serviu para cancelar a finidade nas representações do absoluto – segundo o já mencionado preconceito de todas as épocas de que só pela reflexão se chega à verdade[72]. Por último, também as determinações do pensar em geral se qualificaram de antropopatismo, e o pensar, de atividade que serve somente para *finitizar* (*verendlichen*). – No apêndice VII às *Cartas sobre Espinosa*[73], Jacobi expôs de maneira consequente esta polémica, que ele, aliás, tirara da própria filosofia de Espinosa e utilizou para combater o conhecimento em geral. Nesta polémica, o conhecer é concebido só como conhecer do finito, como o progredir pensante através de *séries* do *condicionado* para o *condicionado*, em que aquilo que é condição se torna, por seu turno, num condicionado; – através de *condições condicionadas*. Explicar e compreender significa, assim, mostrar algo como *mediado* por um *outro*; deste modo, todo o conteúdo é apenas *particular, dependente* e *finito*; o infinito, o verdadeiro, Deus, reside fora do mecanismo de tal conexão, a que o conhecer se encontra confinado. – É importante que, enquanto a filosofia kantiana pôs a finidade das categorias sobretudo apenas na determinação formal da sua *subjetividade*, nesta polémica, se fale das categorias segundo a sua determinidade e se reconheça como finita a categoria como tal. – Jacobi teve especialmente diante dos olhos os esplêndidos resultados das ciências, que se referem à natureza (das «*sciences exactes*»), no conhecimento das forças e leis naturais. Sem dúvida, neste domínio do finito, não pode deparar-se imanentemente com o infinito; como disse *Lalande*, ele percorreu todo o céu, mas não encontrou Deus (cf. a nota ao § 60). Como último resultado, obteve-se neste campo o *universal* enquanto agregado *indeterminado* do

A CIÊNCIA DA LÓGICA | 149

finito extrínseco, a *matéria*; e Jacobi, com razão, não divisou nenhuma outra saída na via do simples proceder mediante *mediações.*

§ 63

Ao mesmo tempo, afirma-se que *a verdade é para o espírito,* e também que só pela *razão* é que o homem subsiste e que ela é o *saber de Deus.* Mas, porque o saber mediato se deve confinar apenas ao conteúdo finito, a razão é assim *saber imediato, fé.*

Saber, fé, pensar, intuição são as categorias que se apresentam neste ponto de vista, as quais, ao *suporem-se conhecidas,* se utilizam muitas vezes arbitrariamente, segundo simples representações e distinções psicológicas; e não se investiga qual seja a sua natureza e conceito, que é a única coisa que importaria. Encontra-se assim, como muita frequência, o *saber* contraposto à *fé,* enquanto, ao mesmo tempo, se determina a fé como saber imediato e se reconhece, portanto, como um saber. Descortinar-se-á também como facto empírico que o que se crê está na consciência, que assim pelo menos *dele se sabe* alguma coisa; e também que o que se crê se encontra na consciência como algo de *certo*; que, portanto, se sabe. – Contrapõe-se assim, sobretudo, o *pensar* ao saber imediato e à fé e, em particular, à intuição. Se a intuição é determinada como *intelectual,* não pode chamar-se senão intuição *pensante,* a menos que por intelectual não se entendam aqui, em que Deus é o objeto, representações da fantasia e imagens. Sucede que, na linguagem deste filosofar, que [o termo] fé se emprega também em relação às coisas comuns da presença *sensível.* Cremos, diz Jacobi[74], que temos um *corpo,* cremos na *existência* das *coisas sensíveis.* Mas, quando se fala da fé no verdadeiro e no eterno, e que Deus se revela e dá no saber imediato, na intuição, então não se trata de coisas sensíveis, mas de um conteúdo *em si universal,* de objetos apenas do espírito *pensante.* Igualmente, ao entender-se a *individualidade* como Eu, a *personalidade,* não enquanto é um

Eu *empírico*, uma personalidade *particular*, sobretudo, quando a personalidade de Deus está perante a consciência, fala-se então de uma personalidade pura, isto é, *em si universal*; uma tal personalidade é pensamento e só compete ao pensar. – Além disso, o puro *intuir* é apenas inteiramente idêntico ao puro pensar. Intuir e fé exprimem, primeiramente, as representações determinadas que conectamos com estas palavras na consciência ordinária; são decerto, assim, diversas do pensar e esta diferença é, pouco mais ou menos, a todos inteligível. Mas, agora, fé e intuição devem tomar-se também em sentido mais elevado, como fé em Deus, como intuição intelectual de Deus, isto é, importa justamente abstrair daquilo que constitui a diferença entre intuição, fé e pensar. Não pode dizer-se como é que a fé e a intuição, transferidas para esta região superior, se distinguem ainda do pensar. Julga-se que, com tais diferenças, tornadas vazias, se disse e afirmou algo de muito importante e que se impugnam determinações idênticas às afirmadas. – A expressão *fé*, porém, traz consigo a vantagem particular de recordar a fé *religiosa cristã* e de parecer contê-la ou com ela facilmente se identificar, de maneira que este filosofar crente assume um ar essencialmente pio e cristãmente pio e, com base nesta piedade, arroga-se a liberdade de, com tanto maior pretensão e autoridade, fazer as asserções que mais lhe agradam. Mas é preciso não se deixar iludir pela aparência em torno daquilo que furtivamente se pode introduzir em virtude da simples semelhança dos termos, e manter com firmeza as diferenças. A fé cristã inclui em si uma autoridade da Igreja, mas a fé deste ponto de vista filosófico é, pelo contrário, apenas a autoridade da própria revelação subjetiva. Além disso, a fé cristã tem um conteúdo objetivo, rico em si, um sistema de doutrina e de conhecimento; o conteúdo desta fé, porém, é tão indeterminado em si, que admite, certamente, aquele conteúdo [cristão], mas pode igualmente englobar em si a crença de que o Dalai Lama, o touro, o macaco, etc., é Deus; e, por si, restringe-se a *Deus em geral*, ao *Ser supremo*. A própria fé, no sentido que quer ser filosófico, nada mais é do que o árido *abstrato* do saber imediato, uma determinação

A CIÊNCIA DA LÓGICA 151

inteiramente formal, que é preciso não confundir com a plenitude espiritual da fé cristã, quer por parte do coração crente e do Espírito Santo que nele habita, quer por parte da doutrina rica de conteúdo, nem tomá-la por essa plenitude.

O que aqui se chama fé e saber imediato é, de resto, totalmente idêntico ao que outrora se denominou inspiração, revelação do coração, um conteúdo implantado pela natureza no homem, e, além disso, em especial também são entendimento humano, *common sense*, sentido comum. Todas estas formas transformam de igual modo em princípio a imediatidade com que um conteúdo se encontra na consciência e nesta constitui um facto.

§ 64

O que o saber imediato sabe é que o infinito, o eterno, Deus, que se encontra na nossa *representação*, também é – que, na consciência, está imediata e indissoluvelmente conexa com *esta representação* a certeza do seu *ser*.

A filosofia não intenta minimamente contradizer as proposições do saber imediato; poderia antes alegrar-se de que estas *suas* antigas proposições, que exprimem mesmo todo o seu conteúdo universal, se tenham, sem dúvida, de um modo afilosófico, tornado em curta medida preconceitos gerais do tempo [presente]. Seria, pelo contrário, de admirar que se pudessem considerar opostas à filosofia proposições como estas: o que se tem por verdadeiro é imanente ao espírito (§ 63); para o espírito, a verdade existe (*ibid.*). Sob o aspeto formal, é particularmente interessante a proposição de que com a *ideia* de Deus está imediata e inseparavelmente unido o seu *ser*, e com a *subjetividade*, que o pensamento inicialmente possui, a *objetividade*. A filosofia do saber imediato vai tão longe, na sua abstração, que, [para ela], a determinação da *existência* está indissoluvelmente ligada não só à ideia de Deus, mas também, na intuição, à *representação* do meu *corpo* e das coisas *exteriores*. – Se a filosofia se esforça por provar, isto é, mostrar, tal unidade, a saber, que reside na própria natureza do pensamento ou da subjetividade o ser inseparável do ser ou da objetividade, então, haja o que houver com tais provas, deve ela de todas as maneiras estar contente por se afirmar e mostrar que as suas proposições são também *factos da consciência*, e que, por conseguinte, concordam com a *experiência*. – A diferença entre a afirmação do saber imediato e a filosofia reduz-se apenas a isto: o saber imediato assume uma posição *exclusiva*, ou ainda, contrapõe-se ao filosofar. – Mas foi também na forma da imediatidade que aquela proposição, em torno da qual, como dizer se pode, gira todo o interesse da filosofia moderna, foi expressa pelo seu autor: «*Cogito, ergo sum.*» É preciso não saber muito mais acerca da natureza do silogismo, exceto que, num raciocínio, aparece [o termo] «ergo», para considerar essa proposição um silogismo: onde estaria o *medius terminus*? E este pertence à natureza do silogismo de um modo mais essencial do que a palavra «ergo». Se, porém, para justificar o nome, se quiser, em Descartes, chamar silogismo *imediato* a essa ligação, então, esta forma supérflua não significa senão uma *conexão* de determinações *diferentes, por nada mediatizadas*. Mas, assim, a ligação do ser com as nossas representações, que a proposição do saber imediato exprime, é nem mais nem menos um silogismo. – Da dissertação do Sr. Hotho sobre a filosofia *cartesiana*, que apareceu em 1826 ([75]), tiro as citações em que *Descartes* diz expressamente que a proposição «*cogito, ergo sum*» não é um silogismo; as passagens encontram-se nas *Respons. ad II Object., De Methodo IV*, Ep. I, 118 ([76]). Da primeira passagem menciono as expressões precisas; Descartes começa por dizer que [a nossa qualidade de] seres pensantes é *prima quaedam notio quae ex nullo syllogismo concluditur*, e continua: *neque cum quis dicit: ego cogito, ergo sum sive existo, <u>existentiam ex cogitatione per syllogismum</u> deducit*. Visto que Descartes sabe o que pertence a um silogismo, acrescenta que, se em tal proposição houvesse de ocorrer uma dedução mediante um silogismo, teria então de se acrescentar a maior: «*illud omne, quod cogitat, est sive existit*». Mas esta última proposição seria antes uma proposição que de preferência se deduz da primeira.

As expressões de Descartes acerca da proposição da inseparabilidade de mim, enquanto pensante, do ser, isto é, que esta conexão está contida e dada na *simples intuição* da consciência, que esta conexão é simplesmente o primeiro, o princípio, o que há de mais certo e evidente, de tal modo que não pode imaginar-se um ceticismo tão enorme que não a admita – [essas expressões] são tão eloquentes e determinadas, que as modernas proposições de Jacobi e de outros a propósito desta ligação imediata só podem considerar-se repetições supérfluas.

§ 65

Este ponto de vista não se contenta com ter mostrado, a propósito do saber *mediato*, que ele, tomado *isoladamente*, é insuficiente para a verdade, mas a sua peculiaridade consiste na afirmação de que o saber *imediato*, tomado só *isoladamente*, com *exclusão* da mediação, tem por conteúdo a verdade. – Em tais exclusões, o mencionado ponto de vista manifesta-se logo como uma recaída no entendimento metafísico, no seu *Ou-Ou*, e assim, efetivamente, [como recaída] na relação da mediação exterior, que se funda na aderência ao finito, isto é, nas determinações unilaterais, as quais esta opinião julga erradamente ter ultrapassado. Deixemos, no entanto, este ponto por desenvolver; o saber exclusivamente imediato é afirmado apenas como *um facto* e, nesta introdução, deve tomar-se unicamente segundo a reflexão extrínseca. Em si, pertence à lógica da oposição entre imediatidade e mediação. Mas esse ponto de vista recusa-se a considerar a natureza da coisa, isto é, o conceito, pois uma tal consideração conduz à mediação e, porventura, ao conhecimento. A verdadeira consideração, a do lógico, deve encontrar o seu lugar no seio da própria ciência.

Toda a segunda parte da *Lógica*, a doutrina da *essência*, trata da unidade essencial que a si mesma se põe, da imediatidade e da mediação.

154 | ENCICLOPÉDIA DAS CIÊNCIAS FILOSÓFICAS EM EPÍTOME

§ 66

Assentamos, pois, que o saber imediato deve tomar-se *como facto*. Mas a consideração encaminha-se assim para o campo da *experiência*, para um fenómeno *psicológico*. – A este respeito, importa dizer que é da experiência mais comum que verdades, a propósito das quais se sabe muito bem serem resultado das reflexões mais complicadas e altamente mediadas, se apresentam *imediatamente* à consciência daquele para quem tal conhecimento se tornou corrente. O matemático, como todo o que é instruído numa ciência, tem soluções imediatamente presentes, a que conduziu uma análise muito complicada; todo o homem culto tem imediatamente presentes no seu saber um conjunto de pontos de vista e princípios gerais, que se formaram só a partir de múltipla reflexão e de uma longa experiência de vida. A facilidade que adquirimos em qualquer espécie do saber, numa arte, numa habilidade técnica, consiste precisamente em ter *de modo imediato* na sua consciência, se tal for o caso, semelhantes conhecimentos e modos de ação, mesmo numa atividade virada para fora, e nos seus membros. – Em todos estes casos, a imediatidade do saber não só não exclui a sua mediação, mas elas de tal modo estão conexas, que o saber imediato é mesmo produto e resultado do saber mediato.

Uma observação igualmente trivial é a conexão da *existência* imediata com a mediação da mesma; os germes, os pais são, em relação aos filhos, etc., que são gerados, uma existência imediata e incipiente. Mas os germes, os pais, embora *sejam imediatos* enquanto existentes em geral, são também gerados, e se os filhos, etc., não obstante a mediação da sua existência, são agora imediatos, pois são. O facto de eu *estar* em Berlim, esta minha presença *imediata*, é *mediada* pela viagem que eu fiz para aqui, etc.

§ 67

No tocante ao *saber imediato* de *Deus*, do *direito*, da *moralidade* – e aqui se incluem também as outras determinações de instinto, de ideias implantadas, inatas, de senso comum, de razão natural, etc. – seja qual for a forma que se dê a esta primordialidade, constitui uma experiência universal que, para se trazer à consciência o que aí está contido, se exige essencialmente a *educação*, o desenvolvimento (também para a *reminiscência platónica*) – (o batismo cristão, embora seja um sacramento, contém ainda a ulterior obrigação de uma educação cristã); isto é, a religião, a vida ética (*Sittlichkeit*), porquanto são uma *fé*, um saber *imediato*, são absolutamente condicionadas pela *mediação*, a qual se chama desenvolvimento, educação, cultura (*Bildung*).

Na afirmação das ideias *inatas* e na negação das mesmas dominou uma oposição de determinações exclusivas, análoga à aqui considerada, a saber, a oposição entre a conexão, se assim se pode dizer, essencial *imediata* de certas determinações universais com a *alma*, e uma outra conexão, que ocorreria de modo extrínseco e seria mediada por objetos e representações *dados*. À afirmação das *ideias inatas* fazia-se a objeção empírica de que, se todos os homens têm estas ideias, por exemplo, se têm na sua consciência o princípio de contradição, deveriam sabê-lo, enquanto princípio que, com outros semelhantes, se contava entre as ideias inatas. Pode atribuir-se a esta objeção um equívoco, pois as determinações entendidas como inatas nem por isso devem já existir na *forma* de ideias, de representações de coisas sabidas. Mas a objeção é inteiramente acertada contra o saber imediato, pois ele afirma expressamente as suas determinações enquanto se encontram na consciência. – Se o ponto de vista do saber imediato admite, por exemplo, que é *necessário*, para a fé religiosa em particular, um desenvolvimento e uma educação cristã ou religiosa, é um capricho querer ignorar isso ao falar-se de fé, ou é uma advertência não saber que, admitindo-se a necessidade de uma educação, se exprime justamente a importância essencial da mediação.

§ 68

Nas experiências aduzidas, apelou-se para o que se revela como *conexo* com o saber imediato. Se tal conexão se toma, primeiramente, apenas como um vínculo *extrínseco*, empírico, este revela-se então como essencial e inseparável para a própria consideração empírica, por ele ser constante. Mas se, além disso, segundo a experiência, o saber imediato se considerar por si mesmo, enquanto é saber de Deus e do divino, uma tal consciência descreve-se então universalmente como um *elevar-se sobre* o sensível, o finito, como [um elevar-se] sobre os desejos e as tendências imediatas do coração natural – um elevar-se que se transforma em fé em Deus e no divino e aí termina, de maneira que a fé é um saber e um assentimento imediatos, mas que nem por isso tem por pressuposto e condição aquele processo de mediação.

Já se observou que as chamadas provas da existência de Deus, que partem do ser finito, exprimem esta elevação, e não são invenções de uma reflexão artificiosa, mas as mediações próprias e necessárias do espírito, se bem que não possuam na forma habitual dessas provas a sua plena e correta expressão.

§ 69

A passagem, indicada no § 64, da ideia subjetiva ao ser é o que, para o ponto de vista do saber imediato, constitui o interesse principal, e afirma-se essencialmente como uma conexão originária, sem mediação. Tomado sem qualquer referência a conexões de aparência empírica, este ponto central mostra precisamente *em si* mesmo a mediação e, claro, na sua determinação, tal como ela é verdadeiramente, não como uma mediação com e por meio de algo de exterior, mas como se realizando em si mesma.

§ 70

A afirmação deste ponto de vista é que nem a *ideia* enquanto pensamento meramente *subjetivo*, nem simplesmente um *ser* para si é o verdadeiro; – o ser unicamente para si, um ser não da ideia, é o ser sensível, finito, do mundo. Assim se afirma, pois, imediatamente que a ideia só *mediante* o ser e, inversamente, o ser só *mediante* a ideia, *é o verdadeiro.* O princípio do saber imediato quer, com razão, não a imediatidade indeterminada, vazia, o ser abstrato ou a pura unidade para si, mas a unidade *da ideia* com o ser. Mas é irreflexão não ver que a unidade de determinações diversas não é uma unidade meramente imediata, isto é, totalmente indeterminada e vazia, mas que aí se encontra justamente estabelecido que uma das determinações só tem verdade através da mediação da outra – ou, se se preferir, cada uma só por meio da outra é mediada com a verdade. – Mostrou-se aqui como um *facto* que a determinação da mediação está contida na própria imediatidade, facto contra o qual o *entendimento*, em conformidade com o seu próprio princípio do saber imediato, nada pode objetar. Só o vulgar entendimento abstrato é que toma como absolutas as determinações da imediatidade e da mediação, cada uma por si, e julga assim possuir nelas algo de *fixo* para a distinção; gera deste modo para si a dificuldade insuperável de as unir – dificuldade que, como se mostrou, não existe tanto no facto quanto se desvanece no conceito especulativo.

§ 71

A unilateralidade deste ponto de vista traz consigo determinações e consequências, cujos traços principais se devem ainda assinalar, após a elucidação já realizada do fundamento. *Em primeiro lugar,* por se pôr como critério da verdade não a *natureza* do *conteúdo*, mas o *facto* da *consciência*, o saber *subjetivo* e a *asserção* de que eu, na *minha* consciência, encontro um certo conteúdo, são o fundamento do que é dado como verdadeiro. O que encontro na *minha* consciência é assim elevado de modo a encontrar-se na consciência de *todos*, e é apresentado como a *natureza* da própria consciência.

Outrora, contava-se entre as chamadas provas da existência de Deus o *consensus gentium*, a que já Cícero também se refere(⁷⁷). O *consensus gentium* é uma autoridade importante e é muito fácil a passagem da afirmação de que um conteúdo se encontra na consciência de *todos* para a asserção de que ele reside na própria natureza da consciência e lhe é necessário. Nesta categoria do consenso *universal*, estava incluída a consciência essencial, de que não é privado o homem mais inculto, de que a consciência do indivíduo é ao mesmo tempo algo de *particular* e de *acidental*. Se não se indagar a natureza desta consciência, isto é, se não se eliminar o que ela tem de particular e acidental – já que só mediante a operação árdua da reflexão é que o universal da consciência em si e por si se pode extrair –, unicamente a consonância de *todos* a propósito de um conteúdo pode suscitar um preconceito respeitável, a saber, que esse mesmo [conteúdo] pertence à própria natureza da consciência. Para a necessidade [*Bedürfnis*] que o pensar tem de conhecer como *necessário* o que se mostra como *universalmente* existente, o *consensus gentium* não é, decerto, suficiente, mas, ao admitir-se também que a universalidade do facto seria uma prova satisfatória, foi abandonado como uma prova da fé em Deus, em virtude da experiência de haver indivíduos e povos em que tal crença se não encontra(*). Nada existe de mais rápido

---

(*) Para encontrar mais ou menos difundidos, na experiência, o ateísmo e a fé em Deus, importa saber se basta a determinação de um Deus *em geral*, ou se se requer um conhecimento mais determinado do mesmo. No mundo cristão, não se admite que os ídolos chineses e indianos, etc., e menos ainda os feitiços africanos, e também os deuses gregos, sejam Deus: quem neles crê não crê, pois, em Deus. Se, pelo contrário, se faz a consideração de que, em tal fé nos ídolos, reside, no entanto, *em si*, a fé no Deus *em geral*, tal como no indivíduo particular o género, a idolatria vale também como uma fé, não só num ídolo, mas em Deus. Inversamente, os atenienses consideraram ateus os poetas e filósofos que tinham Zeus apenas por uma nuvem, etc., e afirmavam, por exemplo, que existe apenas um Deus *em geral*. – O que importa não é o que se contém em si num objeto, mas o que dele se *extrai* para a consciência. Toda a intuição sensível do homem, mesmo a mais comum, seria religião, se se admitir a confusão destas determinações, porque certamente em si, em cada uma de tais intuições, em todo o [elemento] espiritual, está contido o princípio que, desenvolvido e purificado, se eleva à religião.

A CIÊNCIA DA LÓGICA

e de mais cómodo do que ter de fazer a simples *asserção* de que eu encontro na minha consciência um conteúdo com a certeza da sua verdade e que, por conseguinte, esta certeza não me pertence enquanto sujeito particular, mas à própria natureza do espírito.

§ 72

Se o *saber imediato* houver de ser o critério da verdade, segue--se, *em segundo lugar,* que toda a superstição e idolatria se declara como verdade, e que o mais ilegítimo e o mais imoral conteúdo da verdade se justifica. Para o indiano, a vaca, o macaco ou o brâmane, o lama, surge como Deus, não por força do chamado saber mediato, em virtude de raciocínios e silogismos, mas *crê* neles. Os apetites e as tendências naturais, porém, introduzem espontaneamente os seus interesses na consciência, e os fins imorais encontram-se nela de um modo totalmente imediato; o bom ou o mau caráter exprimia, pois, o *ser determinado* da vontade, que se conheceria assim nos interesses e nos fins e, claro, da maneira mais imediata.

§ 73

Finalmente, o saber imediato de Deus deve estender-se apenas à afirmação de *que* Deus é, não *ao que* Deus é, pois isso seria

---

Uma coisa, porém, é *ser capaz* de religião (o esse *em si* exprime a capacidade e a possibilidade), e outra é *ter* religião. – Assim, nos tempos modernos, viajantes (por exemplo, os capitães Ross e Parry)[78] encontraram populações (os esquimós), a que negaram toda a religião, mesmo o pouco de religião que se poderia achar ainda entre os *feiticeiros* africanos (os *goetas* de Heródoto[79]). Sob um aspeto inteiramente diverso, porém, um inglês[80], que passou em Roma os primeiros meses do último jubileu, diz, no seu relato de viagem, a propósito dos romanos de hoje, que o povo comum é beato, mas que os que sabem ler e escrever são todos ateus. – A acusação de ateísmo tornou-se, de resto, na nossa época, mais rara, sobretudo porque o conteúdo e a existência acerca da religião se reduzem a um mínimo (cf. § 73). *(Nota de Hegel.)*

160 ENCICLOPÉDIA DAS CIÊNCIAS FILOSÓFICAS EM EPÍTOME

um conhecimento e conduziria a um saber mediato. Deus, enquanto objeto da religião, restringe-se assim expressamente ao *Deus em geral*, ao suprassensível indeterminado, e a religião surge reduzida, no conteúdo, ao seu «minimum».

Se fosse realmente necessário conseguir apenas que se mantenha ainda a fé de que *existe um Deus*, ou que uma tal fé venha a ocorrer, seria então unicamente de se espantar com a pobreza da [nossa] época, a qual permite considerar ganho o mais escasso saber religioso, e que chegou a ponto de, na sua igreja, regressar ao altar que já há tanto tempo se encontrava em Atenas, [altar esse] dedicado ao *Deus desconhecido*[81].

§ 74

Há ainda que indicar brevemente a natureza geral da *forma da imediatidade*. Esta mesma forma, por ser *unilateral*, é que torna também unilateral e, portanto, *finito*, o seu conteúdo. Ao *universal*, dá ela a unilateralidade de uma *abstração*, de modo que Deus se torna numa essência indeterminada; mas Deus só pode chamar-se espírito enquanto a si se sabe, *mediatizando-se* em si *consigo mesmo*. Só assim é *concreto*, vivente e espírito; o *saber* de Deus como espírito contém justamente por isso em si a mediação. – A forma da imediatidade dá ao *particular* a determinação de *ser*, de *a si mesmo* se referir. Mas o particular é precisamente um referir-se a *outro* fora dele; mediante essa forma, o *finito* é posto como absoluto. Visto que, enquanto totalmente abstrata, ela é *indiferente a todo o conteúdo* e é assim suscetível de todos os conteúdos, pode sancionar tanto o conteúdo idolátrico e imoral como o seu contrário. Só quando se discerne que este não é autónomo, mas *mediatizado por um outro*, é que se reduz à sua finidade e inverdade. Semelhante discernimento, visto que o conteúdo traz consigo a mediação, é um saber que contém a mediação. Mas um conteúdo pode ser conhecido como a verdade só enquanto não é mediatizado com outro, não é finito, portanto, se mediatiza consigo mesmo; e, assim, une em si a mediação e a relação imediata consigo mesmo. – O entendimento, que

A CIÊNCIA DA LÓGICA | 161

julga ter-se livrado do saber finito, da *identidade intelectual* da metafísica e do Iluminismo, toma de novo, imediatamente, como princípio e critério da verdade, esta *imediatidade, isto é, a relação abstrata consigo mesmo*, a identidade abstrata. O *pensar abstrato* (a forma da metafísica reflexiva) e o *intuir abstrato* (a forma do saber imediato) são uma só e mesma coisa.

§ 75

A *apreciação* [crítica] desta terceira posição, que é dada ao pensar perante a verdade, só pôde fazer-se de um modo que este ponto de vista oferece e admite imediatamente em si mesmo. Provou-se assim como *efetivamente* falso *que exista* um saber imediato, um saber que é sem mediação, quer com outro ou consigo em si mesmo. Declarou-se igualmente como falsidade *de facto* que o pensar caminhe só com determinações – finitas e condicionadas – *mediadas* por um *outro*, e que esta mediação não se elimine a si mesma na mediação. Mas a própria *lógica e toda a filosofia* constituem o *exemplo do facto* de tal conhecer, que não progride nem na imediatidade unilateral nem na unilateral mediação.

§ 76

Se se considerar o princípio do saber imediato em relação ao ponto de partida, a supramencionada metafísica *ingénua*, resulta da comparação que esse mesmo [princípio] *regressa* ao começo que esta metafísica teve na época moderna como filosofia cartesiana. Em ambos se afirma:

1) A simples inseparabilidade do *pensar* e do *ser* do [sujeito] pensante – *Cogito, ergo sum*, equivale inteiramente à revelação imediata, na minha consciência, do ser, da realidade, da existência do eu (Descartes declara expressamente, *Princ. phil*, I, 9, que pelo pensar entende em geral *a consciência* como tal) [82] –; e essa inseparabilidade é, sem mais, o conhecimento *primeiro* (não mediado, não demonstrado) e *mais certo*.

2) Igualmente, a inseparabilidade da representação de *Deus* e da sua *existência*, de modo que esta se contém na própria

162 | ENCICLOPÉDIA DAS CIÊNCIAS FILOSÓFICAS EM EPÍTOME

representação de Deus; e esta representação comporta absolutamente a determinação da existência, sendo esta, portanto, necessária e eterna (*).

3) No tocante à consciência imediata da existência das coisas *externas*, ela nada mais significa do que a consciência *sensível*; o facto de a termos é o mínimo dos conhecimentos; interessa, porém, conhecer que o saber imediato do *ser* das coisas externas é ilusão e erro; e que no sensível enquanto tal nenhuma verdade existe; o *ser* das coisas externas é antes algo de acidental, de passageiro, uma *aparência* – elas são essencialmente coisas que têm apenas uma existência, suscetível de se separar do seu conceito, da sua essência.

§ 77

Mas os dois pontos de vista são diversos:

1) A filosofia cartesiana, a partir destes pressupostos indemonstrados e tomados como indemonstráveis, *prossegue* para um conhecimento *ulterior* desenvolvido e deu assim origem às ciências da época moderna. Pelo contrário, o ponto de vista atual

---

(*) Descartes ([83]), *Princ. phil.*, I, 15: «magis hoc (ens summe perfectum existere) *credet*, si attendat, nullius alterius rei ideam apud se inveniri, in qua codem modo necessariam existentiam contineri animadvertat; [...] intelligit, illam ideam exhibere veram et immutabilem naturam, quaeque *non potest non existere*, cum necessaria existentia *in ea contineatur*.» Uma frase, que a esta se segue, que soa como uma mediação e uma prova, não causa nenhum dano a este primeiro fundamento. – Em Espinosa([84]), tudo se passa da mesma maneira: a *essência* de Deus, isto é, a representação abstrata, inclui em si a existência. A primeira definição de Espinosa é a de *causa sui*, a saber, é aquilo «cujus *essentia* involvit existentiam; sive id, cujus *natura non potest concipi* nisi existens»; – a inseparabilidade do conceito e do ser é a determinação fundamental e o pressuposto. Mas qual é o conceito a que se atribui esta inseparabilidade do ser? Não é o das coisas *finitas*, pois estas são aquelas cuja existência é *contingente* e criada. – Que em Espinosa([85]) a 11.ª proposição – Deus existe necessariamente – seja seguida de uma prova, e assim também a 20.ª – a existência de Deus e a sua essência são uma só e mesma coisa –, é um formalismo supérfluo de demonstração([86]). Deus é a (e, claro, a única) substância, mas a substância é *causa sui*; portanto, Deus existe necessariamente – isto nada mais significa do que Deus é aquilo cujo conceito e ser são inseparáveis. *(Nota de Hegel.)*

A CIÊNCIA DA LÓGICA | 163

chegou ao resultado importante por si mesmo (§ 62) de que o conhecer, o qual progride por mediações *finitas*, conhece só o finito e não encerra verdade alguma; e exige à consciência de Deus que ela se mantenha naquela fé inteiramente abstrata(*).

2) O ponto de vista moderno, por um lado, nada muda no método, introduzido por Descartes, do conhecer científico ordinário e continua [a tratar] do mesmo modo as ciências do empírico e do finito daí derivadas; mas, por outro lado, este ponto de vista rejeita semelhante método e, porque não conhece nenhum outro, *todos* os métodos relativamente ao saber do que, quanto ao seu conteúdo, é infinito; abandona-se, pois, ao arbítrio desenfreado das imaginações e asserções, a uma presunção de moralidade, a um orgulho do sentimento ou a um à-vontade e sofismar imoderados, que se declaram com a máxima força contra a filosofia e os filosofemas. A filosofia, com efeito, não permite um simples asserir, nem as fantasias, nem as reviravoltas caprichosas do sofismar.

§ 78

A *oposição* de uma independente imediatidade do conteúdo ou do saber e, ao invés, de uma mediação igualmente independente, que com aquela seja inconciliável, deve, primeiro, pôr-se de lado porque é um mero *pressuposto* e uma *asserção* caprichosa. Importa igualmente, ao entrar na ciência, abandonar todos os outros pressupostos ou preconceitos, procedam eles da representação ou do pensar; com efeito, é na ciência que, em primeiro lugar, se devem examinar todas as determinações e o que nelas e nas suas oposições importa conhecer.

O *ceticismo*, enquanto ciência negativa aplicada a todas as formas do conhecer, apresentar-se-ia como uma introdução

---

(*) *Anselmo*, pelo contrário, diz: *Negligentiae* mihi videtur, si postquam confirmati sumus in fide, non *studemus*, quod *credimus, intelligere* (Tract. *Cur Deus homo*)([87]). Anselmo tem no conteúdo concreto da doutrina cristã um problema muito mais difícil para o conhecer do que aquele que essa fé moderna encerra. *(Nota de Hegel.)*

em que se demonstraria a nulidade de tais pressupostos. Mas seria um caminho não só desagradável, como também supérfluo, porque o próprio [elemento] dialético é um momento essencial da ciência afirmativa, como depressa se irá ver. De resto, o ceticismo deveria encontrar as formas finitas só de modo empírico e não científico, e admiti-las como dadas. A exigência de um tal ceticismo plenamente realizado identifica-se com a [instância] de a *dúvida acerca de tudo*, isto é, a total *ausência de pressupostos* em tudo, preceder a ciência. Efetivamente, esta exigência cumpre-se na decisão de *querer pensar puramente*, graças à liberdade, que abstrai de tudo e apreende a sua pura abstração, a simplicidade do pensar.

NOÇÃO MAIS PRECISA E DIVISÃO DA LÓGICA

§ 79

O *lógico*, segundo a forma, tem três aspetos: α) o *abstrato* ou *intelectual*; β) o *dialético* ou *negativo-racional*; γ) o *especulativo* ou *positivo-racional*.

Estes três aspetos não constituem as três *partes* da lógica, mas são *momentos de todo o lógico-real*, de todo o conceito ou de todo o verdadeiro em geral. Podem juntamente pôr-se sob o primeiro momento, o *intelectual*, e manter-se assim separados uns dos outros; deste modo, porém, não se consideram na sua verdade ([88]). – A exposição que aqui se faz das determinações do lógico, bem como a sua divisão, é só por antecipação das determinações do lógico, bem como a sua divisão, é só por antecipação e de forma histórica.

§ 80

α) O pensar, enquanto *entendimento*, atém-se à rígida determinidade e à sua diferença relativamente às outras; uma tal abstração limitada surge ao entendimento como subsistindo e existindo por si.

§ 81

β) O momento *dialético* é o próprio suprimir-se de tais determinações finitas e a sua transição para as opostas.

1) O [momento] dialético, tomado pelo entendimento como separado por si, em especial revelado nos conceitos científicos, o *ceticismo*; este contém a simples negação como resultado do dialético. 2) A dialética considera-se ordinariamente uma arte extrínseca, a qual, mediante o arbítrio, suscita uma confusão em conceitos determinados e nestas uma simples *aparência* de *contradições*, de maneira que não estas determinações, mas esta aparência é um nada e, pelo contrário, o intelectual é o verdadeiro. Muitas vezes, a dialética também nada mais é do que um sistema subjetivo de baloiço em que o raciocínio vai e vem; em que falta o conteúdo e a nudez é coberta pela subtileza, que gera tal sofismar. – No seu caráter peculiar, a dialética é, pelo contrário, a natureza própria e verdadeira das determinações do entendimento, das coisas e do finito em geral. A reflexão é, em primeiro lugar, o ir-além da determinidade isolada e um referir-se da mesma pelo qual ela se põe em relação, mantendo-se, de resto, no seu valor isolado. A dialética, pelo contrário, é este ir-além *imanente*, em que a unilateralidade e a limitação das determinações do entendimento se apresentam como aquilo que ela é, a saber, como a sua negação. Todo o finito é isto: suprimir-se a si mesmo. O [elemento] dialético forma, pois, a alma motriz do progresso científico e é o princípio mediante o qual unicamente *a conexão e a necessidade imanentes* penetram no conteúdo da ciência, da mesma maneira que nele reside em geral a elevação verdadeira, não extrínseca, sobre o finito.

166 | ENCICLOPÉDIA DAS CIÊNCIAS FILOSÓFICAS EM EPÍTOME

§ 82

γ) O [momento] *especulativo* ou *positivo-racional* apreende a unidade das determinações na sua oposição; é que se contém de *afirmativo* na sua solução (*Auflösung*) e na sua passagem (*Übergehen*).

1) A dialética tem um resultado *positivo*, porque possui um *conteúdo determinado*, ou porque o seu resultado não é o *nada vazio e abstrato*, mas a negação de *certas determinações*, que estão contidas no resultado justamente porque este não é um *nada imediato*, mas um resultado. 2) O racional é, pois, se bem que algo de pensado, e também de abstrato, ao mesmo tempo um *concreto*, porque não é *unidade simples e formal*, mas unidade de *determinações diversas*. A filosofia não lida com simples abstrações ou pensamentos formais, mas só com pensamentos concretos. 3) Na lógica especulativa está contida a mera *lógica do entendimento*, que daquela se pode imediatamente tirar; para isso, basta apenas deixar de lado o [elemento] dialético e racional; assim, ela transforma-se no que é a *lógica ordinária*, uma história (*Historie*) de várias determinações do pensamento reunidas em conjunto, que, na sua finidade, se admitem como algo de infinito.

§ 83

A lógica divide-se em três partes:

    I. *A doutrina do ser.*
    II. *A doutrina da essência.*
    III. *A doutrina do conceito e da ideia.*

A saber, a doutrina do pensamento:

    I. Na sua *imediatidade* – o *conceito em si.*
    II. Na sua *reflexão* e *mediação* – o *ser-para-si* e a *aparência do conceito.*
    III. No seu *retorno a si mesmo* e no seu *estar-em-si evolvido* – o conceito *em si* e *para si.*

PRIMEIRA SECÇÃO DA LÓGICA

A DOUTRINA DO SER

§ 84

O ser é o conceito só *em si*; as suas determinações são enquanto são, e na sua distinção são estranhas (*Andre*) umas às outras, e a sua ulterior determinação (a forma dialética) é um *passar para outro*. Esta determinação ulterior é, juntamente, um *pôr-fora* e, assim, um desdobrar do conceito que estava *em si* e, simultaneamente, o *entrar-em-si* do ser, um aprofundar-se deste em si mesmo. O desdobramento do conceito na esfera do ser torna-se tanto na totalidade do ser como deste modo é superada (*aufgehoben*) a imediatidade do ser ou a forma do ser como tal.

§ 85

O ser, bem como as determinações consecutivas, não só as do ser, mas as determinações lógicas em geral, podem considerar-se definições do absoluto, *definições metafísicas* de Deus; mais exatamente ainda, só a primeira determinação simples de uma esfera e, depois, a terceira, como aquela que é o regresso da diferença à relação simples consigo. Com efeito, definir metafisicamente Deus significa exprimir a sua natureza em *pensamentos* como tais; mas a lógica abrange todos os pensamentos, enquanto estão ainda na forma de pensamentos. As determinações *segundas,*

168 ENCICLOPÉDIA DAS CIÊNCIAS FILOSÓFICAS EM EPÍTOME

que constituem uma esfera na sua *diferença*, são, pelo contrário, as definições do *finito*. Mas, se se usasse a forma de definições, ela conteria apenas um substrato que paira diante da representação; pois enquanto é aquilo que deve exprimir Deus no sentido e na forma do pensamento, também *o absoluto* em relação ao seu predicado, [que é] a expressão determinada e real nos pensamentos, permanece um pensamento apenas *intentado*, um substrato para si indeterminado. Porque o pensamento, [que é] a coisa com que aqui se lida, está contido somente no predicado, então, a forma de uma proposição é, tal como o sujeito, algo de inteiramente supérfluo (cf. § 31 e, mais abaixo, o capítulo sobre o juízo).

A

QUALIDADE

a) Ser

§ 86

O *puro ser* constitui o começo, porque é tanto pensamento puro como o imediato indeterminado e simples; mas o primeiro começo nada de mediato e de determinado pode ser.

Todas as dúvidas e advertências, que fazer se possam contra o começo da ciência pelo *ser* abstrato e vazio, desvanecem-se graças à simples consciência do que comporta a natureza do começo. Ser pode determinar-se como eu=eu, como a *absoluta indiferença* ou *identidade,* etc. Na necessidade de começar ou por algo de absolutamente *certo,* isto é, pela certeza de si mesmo, ou por uma definição ou intuição da *verdade absoluta,* esta e outras formas semelhantes podem considerar-se como se houvessem de ser as primeiras. Mas, visto que dentro de cada uma destas formas se encontra já a *mediação,* elas não são verdadeiramente as primeiras; a mediação é um ter-partido de algo de primeiro para um segundo e um sair da diferença. Se eu=eu ou, ainda, a intuição intelectual se toma verdadeiramente como apenas o primeiro, nesta pura imediatidade nada mais se encontrará do que o *ser,* do mesmo modo que, inversamente, o puro ser, enquanto já não é este ser abstrato, mas o que em si contém a mediação, é puro pensar ou intuir.

Se o *ser* se enuncia como predicado do absoluto, obtém-se deste a primeira definição: *O absoluto é o ser.* Constitui ela (no pensamento) a definição simplesmente inicial, a mais abstrata e a mais pobre. É a definição dos *Eleatas,* mas, ao mesmo tempo, também a definição conhecida de que *Deus é o complexo de todas as realidades.* Deve, com efeito, abstrair-se da limitação, que existe em toda a realidade, de maneira que Deus seja apenas o *real* em toda a realidade, o *realíssimo*. E visto que a realidade contém já uma reflexão, isto está expresso de modo mais imediato naquilo que Jacobi diz do Deus de Espinosa, a saber, que Ele é o princípio do *ser em todo o ser determinado* (*Dasein*)[89].

§ 87

Ora, o puro ser é a *pura abstração*, por conseguinte, o *absolutamente negativo*, que, tomado também imediatamente, é o *nada*.

1) Seguia-se daqui a segunda definição do absoluto, a saber, que ele é o *nada*; na realidade, ela está ainda contida, quando se diz que a coisa-em-si é o indeterminado, o simplesmente sem forma e, portanto, sem conteúdo; – ou também que Deus é *unicamente* a *essência suprema* e nada mais, pois, enquanto tal, Ele é definido como a mesma negatividade; o nada, de que os *budistas* fazem princípio de tudo, como também o fim último e meta de tudo, é a mesma abstração. – 2) Quando a oposição se exprime nesta imediatidade como *ser* e *nada*, parece surpreendente que ela seja vã, porque não se devia tentar fixar o ser e preservá-lo contra a passagem [ao seu contrário]. A reflexão deve, a este respeito, lembrar-se de buscar para o ser uma determinação precisa, pela qual ele se distinguiria do nada. Concebe-se, por exemplo, o ser como o que persiste em toda a mudança, a *matéria* infinitamente determinável, etc., ou também, sem reflexão alguma, como uma existência *individual* qualquer, o [objeto] sensível ou espiritual mais à mão. Mas todas as determinações ulteriores, e mais concretas, já não deixam o ser como o *puro ser*, como ele aqui é imediatamente no começo. Só nesta e por causa desta pura indeterminação é que ele é *nada*, algo de *indizível*; a sua diferença relativamente ao nada é um mero intento (*Meinung*). – Trata-se apenas de ter consciência destes começos, a saber, que nada mais são do que abstrações vazias, e cada uma das duas é tão vazia como a outra; a *tendência*

A DOUTRINA DO SER 171

para encontrar no ser, ou em ambas, um significado firme, é a própria *necessidade* que leva mais além o ser e o nada e lhes atribui um significado verdadeiro, isto é, concreto. Este ir-além é o desenvolvimento lógico e o processo que se exporá a seguir. A *reflexão*, que para eles *encontra* determinações mais profundas, é o pensar lógico, mediante o qual as determinações se produzem, não de um modo acidental, mas necessário. – Todo o significado que o ser e o nada recebem em seguida deve, pois, considerar-se somente uma *determinação mais precisa* e uma *definição mais verdadeira* do *absoluto*; esta já não será então uma abstração vazia como o ser e o nada, mas antes algo de concreto, em que ambos, o ser e o nada, são momentos. – A mais alta forma do nada por si seria a *liberdade*, mas esta é a negatividade enquanto se aprofunda em si até à mais elevada intensidade e é ela própria afirmação e, claro está, absoluta.

§ 88

O *nada*, enquanto este imediato, igual a si mesmo, é, inversamente, o *mesmo* que o *ser*. A verdade do ser, como a do nada, é, pois, a *unidade* de ambos; esta unidade é o *devir*.

1) A proposição – «*o ser e o nada são o mesmo*» – afigura-se à *representação* ou ao entendimento como uma proposição de tal modo paradoxal, que talvez não a tome como dita a sério. Na realidade, é das coisas mais difíceis a que o pensar se abalança, porque o ser e o nada constituem a antítese na sua total *imediatidade*, isto é, sem que num [dos termos] esteja já *posta* uma determinação, que contenha a sua relação com o outro. *Contém*, no entanto, esta determinação, como se mostrou no parágrafo precedente, determinação que é a mesma nos dois. A dedução da sua unidade é, portanto, inteiramente *analítica*; como, em geral, todo o caminhar da filosofia enquanto metódico, isto é, enquanto *necessário*, nada mais é do que simplesmente *pôr* o que já está contido num conceito. – Tão correta como a unidade do ser e do nada é

também a afirmação de que *eles são perfeitamente diversos* – um *não* é o que é o outro. Mas, visto que a diferença não está aqui ainda determinada – o ser e o nada são, justamente, ainda o imediato –, ela permanece, tal como é em si, o *indizível*, o simples *intento* (*Meinung*).

2) Não se requer um grande esforço do espírito para ridicularizar a proposição de que o ser e o nada são o mesmo, ou para enunciar absurdidades com a falsa asserção de que elas são consequências e aplicações dessa proposição; por exemplo, que é a mesma coisa se a minha casa, a minha fortuna, o ar respirável, esta cidade, o sol, o direito, o espírito, Deus, *existe* ou não. Em tais exemplos, introduzem-se, em parte sub-repticiamente, *fins particulares*, a *utilidade* que alguma coisa para *mim* tem, e pergunta se *me* é indiferente que a coisa útil exista ou não. De facto, a filosofia é justamente a doutrina que liberta o homem de um conjunto infinito de fins e propósitos finitos e perante eles o torna indiferente, de modo que, para ele, é o mesmo se tais coisas existem ou não. Mas, em geral, ao falar-se de um *conteúdo*, estabelece-se assim uma conexão com *outras* existências, fins, etc., que *se pressupõem* como válidos; e de *tais pressuposições* depende se o ser ou o não-ser de um *conteúdo determinado é ou não a mesma coisa*. Introduz-se à socapa uma diferença *plena de conteúdo* em vez da diferença vazia do ser e do nada. – Em parte, porém, são fins essenciais em si, existências e ideias absolutas, que estão postas simplesmente sob a determinação do *ser* ou do *não-ser*. Tais objetos concretos são algo totalmente diverso de um simples *ente* ou *não-ente*; pobres abstrações, como ser e nada – e são as mais pobres que há, porque são justamente apenas as determinações do começo –, são inteiramente inadequadas para a natureza desses objetos; o conteúdo verdadeiro está muito além das abstrações e da sua antítese. – De maneira geral, quando ao ser e ao nada se substitui um concreto, sucede à irreflexão o que lhe é habitual: acolhe na representação algo de totalmente diverso e falta dela como se fosse aquilo de que se trata – e, aqui, discorre-se apenas acerca do ser e do nada abstratos.

A DOUTRINA DO SER | 173

3) É fácil dizer que não se *compreende* a unidade do ser e do nada. Mas o conceito de tal unidade expôs-se nos parágrafos precedentes e nada mais é do que o que se expôs; compreendê-lo não significa outra coisa senão apreendê-lo ([90]). Mas o compreender entende-se também ainda como algo mais do que o conceito propriamente dito: exige-se uma consciência mais diversa, mais rica, uma representação, de maneira que um tal conceito se apresente como um caso concreto, com o qual o pensar, no seu exercício ordinário, tenha maior familiaridade. Enquanto o não-poder--compreender exprime somente a falta do hábito de fixar pensamentos abstratos, sem nenhuma mescla sensível, e de apreender proposições especulativas, nada mais há a dizer senão que o modo do saber filosófico é, sem dúvida, diferente do modo de saber, a que nos habituámos na vida ordinária, e também do que impera nas outras ciências. Mas se não-compreender significa apenas que a unidade do ser e do nada não se pode *representar*, então, isso tem lugar efetivamente tão poucas vezes, que, pelo contrário, cada um tem um número infinito de representações dessa unidade; e não ter semelhante representação pode apenas querer dizer que não se conhece o conceito em questão em qualquer uma das representações e que ela não se toma como exemplo desse conceito. O exemplo que mais à mão se encontra é o *devir*. Cada qual tem uma representação do devir e admitirá que é *uma* representação; admitirá, além disso, que, ao analisar-se, ela contém não só a determinação do *ser*, mas também a do absolutamente outro em relação a ele, o *nada*; e, ademais, que as duas determinações não estão separadas nesta *única* representação, de maneira que o devir é assim a unidade do ser e do nada. – Um exemplo igualmente à mão é o *começo*; a coisa, no seu começo, *ainda não é*, mas ele não é somente o *nada* da coisa; aí se encontra também já o seu *ser*. O próprio começo é também devir, mas exprime já a consideração de um processo ulterior. – Para se ajustar ao curso mais ordinário das ciências, poder-se-ia começar a lógica com a representação do começo puramente pensado, portanto, do começo enquanto começo, e analisar

esta representação; assim se aceitaria talvez mais facilmente, como resultado da análise, [a afirmação] de que o ser e o nada se revelam como unidade inseparável.

4) Importa ainda observar que a expressão – «ser e nada são o *mesmo*», ou «*a unidade* do ser e do nada» – tal como todas as outras *unidades* deste género, a do sujeito e a do objeto, etc., são com razão escandalosas, porque o que aí há de torto e de falso é elas salientarem a unidade, e aí reside, sem dúvida, a diferença (porque, por exemplo, o ser e o nada são aquilo cuja unidade se põe), mas esta diferença não é ao mesmo tempo expressa e reconhecida; pois dela se abstrai apenas de modo impertinente e parece não ser ponderada. Na realidade, uma determinação especulativa não pode exprimir-se exatamente na forma de uma tal proposição; importa apreender a unidade *na* diferença simultaneamente *existente* e *posta*. O *devir* é a verdadeira expressão do resultado do ser e do nada, enquanto unidade dos mesmos; não é só a *unidade* do ser e do nada, mas é o movimento (*Unruhe*) em si – a unidade, que não é simplesmente imóvel enquanto relação a si, mas em si a si mesma se opõe, mediante a diversidade do ser e do nada que nele existe. – O *ser determinado* (*Dasein*), em contrapartida, é esta *unidade* ou o devir nesta forma da unidade; eis porque o ser determinado é *unilateral* e *finito*. É como se a antítese se houvesse esvanecido; *em si* somente, está contida na unidade, mas não *posta* na unidade.

5) À proposição – «o ser é a passagem ao nada e o nada é a passagem ao ser» – à proposição do *devir* opõe-se a proposição: «*Do nada nada vem*», «Algo provém somente de algo», a proposição da eternidade da matéria, do panteísmo. Os Antigos fizeram a simples reflexão de que a proposição – «de alguma coisa provém alguma coisa», ou «do nada nada vem» – elimina efetivamente o devir; pois aquilo a partir do qual algo devém e o que devém é uma só e mesma coisa; existe unicamente o princípio da abstrata identidade do entendimento. Mas deve parecer estranho que, também na nossa época, se vejam ainda expor com toda a despreocupação as proposições – «do nada nada vem», ou «de algo só nasce algo», sem ter consciência alguma de que elas constituem

o fundamento do panteísmo e sem saber que os Antigos esgotaram a reflexão a propósito destas proposições.

b) *Ser determinado*

§ 89

No devir, o ser enquanto uno com o nada, como também o nada, uno com o ser, são apenas evanescentes; o devir, mediante a sua contradição em si, coincide com a unidade, em que ambos são removidos; o seu *resultado* é assim o *ser determinado* (*Dasein*).

A propósito do primeiro exemplo, importa recordar, de uma vez por todas, o que se disse no § 82 e na observação adjunta: só pode produzir uma progressão e um desenvolvimento no saber o fixar os resultados na sua verdade. Quando em qualquer objeto ou conceito se manifesta a contradição (e *nada* existe absolutamente em que não possa e deva revelar-se a contradição, isto é, determinações contrárias; – a abstração do entendimento é o agarrar-se brutal a *uma* determinação, um esforço por obscurecer e afastar a consciência da outra [determinidade], que aí se encontra) –, quando, pois, se reconhece tal contradição, costuma tirar-se a conclusão: «*Portanto*, este objeto é *nada*»[91]; como *Zenão* mostrou, pela primeira vez, a propósito do movimento [92], que ele se contradiz, que, portanto, não *existe*; ou, como os Antigos reconheceram o *nascer* e o *perecer*, as duas espécies do devir, como determinações falsas, mediante a expressão de que o *uno*, isto é, o absoluto, não nasce nem morre. Esta dialética permanece, pois, só no lado negativo do resultado e abstrai do que realmente está presente um resultado *determinado*; aqui, um *puro* nada, mas um *nada* que inclui em si o *ser* e, de igual modo, um ser que em si encerra o nada. Assim 1) o ser determinado é a unidade do ser e do nada, em que se desvanece a imediatidade das determinações e, na sua relação, também a sua contradição – uma unidade em

176 | ENCICLOPÉDIA DAS CIÊNCIAS FILOSÓFICAS EM EPÍTOME

que eles são apenas *momentos*; 2) visto que o resultado é a contradição superada, ele encontra-se na forma de *simples unidade* consigo; ou ainda como um *ser*, mas um ser com a negação ou a determinidade: é o devir, posto na *forma* de *um* dos seus momentos, do ser.

§ 90

α) O *ser-aí* é o ser com uma *determinidade*, que, enquanto imediata ou existente, é a *qualidade*. O ser determinado, enquanto reflexo *em si* na sua determinidade, é *algo que está-aí, alguma coisa*. – Importa indicar agora, de um modo sumário apenas, as categorias que se desenvolvem no ser determinado.

§ 91

A qualidade, como determinidade que *é* perante a *negação* nela contida, mas também dela distinta, é *realidade (Realität)*. A negação, não mais como o nada abstrato, mas como um ser determinado *e alguma coisa*, é neste apenas uma forma, é um *ser-outro*. A qualidade, visto que o ser-outro é a sua própria determinação, mas dela primeiramente distinta – *é o ser-para--outro* –, uma expansão do ser determinado, do algo. O *ser* da qualidade enquanto tal, perante a referência a outro, é o *ser-em-si*.

§ 92

β) O ser estabelecido como diferente pela determinidade, o *ser-em-si*, seria apenas a vazia abstração do ser. No ser-aí, a determinidade é um só com o ser e, posta ao mesmo tempo como negação, é *fronteira, limite*. Eis porque o ser-outro não é algo de indiferente fora dele, mas o seu próprio momento. *Algo* mediante a sua qualidade é, em primeiro lugar, *finito* e, em segundo, *mutável*, de maneira que a finidade e a mutabilidade pertencem ao seu ser.

§ 93

Algo torna-se noutro, mas o outro é também um algo; por conseguinte, torna-se igualmente num outro e assim até ao *infinito*.

§ 94

Esta *infinidade* é a infinidade *falsa ou negativa*, porque nada mais é do que a negação do finito, o qual, porém, nasce de novo e, por conseguinte, não está ainda superado – ou esta infinidade exprime apenas o *dever ser* da superação do finito. O progresso até ao infinito detém-se na declaração da contradição que o finito contém, a saber, que ele é tanto *algo* como o seu *outro*, e é o prosseguimento perene da alternância destas determinações, que se produzem uma à outra.

§ 95

γ) O que efetivamente ocorre é que algo se torna noutro e o outro, em geral, ainda noutro se torna. Algo, na relação a um outro, é já também um outro em contraposição ao mesmo; e porque aquilo para que algo passa é totalmente idêntico ao que passa – os dois não têm mais nenhuma determinação exceto uma só e a mesma, ser um *outro* –, segue-se que algo, na sua passagem a outro, se confunde *consigo mesmo*, e a relação a si mesmo, na passagem e no outro, é a *verdadeira infinidade*. Ou, considerado negativamente: o que muda é o *outro*, torna-se no *outro* do *outro*. Assim é restabelecido o ser, mas como negação da negação, e é o *ser para si*.

O dualismo, que torna insuperável a oposição do finito e do infinito, não faz a simples consideração de que assim o infinito é só *um dos dois*, que assim se torna apenas *particular*, em relação ao qual o finito é o outro particular. Um tal infinito, que é unicamente um particular, que está *ao lado* do finito e neste tem justamente o seu limite, a sua fronteira, *não é* o que deve ser; não é o infinito, mas somente *finito.* – Em tal relação, em que o finito está *aquém* e o infinito *além,* o primeiro *do lado de cá,* o outro *do lado de lá,* é atribuída ao finito a *mesma dignidade de consistência e independência,* que ao infinito se outorga; o ser do finito transforma-se em ser absoluto; em semelhante dualismo, mantém-se firme para si. Se, por assim dizer, fosse tocado pelo infinito, seria aniquilado; mas não pode ser tocado pelo infinito, deve entre os dois encontrar-se um abismo, um fosso intransponível; o infinito deve absolutamente permanecer *além* e o finito *aquém.* A afirmação do firme permanecer do finito perante o infinito julga estar por cima de toda a metafísica, mas, de facto, encontra-se totalmente no terreno da mais ordinária metafísica do entendimento. Acontece aqui o mesmo que o progresso infinito exprime: admite-se, uma vez, que o finito *não é em si e para si,* que *não* lhe convém uma realidade independente, um ser *absoluto*; que é somente algo de transitório; *outra vez,* esquece-se isto imediatamente e representa-se o finito apenas perante o infinito, separado dele, subtraído à aniquilação, como independente e subsistente por si. – O pensar julga assim elevar-se ao infinito, e sucede-lhe o contrário: – chega a um infinito que é apenas um finito; pelo contrário, conserva o finito, que ele abandonara, e faz dele um absoluto.

Se, após a consideração instituída acerca da nulidade da antítese do entendimento entre finito e infinito [a que se pode comparar com fruto o *Filebo*[93] de *Platão*], também aqui facilmente se pode chegar à expressão de que o infinito e o finito são *um,* que o verdadeiro, a verdadeira infinidade, se determina e enuncia como *unidade* do infinito e do finito, então, uma tal expressão contém algo de exato, mas é igualmente falsa e errónea, como precedentemente se observou a propósito da *unidade* do ser e do nada. Suscita, além disso, a justa censura da finitização da infinidade, de um infinito finito. Com efeito, nessa expressão, o finito aparece como deixado intacto; não se manifesta expressamente como *superado.* – Ou se, se refletir que ele, posto como totalmente um com o infinito, não poderia com certeza permanecer o que era fora desta unidade e seria, pelo menos, afetado na sua determinação (do mesmo modo que o alcalino, combinado com o ácido, perde algumas das suas propriedades), também o mesmo sucederia ao infinito, que, como o negativo, também por seu lado se embotaria no contacto com o outro. Efetivamente, é também o que acontece ao infinito abstrato, unilateral, do entendimento. O verdadeiro infinito, porém, comporta-se não só como o ácido unilateral, mas conserva-se; a negação da negação não é uma neutralização; o infinito é o afirmativo, e só o finito é o superado.

No ser para si, introduziu-se a determinação da *idealidade*. O *ser determinado*, concebido primeiramente só segundo o seu ser ou a sua afirmação, tem *realidade* (§ 91); por consequência, também a finidade está, em primeiro lugar, na determinação da realidade. Mas a verdade do finito é antes a sua *idealidade*. Igualmente, o infinito do entendimento, que, posto *ao lado do* finito, é também só um dos dois finitos, é algo de inverdadeiro, de *ideal*. A idealidade do finito é a proposição fundamental da filosofia e toda a verdadeira filosofia é, por isso, um *idealismo*. O que importa é não tomar por infinito o que, pela própria determinação, se torna imediatamente num particular e num finito. Eis porque com tanta insistência se chamou a atenção para esta diferença; dela depende o conceito fundamental da filosofia, o verdadeiro infinito. Esta diferença esgota-se com as reflexões contidas neste parágrafo, que são inteiramente simples e, por isso, talvez pouco visíveis, mas irrefutáveis.

c) *O ser-para-si*

§ 96

α) O ser-para-si, enquanto relação a si mesmo, é *imediatidade* e, como relação do negativo a si mesmo, é o existente-para-si, o um; – o em si mesmo indiferenciado e, portanto, *o que* de si *exclui o outro*.

§ 97

β) A relação do negativo a si é relação *negativa*, portanto, distinção do um consigo mesmo, a *repulsão* do um, isto é, a posição de *muitos uns*. Segundo a *imediatidade* do que é para si, estes muitos *são* e a repulsão dos uns que são torna-se assim na sua repulsão *recíproca* enquanto presentes, ou *excluir-se* mútuo.

§ 98

γ) Os *muitos*, porém, são o *um* que é o outro, cada qual é um ou também um dos muitos; são, pois, uma só e mesma coisa. Ou, em si mesma considerada, a repulsão, enquanto *comportamento* negativo dos muitos uns entre si, é também essencialmente a sua *relação* recíproca; e em virtude de aqueles a que o um se refere serem um na sua repulsão, neles o um refere-se a si mesmo. A repulsão é, pois, também essencialmente *atração*; e o um exclusivo ou o ser-para-si suprime-se. A determinidade qualitativa, que alcançou no um o seu ser-determinado-em--si e para si, transitou assim para a determinidade enquanto *suprimida*, isto é, para o ser como *quantidade*.

A filosofia *atomística* é o ponto de vista em que o absoluto se determina como ser-para-si, como um e como muitos uns. Como sua força fundamental admitiu-se também a repulsão, que se revela no conceito do um; não é, porém, a atração, mas o *acaso*, isto é, o privado de pensamento, que os há de reunir. Ao fixar-se o um como um, a reunião deste com os outros deve decerto considerar-se algo de totalmente extrínseco. – O *vácuo*, que, com os átomos, se admite como o outro princípio, é a própria repulsão, representada como o nada, *que é*, entre os átomos. – A mais recente atomística – e a física conserva ainda sempre este princípio – renunciou aos átomos, por se ater às pequenas partículas, às moléculas: aproximou-se assim do representar sensível, mas abandonou a determinação pensante. – Além disso, ao colocar junto da força repulsiva uma força atrativa, a oposição torna-se, sem dúvida, *completa*, e não foi pouca a jactância com a descoberta desta chamada força da natureza. Mas a sua relação mútua, que constitui o que de concreto e de verdadeiro nelas há, deveria tirar-se da turva confusão em que foi abandonada também por *Kant* nos *Princípios metafísicos da ciência da natureza.* – Mais importante ainda do que na física, tornou-se, nos últimos tempos, nos assuntos *políticos*, a conceção atomística. Segundo ela, a vontade dos *indivíduos* enquanto tal é o princípio do Estado; a força atrativa é a particularidade das necessidades, das tendências, e o universal, o próprio Estado, é a relação externa do contrato.

B

QUANTIDADE

a) A quantidade pura

§ 99

A *quantidade* é o puro ser em que a determinidade já não se põe enquanto uma com o próprio ser, mas como *superada* ou *indiferente*.

1) A expressão *grandeza* não é adequada para a quantidade, visto que designa principalmente a quantidade *determinada*. 2) A matemática costuma definir a grandeza como o que se pode *aumentar* ou *diminuir*; embora esta definição seja defeituosa, porque contém de novo o definido, depara-se nela, contudo, [com o pensamento de] que a determinação da grandeza é tal, que se põe como *variável* e *indiferente*, de maneira que, não obstante uma variação das mesmas, uma extensão ou intensidade maiores, a coisa, por exemplo, uma casa, o vermelho, não deixa de ser casa, vermelho. 3) O absoluto é pura quantidade: – este ponto de vista coincide em geral com o que dá ao absoluto a determinação de *matéria*, na qual a forma está, sem dúvida, presente, mas é uma determinação indiferente. Também a quantidade constitui a determinação fundamental do absoluto quando se concebe que nele, no absolutamente indiferente, toda a diferença é apenas quantitativa. – De resto, o puro espaço, o tempo, etc., podem tomar-se como exemplos da quantidade, se o real se conceber como enchimento *indiferente* do espaço ou do tempo.

§ 100

A quantidade, antes de mais, na sua relação imediata a si ou na determinação da igualdade consigo mesma posta pela atração, é *contínua*; – na outra determinação do *um* nela contida, é grandeza *discreta*. Mas aquela quantidade é também discreta, pois é apenas continuidade do *muito*; esta é igualmente contínua, a sua continuidade é o um enquanto o *mesmo* dos muitos uns, a *unidade*.

1) A grandeza contínua e a grandeza discreta não devem, pois, considerar-se *espécies*, como se determinação de uma não conviesse à outra, mas distinguem-se apenas porque o *mesmo todo* se põe, ora sob uma, ora sob a outra das suas determinações. 2) A antinomia do espaço, do tempo ou da matéria, em relação à sua divisibilidade até ao infinito ou relativamente ao seu consistir em [elementos] indivisíveis, nada mais é do que a afirmação da quantidade, uma vez como contínua, e outra vez como discreta. Se o espaço, o tempo, etc. forem postos unicamente com a determinação de quantidade contínua, então, são *divisíveis* até ao *infinito*; mas, com a determinação de grandeza discreta, são em si *divididos* e constam de uns indivisíveis; um [modo de pensar] é tão unilateral como o outro.

b) O quantum

§ 101

A quantidade *posta* essencialmente com a determinidade exclusiva, que nela está contida, é o *quantum*; quantidade limitada.

§ 102

O *quantum* tem o seu desenvolvimento e a sua determinidade completa no número que, ao incluir como elemento o um, contém em si, segundo o momento da discrição, o número *contado* (*Anzahl*), segundo o momento da continuidade, a *unidade* – como seus momentos qualitativos.

184 ENCICLOPÉDIA DAS CIÊNCIAS FILOSÓFICAS EM EPÍTOME

Na aritmética, os *diversos géneros de cálculo* costumam apresentar-se como modos acidentais de tratar os números. Se neles deve existir uma necessidade e, portanto, algum entendimento, este deve encontrar-se num princípio, e o princípio só pode residir nas determinações que estão contidas no próprio conceito de número; semelhante princípio deve aqui expor-se com brevidade. – As determinações do conceito de número são a *multidão* e a *unidade*, e o próprio número é a unidade de ambas. Mas a unidade aplicada a números empíricos é apenas a *igualdade* dos mesmos, pelo que o princípio dos géneros de cálculo deve ser pôr os números na relação de unidade e de enumeração e produzir a igualdade destas determinações.

Visto que os uns ou os próprios números são reciprocamente indiferentes, a unidade em que eles são postos surge em geral como uma união extrínseca. Calcular é, pois, em geral *contar* e a diferença dos *géneros* de cálculo consiste unicamente na constituição qualitativa dos números, que são contados, e para tal constituição o princípio é a determinação de unidade e multidão.

Numerar vem em primeiro lugar; é fazer o número em *geral*, agrupar à vontade muitos *uns*. – Um modo de calcular, porém, é contar conjuntamente os que já são números e não simples uns.

Os números, em geral, são *imediatamente* e em *primeiro lugar* de um modo totalmente indeterminado, números, portanto, desiguais; o seu agrupamento ou contagem é a *adição*.

A determinação que *logo se segue* é que os números são *iguais* em geral, constituem assim uma *unidade*, e que deles se tem uma *enumeração*; contar tais números é *multiplicar*; – é indiferente a maneira de se repartirem as determinações da enumeração e da unidade entre os dois números, os fatores, isto é, de se tomar um ou outro pela enumeração ou pela unidade.

A *terceira* determinidade é, por fim, a *igualdade* da *multidão* e da *unidade*. O contar conjuntamente números assim determinados é o *elevar à potência* – e, antes de mais, ao *quadrado*. – A ulterior potenciação é a continuação formal, desembocando novamente na enumeração indeterminada, da multiplicação do número por si mesmo. – Visto que nesta terceira determinação se alcança a igualdade completa da única diferença existente, isto é, a de enumeração e de unidade, não pode haver mais do que estes três modos de calcular. – À composição corresponde a decomposição dos números segundo as mesmas determinidades. Há, pois, ao lado dos três géneros aduzidos, que se podem denominar *positivos*, também três modos *negativos*.

c) O grau

§ 103

O *limite* é idêntico à totalidade do *quantum*; como determinidade múltipla *em si*, é a grandeza *extensiva*, mas, enquanto determinidade *simples* em si, é a grandeza *intensiva* ou o *grau*.

A diferença([94]) entre as grandezas contínuas e discretas e as grandezas extensivas e intensivas consiste, pois, em que as primeiras se referem à *quantidade em geral*, ao passo que as últimas se referem ao *limite* ou à sua determinidade como tal. – De modo análogo, as grandezas extensivas e intensivas não são duas espécies, das quais cada uma conteria uma determinidade que a outra não teria: o que é grandeza extensiva é também intensiva, e inversamente.

§ 104

No grau está *posto o conceito* do *quantum*; é a grandeza enquanto indiferente *para si* e simples, mas de maneira que a determinidade, pela qual ela é *quantum*, se encontra *fora dela* noutras grandezas. Nesta contradição, a saber, que o limite indiferente e sendo *para si* é a *exterioridade* absoluta, encontra-se posto o *infinito progresso* quantitativo – uma *imediatidade* que de imediato se converte no seu contrário, no *ser mediato* (a ultra-passagem do *quantum* agora mesmo posto), e inversamente.

O *número* é pensamento, mas pensamento como um ser perfeitamente externo a si mesmo. Não pertence à intuição por ser pensamento, mas é pensamento que tem como sua determinação a exterioridade da intuição. – O *quantum pode*, por conseguinte, não só aumentar-se ou diminuir-se até ao infinito, mas ele próprio é, mediante o seu conceito, este *sair* além de si. O infinito progresso quantitativo é igualmente a repetição cega de uma e mesma contradição, que é o *quantum* em geral e, posto na sua determinidade, o grau. Acerca da superfluidade de exprimir esta contradição na forma do progresso infinito, diz com justiça *Zenão* em Aristóteles: é o mesmo dizer algo *uma vez* e dizê-lo *sempre*([95]).

§ 105

O *ser-externo* a si mesmo do *quantum* na sua determinidade *que é para si* constitui a sua *qualidade*; ele é no mesmo ele próprio e a si está referido. É a exterioridade, ou seja, o quantitativo, e o ser-para-si, o qualitativo, aí reunidos. – O *quantum* posto assim *em si mesmo* é a *relação* quantitativa – determinidade que é tanto um *quantum imediato*, o expoente, como *mediação*, a saber, a *relação* de um *quantum* qualquer a outro –, os dois lados da relação, que não se avaliam logo segundo o seu valor imediato, mas cujo valor reside unicamente nesta relação.

§ 106

Os lados da relação são ainda «quanta» imediatos, e a determinação qualitativa e a quantitativa são ainda mutuamente extrínsecas. Mas, segundo a sua verdade, isto é, que o próprio quantitativo é relação a si na sua exterioridade, ou que o ser-para-si e a diferença da determinidade estão reunidos, a quantidade é a *medida*.

C

A MEDIDA

§ 107

A medida é o *quantum* qualitativo, antes de mais como *imediato*, um *quantum* a que está vinculado um ser determinado ou uma qualidade.

§ 108

Visto que a qualidade e a quantidade estão na medida apenas em unidade *imediata*, assim a sua diferença sobressai igualmente nelas de um modo imediato. O *quantum* específico é, pois, em parte, simples *quantum*, e o ser determinado é capaz de aumento e de diminuição sem que por isso a medida, que é uma regra, seja suprimida: mas, em parte, a modificação do *quantum* é também uma modificação da qualidade.

§ 109

O *desmesurado* é, antes de mais, o excesso de uma medida em virtude da sua natureza quantitativa além da sua determinidade qualitativa. Mas, visto que a outra relação quantitativa, o desmesurado da primeira, é igualmente qualitativa, o desmesurado é de modo semelhante uma medida; as suas transições, da quantidade para o *quantum* e deste para aquela, podem por seu turno representar-se como *progresso infinito* – como a supressão e o restabelecimento da medida no desmesurado.

§ 110

O que aqui efetivamente acontece é que a *imediatidade*, a qual ainda pertence à medida enquanto tal, se suprime; a qualidade

188 | ENCICLOPÉDIA DAS CIÊNCIAS FILOSÓFICAS EM EPÍTOME

e a quantidade estão na medida, antes de mais, como *imediatas*, e ela é apenas a sua *identidade relativa*. Mas a medida mostra-se suprimida no desmesurado; neste, porém, que é a sua negação e também a unidade da quantidade e da qualidade, ela é igualmente acompanhada só *por si mesma*.

§ 111

O infinito, a afirmação enquanto negação da negação, em vez dos lados abstratos do ser e do nada, de algo e de um outro, etc., tinha, pois, a qualidade e a quantidade como seus lados. Estes são α) em primeiro lugar, a qualidade *transferida* para quantidade (§ 98) e a quantidade transferida para a qualidade (§ 105) e assim ambas reveladas como *negações*. β) Mas, na sua *unidade* (a medida), elas são, antes de mais, diferentes e uma só é *mediante* a outra); e γ) uma vez que a imediatidade da unidade se revelou como se suprimindo a si própria, assim doravante esta unidade se *põe* como aquilo que ela é *em si*, como simples referência-a-si, que em si contém como superados o ser em geral e as suas formas. – O ser ou a imediatidade que, pela negação de si mesma, é mediação *consigo* e referência a si própria, por conseguinte, também mediação, que se supera em vista da referência a si, da imediatidade, é a *essência*.

SEGUNDA SECÇÃO DA LÓGICA

A DOUTRINA DA ESSÊNCIA

§ 112

A essência é o conceito enquanto conceito *posto*; as determinações são, na essência, apenas *relativas* e ainda não absolutamente em si reflexas; por isso, o conceito não é ainda *para si*. A essência, enquanto ser que consigo se mediatiza através da negatividade de si mesmo, é a referência a si só enquanto é referência a outro, o qual, porém, não é imediatamente como ente, mas como algo que é *posto* e *mediado*. – O ser não se esvaneceu, mas primeiramente a essência, enquanto simples relação a si mesma, é ser; por outro lado, porém, o ser, segundo a sua determinação unilateral a ser *imediato*, é *reduzido* a algo de puramente negativo, a uma *aparência*. – Por conseguinte, a essência é o ser como um *aparecer* em si mesmo.

O absoluto é a *essência*. – Esta definição identifica-se com aquela segundo a qual o absoluto é o *ser* no sentido de que ser é igualmente a simples referência a si; mas ela é ao mesmo tempo mais alta, porque a essência é o ser que *em si* ingressou, isto é, a sua simples referência a si é esta referência, posta como a negação do negativo, como mediação de si em si consigo mesmo. – Mas, ao determinar-se o absoluto como *essência*, assume-se frequentemente a negatividade só no sentido de uma *abstração* de todos os predicados determinados. O ato negativo do abstrair cai então fora da essência e a própria essência surge, pois, apenas como um resultado *sem as suas premissas* – o *caput mortuum* da abstração. Porém, visto que a negatividade não é externa ao ser, mas constitui a sua própria dialética, então, a sua verdade, a essência, é como o ser que *em si* ingressou ou *em si* é; aquela *reflexão*, aquele aparecer em si mesmo é que constitui a sua distinção do ser imediato; e tal é a determinação peculiar da própria essência.

§113

A referência-a-si na essência é a forma da *identidade*, da *reflexão--em-si*; esta entrou aqui para o lugar da *imediatidade* do ser; ambas são as mesmas abstrações da referência-a-si.

A inconsideração da sensibilidade em tomar tudo o que é limitado e finito por um *ente* traslada-se para a obstinação do entendimento em o conceber como *algo de idêntico a si*, de não *contraditório em si mesmo*.

§ 114

Esta identidade, enquanto proveniente do ser, aparece antes de mais afetada apenas pelas determinações do ser e a ele referida como a algo de *extrínseco*. Se o mesmo se assume como separado da essência, chama-se o *inessencial*. Mas a essência é ser-em-si, é *essencial* só enquanto tem em si mesma a negação de si, a referência-a-outro, a mediação. Tem, pois, em si o inessencial como sua própria aparência. Mas, visto que o distinguir se contém no aparecer ou mediar, e o próprio distinto, porém, na sua distinção quanto à identidade de que provém e na qual não é ou na qual reside como aparência, recebe a forma da identidade, é no modo da imediatidade que a si se refere, ou do ser, que o mesmo assim é; a esfera da essência torna-se, pois, numa religação ainda imperfeita da *imediatidade* e da *mediação*. Tudo nela está posto de tal modo, que se refere a si e, ao mesmo

A DOUTRINA DA ESSÊNCIA

tempo, vai muito além – como um *ser da reflexão*, um ser no qual um outro aparece e que aparece num outro. – Também ela é, por conseguinte, a esfera da *contradição posta*, a qual, na esfera do ser, é só *em si*.

No evolver da essência, porque o único conceito é em tudo o elemento substancial, encontram-se as mesmas determinações que havia no evolver do ser, mas em forma *reflexa*. Por isso, em vez do *ser* e do *nada*, surgem agora as formas do *positivo* e do *negativo*, correspondendo aquele, antes de mais, ao ser sem antítese enquanto *identidade*, e desenvolvido (aparecendo em si) o último como a *diferença*; – por isso, ademais, tem-se o *devir* como *fundamento* do *ser determinado* que, enquanto refletido sobre o fundamento, é *existência*, etc. – Esta parte (a mais difícil) da Lógica contém principalmente as categorias da metafísica e das ciências em geral; – como produtos do entendimento reflexivo, que admite ao mesmo tempo as diferenças como *independentes* e põe *também* a sua relatividade; – mas conecta ambas por um *também só* por justaposição ou sucessão, e não une estes pensamentos nem os unifica num conceito.

A

A ESSÊNCIA COMO FUNDAMENTO DA EXISTÊNCIA

a) As puras determinações da reflexão

α) **Identidade**

§ 115

A essência aparece *em si* ou é pura reflexão; por isso, é apenas referência a si, não enquanto imediata, mas como reflexa – *identidade consigo*.

Esta identidade é *identidade formal* ou *identidade de entendimento*, enquanto a ela se adere e se *abstrai* da diferença. Ou antes, a *abstração* é o pôr da identidade formal, a transmutação de algo em si concreto pois a forma da simplicidade – ou porque *se abandona* (por meio do dito *analisar*) uma parte do múltiplo, que existe no concreto, e apenas se salienta *um* dos elementos da mesma, ou porque, em virtude da omissão da sua variedade, as múltiplas determinidades se *reúnem* numa só.

A identidade ligada ao absoluto, enquanto sujeito de uma proposição, soa assim: *o absoluto é o idêntico a si mesmo*. – Embora esta proposição seja verdadeira, é equívoco se ela se visa na sua verdade; é, pois, incompleta, pelo menos na sua expressão: efetivamente, fica por decidir se se intenta a *identidade* abstrata do entendimento, isto é, em oposição às outras determinações da essência – ou se é a identidade enquanto *concreta* em si; esta é, como se demonstrará, antes de mais, o *fundamento* e, em seguida, numa verdade mais elevada, o *conceito*. – Frequentemente, também a palavra «*absoluto*» não tem nenhum significado mais amplo do que o de «*abstrato*»; assim, espaço *absoluto* e tempo *absoluto* nada mais significam do que o espaço abstrato e o tempo abstrato.

As determinações da essência enquanto determinações *essenciais* tornam-se predicados de um sujeito já dado que, por elas serem essenciais, é *tudo*. As proposições que assim se originam denominaram-se *leis universais de pensamento*. O *princípio de identidade* reza assim: «*Tudo é idêntico a si mesmo; A=A*»; e negativamente: «*A não pode ser ao mesmo tempo A e não A*.» – Esta proposição, em vez de ser uma verdadeira lei do pensamento, nada mais é do que a lei do *entendimento abstrato*. A própria *forma da proposição* já a contradiz, visto que uma proposição promete também uma distinção entre sujeito e predicado, e esta não proporciona o que a sua forma exige. Mas, de modo especial, ela é negada pelas outras ditas leis do pensamento, que transformam em leis o contrário desta lei. – Ao afirmar-se que esse princípio não pode provar-se, mas que *toda* a consciência atua em conformidade com ele e, segundo a experiência, nele consente imediatamente ao apreendê-lo, a essa pretensa experiência da escola contrapõe--se a experiência universal de que nenhuma consciência pensa segundo tal lei, nem tem representações, etc., nem fala; e que nenhuma existência, seja qual for a sua espécie, existe segundo ela. Falar em conformidade com esta lei necessária da verdade (um planeta é – um planeta, o magnetismo é – o magnetismo, o espírito é – o espírito) constitui, com toda a razão, uma tolice; esta é, efetivamente, uma experiência universal. A escola na qual apenas têm valor tais leis já há muito que, com a sua lógica, que a mesma expõe seriamente, perdeu o crédito, tanto junto do saudável senso comum como junto da razão.

β) **A diferença**

§ 116

A essência é apenas pura identidade e aparência em si mesma enquanto é a negatividade que a si mesma se refere e, portanto, a sua repulsa de si mesma; contém, pois, essencialmente a determinação da *diferença*.

O ser-outro já não é aqui o *qualitativo*, a determinidade, o limite; mas, encontrando-se na essência que a si se refere, é a negação ao mesmo tempo como referência, *diferença, posição, mediação.*

§117

A diferença é 1) diferença *imediata, a diversidade* em que cada distinto é *para si* o que é e indiferente à sua referência ao outro, a qual, por isso, lhe é exterior. Por causa da indiferença dos distintos em relação à sua diferença, esta incide, fora deles, num terceiro, num *comparativo*, a diferença extrínseca é, enquanto identidade dos referidos, a *igualdade*; como não identidade dos mesmos é a *desigualdade.*

O entendimento separa de tal modo as próprias determinações, que, embora a comparação tenha um só e mesmo substrato para a igualdade e a desigualdade e estas devam ser *lados* e *aspetos* diversos no mesmo substrato, a igualdade para si é apenas a primeira coisa, a identidade e a desigualdade para si é a diferença.

A diversidade também se converteu numa proposição: *tudo é diferente,* ou *não há duas coisas que sejam perfeitamente iguais.* Aqui, ao *tudo* dá-se o predicado *oposto* da *identidade* que lhe é atribuído na *primeira* proposição. Por isso, dá-se-lhe uma lei que contradiz a primeira. No entanto, porque a diversidade concerne apenas à comparação exterior, algo *para si mesmo* só *deve* ser *idêntico* a si; e assim, a segunda proposição não contradiz a primeira. Mas, então, a diversidade também já não *concerne* a algo ou a tudo. Não constitui nenhuma determinação essencial do sujeito; deste modo, a segunda proposição já não pode formular-se. – Mas se, de acordo com a proposição, o *próprio* algo é diverso, ele é tal mediante a *sua própria* determinidade; já não se intenta assim, então, a diversidade enquanto tal, mas a diferença *determinada.* – É também este o sentido da proposição leibniziana[96].

§ 118

A igualdade é uma identidade apenas das coisas que não são as *mesmas*, que não são idênticas entre si – e a desigualdade é a *relação* das coisas desiguais. Por isso, não se cindem ambas em lados ou aspetos diversos, diferentes entre si, mas uma é um aparecer na outra. A diversidade é, por conseguinte, diferença da reflexão, ou *diferença em si mesma*, diferença *determinada*.

§ 119

2) A diferença *em si* é a diferença *essencial*, o *positivo* e o *negativo*, de maneira que o positivo é a referência a si idêntica, de tal modo que *não* é o negativo, e este é de tal modo um diverso para si, que *não* é o positivo. Visto que cada um é para si enquanto *não é o outro*, cada um *aparece* no outro e só é enquanto é o outro. A diferença da essência é, portanto, a *contraposição* segundo a qual o diferente não tem perante si um *outro em geral*, mas o seu outro; isto é, cada um tem a sua própria determinação só na sua relação com o outro, é reflexo em si só enquanto é reflexo no outro e igualmente o outro; por isso, cada um é o *seu* outro do outro.

A diferença em si dá a proposição: «*Tudo é essencialmente diferente*», ou como também se exprimiu: «*De dois predicados opostos cabe ao algo apenas um, e não há nenhum terceiro.*» – Este princípio da oposição contradiz da maneira mais explícita o princípio da identidade, já que algo, segundo um, deve ser apenas a *relação a si mesmo*, mas, segundo o outro, deve ser o *oposto*, a *relação com o seu outro*. A peculiar inconsideração da abstração consiste em pôr lado a lado como leis estas duas proposições contraditórias, sem as comparar entre si. – A proposição do *terceiro excluído* é a proposição do entendimento determinado que quer afastar de si a contradição e, ao fazê-lo, nela incorre. A deve ser +A ou –A; assim, já se pronunciou o terceiro, o A que não é nem + nem – e que, *por isso mesmo*, se põe *também* como +A e como –A. Se + significa uma direção de seis milhas para ocidente e – uma direção de seis milhas para oriente, e + e – se eliminam, as seis milhas de caminho ou de espaço permanecem o que eram, com ou sem oposição. Até o simples *plus* ou *minus* do número ou da direção abstrata têm, se se quiser, o zero como seu terceiro; mas não se deve pôr em dúvida que a vazia oposição intelectiva de + e de – não tenha também o seu lugar em tais abstrações como o número, a direção, etc.

Na doutrina dos conceitos contraditórios, um conceito é, por exemplo, o azul (também algo como a representação sensível de uma cor se chama em tal doutrina conceito), outro é o *não azul*; pelo que este outro não seria um afirmativo, por exemplo, *amarelo*, mas deve reter-se apenas como o abstrato negativo. Que o negativo em si mesmo é igualmente positivo, veja-se o parágrafo seguinte; isto encontra-se também já implícito na especificação de que o oposto a um outro é o *seu* outro. – A vacuidade da oposição dos chamados conceitos contraditórios tinha já a sua plena exibição na expressão, por assim dizer grandiosa, de uma lei universal, segundo a qual de *todos* os predicados assim antitéticos cabe a *cada* coisa um e não o outro, de maneira que o espírito é branco ou não branco, amarelo ou não amarelo, e assim até ao infinito.

Ao esquecer-se que a identidade e a oposição são igualmente antitéticas entre si, o princípio da oposição toma-se também pelo da identidade na forma do princípio da contradição; e um *conceito* a que não convém nenhuma de duas características entre si contraditórias (ver supra), ou as duas lhe convêm, é declarado logicamente falso, como, por exemplo, um círculo quadrangular. Ora, embora um círculo poligonal e um arco retilíneo contradigam também esta proposição, os geómetras não tiveram, contudo, nenhum escrúpulo em considerar e tratar o círculo como um polígono de lados retilíneos. Mas algo como um círculo (a sua simples determinidade) não constitui ainda um *conceito*; no conceito do círculo, o ponto central e a periferia são igualmente essenciais, ambas as características lhe convêm; e, no entanto, a periferia e o ponto central são opostos e contraditórios entre si.

A DOUTRINA DA ESSÊNCIA 197

A representação de *polaridade*, que é tão usado na Física, contém em si a mais exata determinação de oposição; mas, embora a Física na sua consideração dos pensamentos adira à lógica ordinária, ela facilmente se alarmaria se desentranhasse a polaridade e abordasse os pensamentos que nela residem.

§ 120

O *positivo* é o *diverso*, que deve ser para si e ao mesmo tempo não ser indiferente perante a sua relação *ao seu outro*. O *negativo* deve ser igualmente independente, deve *ser para si* a relação negativa a *si*; mas, ao mesmo tempo, enquanto simplesmente negativo, deve ter a sua relação a si, o seu positivo, só no outro. Ambos são assim a contradição posta. Ambas são *em si* o mesmo. Ambos são também *para si*, porque cada um é a superação do outro e de si mesmo. E ingressam deste modo no fundamento. – Ou imediatamente a diferença essencial é, enquanto diferença em si e para si, apenas a diferença de si em relação a si e contém, portanto, o idêntico; à inteira diferença de si e para si pertence, por conseguinte, tanto ela própria como a identidade. – *Como* diferença *que se refere a si* já foi igualmente declarada *como aquilo que é idêntico consigo*; e o *oposto* é, em geral, aquilo que contém em si mesmo *o uno* e o *seu outro*, o que se contém a *si* e ao *seu oposto*. O ser em si da essência assim determinado é o fundamento.

γ) **O fundamento**

§ 121

O *fundamento* é a unidade da identidade e da diferença; a verdade do que a diferença e a identidade produziram – a reflexão em si, que é igualmente reflexão noutro, e vice-versa. É a *essência* posta como *totalidade*.

ENCICLOPÉDIA DAS CIÊNCIAS FILOSÓFICAS EM EPÍTOME

O *princípio da razão* diz: «Tudo tem a sua *razão* suficiente», isto é, não é a determinação de algo como idêntico consigo, nem como diverso, nem ainda como simplesmente positivo ou como meramente negativo, que é a verdadeira essencialidade de alguma coisa, mas que ele tem o seu ser num outro, o qual, como ser idêntico consigo mesmo, é a sua essência. E esta também não é a reflexão abstrata *em si*, mas *num outro*. O fundamento é a essência que é *em si* e esta é essencialmente fundamento; e fundamento é só enquanto é fundamento de alguma coisa, de um outro.

§ 122

A essência é, antes de mais, um aparecer e uma mediação *em si*; como totalidade da mediação é a sua unidade consigo, *posta* como a superação da diferença e, portanto, da mediação. É, portanto, o restabelecimento da *imediatidade* ou do ser, mas do ser só enquanto é *mediado pela superação da mediação – a existência*.

O fundamento não tem nenhum *conteúdo* determinado em si e para si; também não é *fim*; por conseguinte, não é *ativo* nem *produtivo*; mas uma existência brota apenas do fundamento. O fundamento determinado é, pois, algo de formal; uma qualquer determinidade, enquanto se põe como *referida a si mesma*, como afirmação, em relação à existência imediata que com ela se religa. É justamente por isso que é *fundamento*, é um *bom* fundamento, pois, «*bom*» de um modo inteiramente abstrato não significa mais do que um afirmativo, e toda a determinidade é boa, a qual de qualquer modo se pode expressar como um afirmativo que se admite. Pode, pois, encontrar-se e aduzir-se um fundamento para tudo; e um *bom fundamento* (por exemplo, um bom motivo para agir) pode efetuar algo ou *também não* efetuar, ter uma consequência, ou *também não* a ter. O fundamento torna-se, por exemplo, motivo que opera algo, através do seu acolhimento numa vontade, que o torna ativo e dele faz uma causa.

b) *A existência*

§ 123

A existência é a unidade imediata da reflexão-em-si e da reflexão-no-outro. É, pois, a multidão indeterminada dos existentes enquanto em si refletidos que, ao mesmo tempo, aparecem num outro, são *relativos* e formam um *mundo* de recíproca dependência e de uma infinita conexão de fundamentos e fundamentados. Os fundamentos são as próprias existências, e os existentes, segundo muitos aspetos, são tanto fundamentos como fundamentados.

§ 124

A reflexão-noutro do existente é, porém, inseparável da reflexão-em-si; o fundamento é a sua unidade, da qual promanou a existência. O existente contém, pois, em si a relatividade e a sua múltipla conexão com outros existentes e é *reflexo* em si com o *fundamento*. Por conseguinte, o existente é *coisa*.

A *coisa em si*, que se tornou tão famosa na filosofia kantiana, mostra-se aqui na sua génese, a saber, como a abstrata reflexão-em-si, a que se adere contra a reflexão-noutro e contra as determinações diferentes em geral como à *base* vazia das mesmas.

c) *A coisa*

§ 125

A *coisa* é a totalidade enquanto evolver, que conflui para o uno, das determinações do fundamento e da existência. Segundo um dos seus momentos, a saber, o da *reflexão-noutro*, tem em si as diferenças, pelas quais é uma coisa *determinada* e concreta.

α) Estas determinações são diversas umas das outras. É na coisa e não em si mesmas que têm a sua reflexão em si. São *propriedades* das coisas, e a sua relação com a mesma é o *ter*.

O *ter* enquanto relação toma o lugar do *ser*. *Algo* tem também em si *qualidades*, mas a transferência do ter para o ente é inexata, porque a determinidade, enquanto qualidade, é imediatamente una com o algo e o algo *cessa de ser* quando perde a sua qualidade. Mas a *coisa* é a reflexão-em-si enquanto identidade também diversa da diferença, isto é, das suas determinações. – O *ter* usa-se em muitas línguas para designar o *passado* – com razão, pois o passado é o *ser superado*, e o espírito é a sua reflexão-em-si, na qual apenas o passado ainda subsiste; mas o espírito também distingue de si esse ser nele superado.

§ 126

β) Mas a reflexão-noutro é também no *fundamento* imediatamente nela própria a reflexão-em-si; por isso, as propriedades são igualmente idênticas consigo, *independentes* e libertas da sua vinculação à coisa. Mas porque são as determinidades *reciprocamente diversas* da coisa enquanto reflexa-em-si, não são propriamente coisas, as quais são concretas, mas existências reflexas em si como determinidades abstratas, *matérias*.

Também não se chamam *coisas* às matérias, por exemplo, às matérias magnéticas e elétricas. – Elas são as qualidades peculiares([97]), unas com o seu ser, mas com um ser que é reflexo, existência – a determinidade chegada à imediatidade.

§ 127

A *matéria* é, pois, a *abstrata* ou indeterminada *reflexão-no--outro* ou a reflexão-em-si, simultaneamente como *determinada*; é, portanto, a *coisidade existente*, a subsistência da coisa. A coisa

A DOUTRINA DA ESSÊNCIA | 201

tem deste modo, nas matérias, a sua reflexão-em-si (o inverso do § 125), não consiste em si mesma, mas *em matérias* e é unicamente a sua conexão superficial, uma conexão extrínseca das mesmas.

§ 128

γ) A matéria, como *unidade imediata* da existência consigo, é também indiferente perante a determinidade; as múltiplas matérias diversas fundamentam-se, pois, na *única matéria* que é a existência na determinação reflexiva da *identidade*; perante a única matéria, estas determinidades diversas e a sua *relação* extrínseca, que entre si têm na coisa, são a *forma* – a determinação reflexiva da *diferença*, mas como existente e como totalidade.

Esta única matéria sem determinações é também o mesmo que a coisa em si, só que esta é um ente em si inteiramente abstrato, e aquela é um ente em si também para-outro e, antes de mais, para a forma.

§ 129

A coisa cinde-se assim em *matéria* e *forma*; cada uma delas é a *totalidade* da coisidade e independente para si. Mas a *matéria*, que deve ser a existência positiva e determinada, contém como existência tanto a reflexão-no-outro como o ser-em-si; enquanto unidade das determinações, ela própria é a totalidade da forma. Mas a forma já contém, enquanto totalidade das determinações, a reflexão-em-si ou, enquanto forma *que a si se refere*, o que deve constituir a determinação da matéria. Ambas são *em si* o mesmo. Esta sua unidade *posta* é, em geral, a *relação* da matéria e da forma, que igualmente são distintas.

§ 130

A coisa, enquanto esta totalidade, é a contradição: segundo a sua unidade negativa, é a *forma* em que a matéria é determinada

202 ENCICLOPÉDIA DAS CIÊNCIAS FILOSÓFICAS EM EPÍTOME

e reduzida a *propriedades* (§ 125) e, ao mesmo tempo, *consiste* em *matérias* que, na reflexão da coisa em-si, são ao mesmo tempo tão independentes como negadas. A coisa é, pois, a existência essencial, enquanto existência que se suprime em si mesma: é a *aparência*.

A *negação* das matérias *posta* de igual modo como a sua independência ocorre na física como a *porosidade*. Cada uma das muitas matérias (matéria colorida, odorífera e outras, segundo alguns também matéria sonora; e ainda matéria calorífera, elétrica, etc.) é *também negada* e nesta sua negação, nos seus poros, são as outras matérias independentes, que também são porosas e deixam por sua vez em si existir as outras. Os poros nada são de *empírico*, mas figmentos do entendimento que, deste modo, representa o momento da negação das matérias independentes e encobre a ulterior formação das contradições com a confusão nebulosa, em que todas são *independentes* e todas igualmente *negadas* umas nas outras. – Quando de igual modo se hipostasiam no espírito as faculdades ou atividades, a sua unidade viva torna-se também na confusão da ação de umas nas outras.

Como os poros (não se fala aqui dos poros do orgânico, dos poros da madeira e da pele, mas dos que se encontram nas ditas matérias como, por exemplo, na matéria colorida, matéria calorífera, etc., ou nos metais, cristais e coisas semelhantes) não têm o seu fundamento na observação, assim também a própria matéria, além disso, uma forma dela separada e, logo a seguir, a coisa e o seu consistir em matérias, ou o facto de ela subsistir por si e ter apenas propriedades – tudo isso são produtos do entendimento reflexo que, enquanto observa e se propõe expor o que observou, suscita antes uma metafísica que é, de todos os aspetos, uma contradição, a qual, no entanto, lhe permanece oculta.

B

A APARÊNCIA

§131

A essência deve *aparecer*. O seu aparecer é nela a supressão de si mesma em vista da imediatidade, a qual, como reflexo-em-si, é assim *subsistência* (matéria), enquanto *forma*, reflexão-noutro, é subsistência que *a si mesma se suprime*. O aparecer é a determinação por meio da qual a essência não é ser, mas essência, e o aparecer evolvido é o fenómeno. A essência não está, pois, por *detrás* ou *além* do fenómeno, mas, justamente porque a essência é o que existe, a existência é fenómeno.

a) O mundo da aparência

§ 132

O fenómeno existe de um modo tal, que o seu *subsistir* é imediatamente superado, constitui apenas um momento da própria forma; a forma acolhe em si a subsistência ou a matéria como uma das suas determinações. O fenómeno tem assim o seu fundamento na forma como sua essência, na sua reflexão em si perante a imediatidade, mas assim só numa outra determinidade da forma. Este seu fundamento é igualmente algo que aparece e o fenómeno prossegue deste modo para uma mediação infinita do subsistir através da forma, por conseguinte, também através do não subsistir. Esta infinita mediação é ao mesmo tempo uma unidade da relação consigo; e ao mesmo tempo desenvolve a existência para uma *totalidade* e um *mundo* do fenómeno, da finidade reflexa.

204 | ENCICLOPÉDIA DAS CIÊNCIAS FILOSÓFICAS EM EPÍTOME

b) *Conteúdo e forma*

§ 133

A exterioridade recíproca do mundo do fenómeno é uma totalidade e está inteiramente contida na sua *relação a si.* A relação da aparência a si é deste modo completamente determinada, tem a *forma* em si mesma, e nesta identidade tem-na como subsistência essencial. Pelo que a forma é o *conteúdo* e, segundo a sua determinidade evolvida, é a *lei* do fenómeno. Na *forma* enquanto *em si não reflexa* está o negativo do fenómeno, o que nele há de dependente e de mutável – eis a *forma* indiferente, *externa.*

Na oposição entre forma e conteúdo, importa essencialmente estabelecer que o conteúdo não é privado da forma, mas tanto em *si mesmo* tem a *forma* como esta lhe é *algo de extrínseco.* Existe aqui a duplicação da forma que uma vez, enquanto reflexa em si, é o conteúdo, e outra vez, enquanto não em si reflexa, é a existência externa indiferente ao conteúdo. *Em si* está aqui presente a relação absoluta do conteúdo e da forma, a saber, a sua conversão recíproca, de modo que o *conteúdo* nada mais é do que o *converter-se da forma* em conteúdo, e a *forma* nada mais é do que o *converter-se do conteúdo* em forma. Tal conversão é uma das determinações mais importantes. Mas isto só na *relação absoluta se põe.*

§ 134

A existência *imediata*, porém, é especificação da própria subsistência e da forma; ela é, pois, tão extrínseca à determinidade do conteúdo como a este é essencial a exterioridade que ele possui mediante o momento da sua subsistência. O fenómeno assim posto é a *relação* em que uma e mesma coisa, o conteúdo, é a forma evolvida, a exterioridade e *contraposição* de existências autónomas e a sua relação *idêntica*, relação essa em que só os elementos distintos são o que são.

A DOUTRINA DA ESSÊNCIA

c) *A relação*

§ 135

α) A relação *imediata* é a do todo e *das partes*: o conteúdo é o todo e *consiste* nas partes (na forma), no seu oposto. As partes são diferentes umas das outras e são o que há de autónomo. Mas são apenas partes na sua relação idêntica de umas com as outras, ou enquanto tomadas conjuntamente constituem o todo. Mas o *conjuntamente* é o contrário e a negação da parte.

§ 136

β) O um e o mesmo desta relação, a referência a si nela presente é, pois, imediatamente referência *negativa* a si e, claro está, é a mediação de que um e o mesmo é *indiferente* perante a diferença e que a referência *negativa a si* é o que se afasta de si como reflexão-em-si em direção à diferença e se põe existindo como reflexão-noutro; e, inversamente, a reflexão-noutro reconduz-se à relação a si à indiferença – a força e a sua *manifestação*.

A *relação do todo e das partes* é a relação e a conversão imediata, portanto, privada de inteligência, da identidade consigo em diversidade. Passa-se do todo para as partes e das partes para o todo e esquece-se num a oposição ao outro, já que cada um para si, uma vez o todo, outra as partes, se toma como existência autónoma. Ou, visto que as partes devem consistir *no* todo e este naquelas, *o que subsiste* é umas vezes um, outras o outro; e assim, de cada vez, o outro termo é *inessencial*. A relação *mecânica* na sua forma superficial consiste geralmente em as partes serem independentes entre si e perante o todo.

O *progresso até ao infinito*, que concerne à *divisibilidade* da *matéria*, pode também servir-se desta relação e é, então, a alternância inconsciente dos dois lados da mesma. Uma coisa toma-se uma vez como um *todo*; em seguida, passa-se à *determinação das partes*; esta determinação é aqui esquecida e o que era parte considera-se todo; depois, surge novamente a determinação da parte, etc., até ao infinito. Mas esta infinidade tomada como o *negativo*, que ela é, constitui a referência negativa da relação a si, a *força*, o todo idêntico consigo, como ser em si – e que enquanto supera este ser em si e se exterioriza, e inversamente, é a exteriorização, que se desvanece e retorna à força.

A força é, não obstante, a infinidade também finita; com efeito, o conteúdo, o *um e o mesmo* da força e da exteriorização, é somente *em si* esta identidade, os dois lados da relação ainda não são, cada um para si a identidade concreta da mesma, não são ainda a totalidade. São, pois, algo de diferente um para o outro e a relação é *finita*. A força precisa, por conseguinte, da solicitação a partir de fora, opera cegamente e, em virtude da carência da forma, também o conteúdo é limitado e acidental. Não é ainda verdadeiramente idêntico à forma, não é ainda como conceito e fim, o qual é o determinado em si e para si. Esta diferença é sumamente essencial, mas não é fácil de conceber, só poderá determinar-se melhor na discussão sobre o conceito de fim. Quando se passa por alto, cai-se na confusão de conceber Deus como força, confusão de que sofre em especial o «Deus» de *Herder*[98].

Costuma dizer-se que a *natureza* da própria *força* é *desconhecida* e apenas se conhece a sua exteriorização. Por um lado, a *completa determinação do conteúdo* da *força* é justamente a mesma que a da *exteriorização*; a explicação de um fenómeno por meio de uma força é, pois, uma tautologia vazia. O que deve permanecer desconhecido nada mais é, pois, na realidade, do que a forma vazia da reflexão em si, por meio da qual apenas a força é distinta da exteriorização – uma forma, que é igualmente algo de bem conhecido. A forma não acrescenta a mínima coisa ao conteúdo e à lei, que devem conhecer-se só por meio do fenómeno. Também de todos os lados se assegura que com isso nada se deve afirmar acerca da força; não se vê, pois, porque é que a forma de força se introduziu nas ciências. – Mas, por outro lado, a natureza da força é certamente algo de desconhecido, porque falta ainda tanto a necessidade da conexão do seu conteúdo em si mesmo como também do mesmo conteúdo enquanto é para si limitado e tem, pois, a sua especificação através de um outro fora dele.

§ 137

A força, como o todo que em si mesmo é a referência negativa a si, é isto: afastar-se de si e *exteriorizar-se*. Mas visto que a reflexão-noutro, a distinção das partes, é igualmente reflexão em si, então a exteriorização é a mediação por meio da qual a força, que a si retorna, é como força. A sua própria exteriorização é a superação da diversidade dos dois lados, a qual existe nesta relação, e a posição de identidade que *em si* constitui o conteúdo. A sua verdade é, pois, a relação, cujos lados são ambos distintos só como o *interno* e o *externo*.

§ 138

γ) O interno é o fundamento – como ele é simples forma de um *lado* do fenómeno e da relação –, a forma vazia da reflexão em si, a que se contrapõe igualmente a existência como a forma do outro lado da relação, com a determinação vazia da reflexão--noutro enquanto *externo*. A sua identidade é a identidade repleta, o *conteúdo*, a *unidade* da reflexão-em-si e da reflexão-noutro, posta no movimento da força; ambos constituem *uma* mesma totalidade, e esta unidade faz deles um conteúdo.

§ 139

O externo é, pois, *em primeiro lugar, o mesmo conteúdo* que o interno. O que é interno existe também externamente, e de modo inverso; o fenómeno não mostra nada que não esteja na essência, e na essência nada existe que não seja manifestado.

§ 140

Em segundo lugar: o interno e o externo, porém, enquanto determinações formais, também *se contrapõem* e de um modo absoluto como as abstrações da identidade consigo e da simples multiplicidade ou realidade. Mas, por serem essencialmente idênticos enquanto momentos da única forma, o que é posto *apenas* numa abstração é *imediatamente* posto também *apenas* na outra. Por conseguinte, o que é *apenas* o *interno* é assim igualmente *apenas* um *externo*; e o que é *somente* um externo é também *apenas* um *interno*.

O erro comum da reflexão é tomar a *essência* como o simplesmente *interno*. Quando assim se toma simplesmente, também a consideração é de todo *externa* e a essência é a abstração vazia e extrínseca.

No *íntimo* da natureza – diz um poeta[99] –
nenhum espírito criado se adentra;
feliz, se ele conhecer tão somente o invólucro *externo*! (*)

Dever-se-ia antes dizer que justamente quando a essência da natureza lhe é determinada como *algo de interno*, ele conhece apenas o invólucro *externo*. – No ser em geral ou também na perceção meramente sensível, o *conceito* é primeiramente apenas o interno, é algo de externo ao ser – é um ser e um pensamento subjetivo, privado de verdade. – Na natureza, tal como no espírito, enquanto o conceito, o fim e a lei são apenas disposições *internas*, meras possibilidades, constituem primeiramente só uma natureza externa inorgânica, ciência de uma terceira coisa, força estranha, etc.

(*) Veja-se a impaciente exclamação de Goethe, Zur Naturwissensch. I. Bd. 3.º:

Há sessenta anos que isto oiço repetir
E *amaldiçoo-me*, mas às escondidas –
A natureza não tem nem caroço nem invólucro,
Ela é tudo de uma só vez, etc. ...[100] *(Nota de Hegel.)*

A DOUTRINA DA ESSÊNCIA 209

– O homem, tal como é exteriormente, isto é, nas suas ações (não, sem dúvida, na sua exterioridade puramente corporal), é interno; e, quando é só interno, isto é, virtuoso, moral, só nas intenções e disposições, etc., e o seu exterior não é com ele idêntico, então, um é tão oco e vazio como o outro.

§ 141

As abstrações vazias, pelas quais um só e idêntico conteúdo deve estar ainda numa relação, suprimem-se na transição imediata de uma para a outra; o próprio conteúdo nada mais é do que a sua identidade (§ 138), elas são a aparência da essência posta como aparência. Mediante a exteriorização da força, o interno é *posto* na existência; este *pôr* é o *mediar* através de abstrações vazias; esvanece-se em si mesmo para a *imediatidade* na qual o *interno* e o *externo* são idênticos *em si e para si* e a sua diferença é determinada apenas como uma posição. Esta identidade é a *realidade efetiva*.

210 ENCICLOPÉDIA DAS CIÊNCIAS FILOSÓFICAS EM EPÍTOME

C

A REALIDADE EFETIVA

§ 142

A realidade efetiva é a unidade imediatamente ocorrida da essência e da existência, ou do interno e do externo. A manifestação do efetivamente real é o próprio real, de modo que ele permanece nela igualmente essencial e só enquanto é essencial, enquanto é na imediata existência externa.

Já antes se deparou com o *ser* e a *existência* enquanto formas do imediato; o *ser* é, em geral, imediatidade irrefletida e *transição* para outro. A *existência* é unidade imediata do ser e da reflexão, por isso *fenómeno*, promana do fundamento e retorna ao fundamento. O efetivamente real é o *ser posto* daquela unidade, a relação tornada idêntica consigo mesma; é pois subtraído à *transição* e a sua *exterioridade* é a sua energia; ele está nela em si refletido; o seu ser determinado é apenas a *manifestação de si mesmo*, não de um outro.

§ 143

A realidade efetiva, enquanto este concreto, contém as determinações e a sua diferença, é por isso também o evolver das mesmas, de maneira que estão nela ao mesmo tempo determinadas como aparência, como unicamente postas (§ 141). 1) Enquanto *identidade* em geral, ela é, em primeiro lugar, a *possibilidade*; – a reflexão-em-si que, perante a unidade *concreta* do efetivamente real, está posta como a *essencialidade abstrata e inessencial*. A possibilidade é o *essencial* para a realidade efetiva, mas de maneira que é, ao mesmo tempo, *apenas* possibilidade.

A determinação da *possibilidade* é, sem dúvida, a que *Kant* pôde considerar juntamente com a realidade e a necessidade como *modalidades*, «porque estas determinações não aumentam minimamente o conceito enquanto objeto, mas exprimem apenas a relação com a faculdade de conhecer»([101]). De facto, a possibilidade é a abstração vazia da reflexão-em-si, o que antes se chamou o interno; só que agora surge determinado como o interno superado, *apenas posto*, o interno externo e assim, certamente, é também *posto* como uma simples modalidade, como abstração insuficiente e, tomada mais concretamente, como inerente apenas ao pensar subjetivo. Em contrapartida, a realidade efetiva e a necessidade não são verdadeiramente apenas uma simples *espécie e modo* para um outro, mas antes o contrário, são postas como o que não é simplesmente posto, mas sim o concreto em si completado. – Porque a possibilidade é, antes de mais, perante o concreto enquanto efetivamente real, a simples forma da *identidade consigo*, a regra para esta é só que algo não se contradiga em si, e assim *tudo é possível*; pois esta forma de identidade pode, mediante a abstração, dar-se a todo o conteúdo. Mas *tudo* é igualmente *impossível*, porque em todo o conteúdo, visto ser um concreto, se pode conceber a determinidade como antítese determinada e, por conseguinte, como contradição.

Não há, portanto, nenhum discurso mais vazio do que o de uma tal possibilidade e impossibilidade. Sobretudo, nunca na filosofia se deve falar de mostrar *que algo é possível*, ou *que também algo de diferente é possível*, ou que alguma coisa, como de igual modo se diz, é *pensável*. Também o historiador é imediatamente advertido para não usar esta categoria já declarada como não verdadeira; mas a subtileza do entendimento vazio compraz-se muitíssimo na invenção oca de possibilidades e séries de possibilidades.

§ 144

2) Mas o efetivamente real, na sua distinção da possibilidade enquanto reflexão-em-si, é apenas o concreto *extrínseco*, o imediato *inessencial*. Ou imediatamente, enquanto é primeiro (§ 142) a unidade simples e imediata do interno e do externo, o real

212 | ENCICLOPÉDIA DAS CIÊNCIAS FILOSÓFICAS EM EPÍTOME

é o externo *inessencial*; e é assim ao mesmo tempo (§ 140) o que é *unicamente* interno, a abstração da reflexão-em-si; ele próprio é, deste modo, determinado como algo de *meramente* possível. Neste valor de uma simples possibilidade, o real efetivo é algo de *contingente* e, inversamente, a possibilidade é o próprio *acidente* simples.

§ 145

Possibilidade e contingência são os momentos da realidade efetiva, o interno e o externo, postos como meras formas que constituem a *exterioridade* do real efetivo. Têm a sua reflexão-em-si no real *em si* determinado, no *conteúdo*, como sua razão determinante essencial. A finidade do contingente e do possível consiste, pois, mais precisamente, na distinção entre a determinação formal e o conteúdo e, portanto, *se algo é contingente e possível isso concerne ao conteúdo*.

§ 146

A *exterioridade*([102]) da realidade em ato implica mais precisamente que a contingência, enquanto realidade imediata, é o que é idêntico consigo mas essencialmente só como *ser posto*, o qual, porém, é igualmente um ser superado, uma exterioridade existente. Ela é, pois, algo de pressuposto, cujo ser imediato é simultaneamente uma *possibilidade* e tem a determinação de ser superada – a possibilidade de ser um outro – a *condição*.

§ 147

3) Esta exterioridade assim evolvida é um *círculo* das determinações da possibilidade e da realidade imediata, a mediação das mesmas entre si é a *possibilidade real* em geral. Enquanto semelhante círculo é, além disso, a totalidade, portanto, o *conteúdo*, a coisa determinada é em si e para si e igualmente,

segundo a diferença das determinações nesta unidade, a *totalidade* concreta *da forma* para si, o imediato traduzir-se do interno em externo e do externo em interno. Este mover-se da forma é *atividade*, atuação da coisa como do fundamento *real* que se anula e faz realidade efetiva, e atuação da realidade acidental, das condições, a saber, da sua reflexão-em-si e do seu suprimir-se em vista de uma outra realidade, a realidade da *coisa*. Quando estão presentes *todas as condições*, a coisa *deve* tornar-se efetiva e a própria coisa é uma das condições, já que ela própria é, antes de mais, como algo de interno, apenas um pressuposto. A realidade *evolvida*, enquanto alternância coincidente do interno e do externo, alternância dos seus movimentos opostos que estão unidos num único movimento, é a *necessidade*.

A necessidade definiu-se, sem dúvida, corretamente como unidade da possibilidade e da realidade efetiva. Mas expressa apenas assim, esta determinação é superficial e, por isso mesmo, incompreensível. O conceito da necessidade é muito difícil e, decerto, porque ela é o próprio conceito; mas os seus momentos são ainda como realidades, as quais devem, porém, conceber-se ao mesmo tempo só como formas em si quebradas e transeuntes. Importa, pois, nos dois parágrafos seguintes, fornecer de um modo ainda mais pormenorizado a exposição dos momentos que constituem a necessidade.

§ 148

Entre os três momentos, o da *condição*, o da *coisa* e o da *atividade*:

a) a *condição* α) é o pressuposto; enquanto só algo de *posto*, surge apenas como relativa à coisa; mas enquanto *pressuposto*, ela é como que para si – circunstância acidental e externa, que existe sem consideração pela coisa; mas nesta contingência e, ao mesmo tempo, na referência à coisa, que é a totalidade, este pressuposto é um *círculo completo de condições*. β) As condições são *passivas*, utilizam-se como material para a coisa e integram-se

214 | ENCICLOPÉDIA DAS CIÊNCIAS FILOSÓFICAS EM EPÍTOME

assim no *conteúdo* da coisa; são, pois, conformes ao conteúdo e contêm já em si *toda a sua determinação*.

b) A *coisa* é igualmente α) um pressuposto; enquanto *posta*, é só algo de interno e de possível; e como *pressuposta*, é um conteúdo para si independente; β) mediante a utilização das suas condições, obtém a sua existência externa, a realização das suas determinações de conteúdo que, por sua vez, correspondem às condições, de modo que ela também por estas se revela como coisa e delas promana.

c) A *atividade* é α) de igual modo para si autonomamente existente (um homem, um caráter) e tem ao mesmo tempo a sua possibilidade só nas condições e na coisa; β) ela é o movimento para trasladar as condições para a coisa e esta para aquelas enquanto passam para o lado da existência; ou antes, só para tirar a coisa das condições em que ela já é *em si* e para dar existência à coisa mediante a abolição da existência, que as condições têm.

Enquanto estes três momentos têm entre si a forma de *existência independente*, este processo é a necessidade *extrínseca*. – Esta necessidade tem um conteúdo *limitado* à sua coisa. Com efeito, a coisa é o todo na sua determinidade *simples*; mas, porque o todo é na sua forma exterior a si, é também assim externo a si em si mesmo e no seu conteúdo, e esta exterioridade inerente à coisa é a barreira do seu conteúdo.

§ 149

A necessidade é, pois, em si mesma a *única essência* idêntica consigo, mas plena de conteúdo, que aparece em si de um modo tal, que as suas diferenças têm a forma de *reais independentes*; e esta identidade é ao mesmo tempo, enquanto *forma* absoluta, a *atividade* de superação [da imediatidade] na mediação e da mediação na imediatidade. – O que é necessário é mediante um outro, que está cindido no *fundamento mediador* (a coisa e a atividade) e numa *imediata* realidade efetiva, algo de contingente, que é simultaneamente condição. O necessário enquanto é por meio de outro não é em si e para si, mas é algo de simplesmente

A DOUTRINA DA ESSÊNCIA   215

posto. Mas a mediação é também imediatamente a superação de si mesmo; o fundamento e a condição acidental traduzem-se em imediatidade pela qual aquele ser posto se supera em vista da realidade efetiva e a coisa se *funde consigo mesma*. No retorno a si, o necessário *é simplesmente*, como realidade incondicionada. – O necessário é assim, *mediado* por um círculo de circunstâncias: é assim porque as circunstâncias são assim; e conjuntamente é assim, *não mediato* – é assim, porque é!

a) Relação de substancialidade

§ 150

O necessário é em si *relação absoluta*, ou seja, é o processo evolvido (nos parágrafos precedentes) em que a relação se abole em vista da identidade absoluta.

Na sua forma imediata, é a relação da *substancialidade* e *acidentalidade*. A absoluta identidade desta relação consigo é a *substância* enquanto tal, a qual, como necessidade, é a negatividade desta forma da interioridade; põe-se, pois, como *realidade efetiva*, mas é igualmente a *negatividade* deste exterior, negatividade pela qual o efetivo enquanto imediato é apenas algo de *acidental* que, mediante a sua mera possibilidade, transita para uma outra realidade; uma *transição*, que é a identidade substancial enquanto *atividade da forma* (§§ 148 e 149).

§ 151

A substância é, por conseguinte, a totalidade dos acidentes nos quais ela se revela como a sua absoluta negatividade, isto é, como *poder absoluto* e, ao mesmo tempo, como a *riqueza de todo o conteúdo*. Mas tal conteúdo *nada mais é do que a própria manifestação*, enquanto a própria determinidade refletida em si e feita conteúdo é apenas um momento da forma que, no *poder* da substancialidade, passa ([103]). A substancialidade é a absoluta atividade da forma e o poder da necessidade, e todo o conteúdo é apenas um momento que pertence a este processo – a absoluta conversão da forma e do conteúdo entre si.

§ 152

Segundo o momento em que a substância, enquanto poder absoluto, é o poder que *a si se refere* como possibilidade meramente interna e que, portanto, se determina à acidentalidade, e dela é distinta a exterioridade assim posta, é *relação* genuína tal como na primeira forma da necessidade é substância – *relação de causalidade.*

b) Relação de causalidade

§153

A substância é *causa* enquanto em si se reflete contra a sua passagem para a acidentalidade e, deste modo, é a *coisa originária*; mas suprime igualmente a reflexão-em-si ou a sua simples possibilidade, põe-se como o negativo de si mesma e produz assim um *efeito*, uma realidade efetiva, a qual é, portanto, apenas *posta*, mas é mediante o processo do efetuar simultaneamente necessária.

A causa como a *coisa originária* tem a determinação de independência absoluta e de uma subsistência, que se mantém perante o efeito. Mas, na necessidade, cuja identidade é constituída por essa própria originariedade, ela transitou apenas para o efeito. Não há conteúdo algum, enquanto se pode falar ainda de um conteúdo determinado, que não esteja na causa; – essa identidade é o próprio conteúdo absoluto; mas é também igualmente a determinação da forma, a originariedade da causa é superada no efeito, no qual ela *faz* de si um *ser-posto*. Mas a causa não se desvanece assim de maneira que o real fosse só o efeito. Pois o *ser-posto* é também imediatamente removido; e, pelo contrário, a reflexão da causa em si mesma, a sua originariedade; só no efeito é que a causa é real e verdadeiramente causa. Por isso, a causa é em si e para si *causa sui*. – *Jacobi*[104], firme na conceção unilateral da *mediação*, tomou (*Carta sobre Espinosa*, 2.ª edição, p. 416) a *causa sui* (o *efectus sui* é o mesmo), a verdade absoluta da causa, por um mero formalismo[105]. Declarou também que Deus não se devia determinar como fundamento, mas essencialmente como causa; que, além disso, não se consegue o que ele tinha em vista ter-se-ia inferido a partir de uma reflexão mais profunda sobre a natureza da causa. Também na causa *finita* e na sua representação está presente a identidade relativamente ao conteúdo; a chuva, causa, e a humidade, efeito, são uma só e mesma água existente. Quanto à forma, a causa (a chuva) desapareceu no efeito (a humidade); mas assim desaparece também a determinação do efeito, que nada é sem a causa, e resta apenas a indiferente humidade.

A causa no sentido comum da relação causal é *finita*, já que o seu conteúdo é finito (como na substância finita) e enquanto causa e efeito se representam como duas existências autónomas diversas – o que eles, porém, são só quando neles se abstrai da relação de causalidade. Pois, na finidade, fica-se pela *diferença* das determinações formais na sua relação e a causa é alternadamente determinada *também* como algo de *posto* ou como *efeito*; este tem, por seu turno, uma *outra* causa; surge assim também aqui o progresso dos efeitos para as causas até ao infinito. E nasce igualmente o *regresso*, já que o efeito, segundo a sua identidade com a causa, é também determinado como causa e, ao mesmo tempo, como uma *outra* causa que por sua vez tem outros efeitos, e assim sucessivamente até ao infinito.

§ 154

O efeito é *diferente* da causa; enquanto tal, é um *ser-posto*. Mas o ser-posto é igualmente reflexão-em-si e imediatidade, e o agir

218 | ENCICLOPÉDIA DAS CIÊNCIAS FILOSÓFICAS EM EPÍTOME

da causa, o seu pôr é ao mesmo tempo um *pressupor*, enquanto se atém à adversidade do efeito relativamente à causa. Está assim presente uma *outra substância*, à qual sobrevém o efeito. Este, enquanto *imediato*, não é negatividade que a si se refira e seja *ativa*, mas é *passiva*. Como substância, porém, também é ativa, supera a pressuposta imediatidade e o efeito nela posto, *reage*, isto é, supera a atividade da primeira substância, a qual é igualmente a superação da sua imediatidade, ou do efeito nela posto; supera deste modo a atividade da outra e reage. A causalidade passa assim para a relação da *ação recíproca*.

Na ação recíproca, embora a causalidade não esteja ainda posta na sua verdadeira determinação, a progressão das causas e dos efeitos até ao infinito encontra-se verdadeiramente superada como progresso, já que o avançar em linha reta das causas para os efeitos e dos efeitos para as causas está *fletido* e *reingressou em si*. A flexão do progresso infinito para uma relação fechada em si é, como em toda a parte, a simples reflexão: que nessa repetição privada de pensamento é uma só e mesma coisa, a saber, *uma* causa e *outra* ainda e a sua relação recíproca. O desenvolvimento desta relação, a ação recíproca, é, no entanto, em si mesma a alternância do *distinguir*, não já das causas, mas dos momentos, em *cada um dos quais para si* se põe também *o outro* momento, mais uma vez segundo a *identidade* de que a causa no efeito é causa, e inversamente – segundo a sua inseparabilidade.

c) A ação recíproca

§ 155

As determinações estabelecidas na ação recíproca como distintas são α) *em si* a mesma coisa; um dos lados é causa originária, ativa, passiva, etc., como o outro. Igualmente, é uma e mesma coisa pressupor um outro lado e agir sobre ele, a imediata originariedade e o ser-posto mediante a alternância.

A causa tomada como *primeira* é, em virtude da sua imediatidade, *passiva*: é um *ser-posto* e um *efeito*. A distinção das *duas* causas mencionadas é, pois, vazia, e *em si* há apenas uma só causa que se suprime como substância no seu efeito, e só neste seu agir se torna causa independente.

§ 156

[β)] Mas esta unidade é também *para si*, já que toda esta alternância é o próprio *pôr* da causa e só este seu pôr é o seu *ser*. A nulidade das distinções é não só em si, ou uma reflexão nossa (parágrafo anterior), mas a ação recíproca consiste justamente em também, por seu turno, suprimir cada uma das determinações postas e em a converter na oposta, isto é, em *pôr* aquela nulidade dos momentos, que é em si. Na originariedade, põe-se um efeito, isto é, a originariedade é superada; a ação de uma causa torna-se reação, etc.

§ 157

[γ)] Esta pura alternância consigo mesmo é, pois, a *necessidade desvelada* ou *posta*. O vínculo da necessidade enquanto tal é a identidade como ainda *interna* e oculta, porque é a identidade de coisas que se consideram reais, cuja independência, no entanto, deve ser justamente a necessidade. O processo da substância mediante a causalidade e a ação recíproca é, pois, apenas o *pôr*: que a *independência* é a infinita *relação negativa a si* – *negativa* em geral, na qual o distinguir e o mediar se torna numa originariedade de *reais independentes* uns perante os outros – *relação* infinita *a si mesma*, já que a independência dos mesmos é justamente apenas a sua identidade.

§ 158

A *verdade* da *necessidade* é, pois, a *liberdade*, e a *verdade* da *substância* é o *conceito* – a autonomia, que é o repelir-se de si para

220 | ENCICLOPÉDIA DAS CIÊNCIAS FILOSÓFICAS EM EPÍTOME

diferentes elementos autónomos, é, tal como este repelir-se, idêntica consigo, e o movimento recíproco, que permanece *em si mesmo*, é só consigo.

§ 159

O *conceito* é, pois, a *verdade do ser e da essência*, já que o aparecer da reflexão em si mesma é simultaneamente a imediatidade autónoma e este *ser* de diferente realidade é imediatamente só um aparecer *em si mesmo*.

Visto que o conceito se revelou como a verdade do ser e da essência, que nele *ingressaram* como no seu *fundamento*, também *evolveu inversamente* a partir do *ser* como do seu *fundamento*. Aquele lado do processo pode considerar-se um *aprofundamento* do ser em si mesmo, cujo interior foi desvelado mediante tal processo; e este lado pode considerar-se o regresso do *mais perfeito a partir do mais imperfeito*. Visto que semelhante desenvolvimento se considerou apenas segundo o último aspeto, a filosofia foi por isso objeto de uma censura. O conteúdo mais determinado, que aqui os pensamentos superficiais têm do mais imperfeito e do mais perfeito, é a diferença que o ser, enquanto unidade *imediata* consigo, tem em relação ao *conceito*, enquanto *livre mediação* consigo. Uma vez que o *ser* se mostrou como um *momento* do conceito, revelou-se assim como a verdade do ser; como sua reflexão em si e como superação da mediação, ele é o *pressupor* do *imediato* – um pressupor que é idêntico ao retorno a si; tal identidade é que constitui a liberdade e o conceito. Quando, pois, *o momento* se diz imperfeito, o conceito, que é o perfeito, é sem dúvida o que deve evolver a partir do imperfeito, pois é essencialmente a superação do seu pressuposto. Mas, ao mesmo tempo, é somente o que ao pôr-se constitui o pressuposto, como se revelou na causalidade em geral e, mais precisamente, na ação recíproca.

O conceito é assim, na relação ao ser e à essência, determinado a ser a *essência regressada como simples imediatidade ao*

A DOUTRINA DA ESSÊNCIA 221

ser, e cuja aparência tem deste modo realidade efetiva, e a sua realidade é ao mesmo tempo *livre aparecer em si mesma*. O conceito tem assim o ser como sua simples relação a si ou como a imediatidade da sua unidade *em si* mesma; o ser é uma determinação tão pobre, que ela é o mínimo que no conceito se pode mostrar.

A passagem da necessidade à liberdade, ou do real ao conceito, é o mais difícil, porque a realidade autónoma deve pensar-se como tendo a sua substancialidade só na passagem e na identidade com a realidade efetiva autónoma, que é *outra* perante ela; por isso, o conceito é também o mais difícil, porque ele próprio é justamente esta identidade. Mas a substância efetiva como tal, a causa, que no seu ser-para-si nada em si deixa penetrar, está já submetida à *necessidade* ou ao destino de passar para o ser-posto, e esta sujeição é o que há de mais difícil. *Pensar* a necessidade é, pelo contrário, a solução dessa dificuldade; pois é a reunião de si consigo no outro – a *libertação*, que não é a fuga da abstração, mas consiste em se ter a si no outro real, com que o real está vinculado pelo poder da necessidade, não como o outro ser e pôr, mas o seu próprio ser e pôr. Enquanto *existente para si*, esta libertação chama-se *Eu*; enquanto evolve para a sua *totalidade*, tem o nome de *espírito livre*; enquanto sentimento, denomina-se *amor* e, enquanto fruição, chama-se *beatitude*. – A grande intuição da substância espinosista *é só em si* a *libertação* do ser-para-si finito; mas o próprio conceito é *para si* o poder da necessidade e a liberdade *real*.

TERCEIRA SECÇÃO DA LÓGICA

A DOUTRINA DO CONCEITO

§ 160

O conceito é o que é *livre*, é o *poder substancial que é para si*, e é *totalidade*([106]), porque *cada um* dos momentos é o *todo* e é posto com ele como unidade inseparável; o conceito é, pois, na sua identidade consigo, o *determinado em si e para si*.

§ 161

O processo do conceito já não é o passar para ou o aparecer no outro, mas o *evolver*, pois o diferente põe-se imediatamente ao mesmo tempo como idêntico entre si e com o todo, e a determinidade é posta como um livre ser do conceito total.

§ 162

A doutrina do conceito divide-se na doutrina 1) do conceito subjetivo ou *formal*, 2) do conceito enquanto determinado à imediatidade, ou da *objetividade*, 3) da *ideia*, sujeito-objeto, unidade do conceito e da objetividade, absoluta verdade.

A *lógica ordinária* compreende em si apenas as matérias que aqui ocorrem como uma *secção* da *terceira* parte do todo;

contém, além disso, as chamadas leis do pensar acima propostas e, na lógica aplicada, algumas coisas acerca do conhecer, a que se agrega ainda material psicológico, metafísico e, além disso, empírico, porque as formas do pensar acabaram por já não ser suficientes; esta ciência perdeu assim a sua firme direção. – De resto, as formas que, pelo menos, pertenciam ao domínio próprio da lógica tomam-se apenas como determinações do pensar consciente e, claro está, do mesmo só enquanto intelectual, e não já racional.

As determinações lógicas precedentes, as determinações do ser e da essência, não são meras determinações do pensamento: na sua passagem, que é o momento dialético, e no seu retorno a si e na sua totalidade revelam-se como *conceitos*. Mas estes são (cf. §§ 84 e 112) apenas conceitos *determinados*, conceitos em si ou, o que é o mesmo, *para nós*; pois o *outro*, para o qual *passa* toda a determinação, ou no qual ela *aparece* e assim é algo de relativo, não é determinado como *particular*, nem o seu terceiro como o *singular* ou *sujeito*; a identidade da determinação não é *posta* na sua contrária, a sua liberdade, porque ela não é *universalidade*. – O que habitualmente se entende por *conceitos* são *determinações do entendimento*, portanto, somente *representações* gerais: por isso, em geral, determinações *finitas*; cf. § 62.

A lógica do conceito entende-se comummente apenas como ciência *formal*, de tal modo que só tem que ver com a *forma* enquanto tal do conceito, do juízo e do silogismo, mas de nenhum modo lhe interessa se algo é *verdadeiro*; isto dependeria unicamente do *conteúdo*. Se as formas lógicas do conceito fossem realmente recipientes mortos, passivos e indiferentes de representações ou pensamentos, o seu conhecimento seria um saber *histórico* muito supérfluo e dispensável para a verdade. Na realidade, porém, enquanto formas dos conceitos, elas são, pelo contrário, *o espírito vivo do real*; e do real é verdadeiro só o que *por força destas formas, mediante elas* e *nelas* é *verdadeiro*. Mas a verdade das formas por si mesma nunca foi considerada e investigada, como também não a sua conexão necessária.

A DOUTRINA DO CONCEITO 225

A

O CONCEITO SUBJETIVO

a) O conceito como tal

§ 163

O *conceito* como tal contém os momentos da *universalidade*, como livre igualdade consigo mesmo na sua determinidade – *da particularidade*, determinidade em que o universal permanece imperturbavelmente igual a si mesmo; e da *individualidade*, como reflexão em si das determinidades da universalidade e da particularidade; semelhante unidade negativa consigo é o *determinado em si e para si* e, ao mesmo tempo, idêntico consigo, ou o universal.

O individual é o mesmo que o real efetivo em ato, só que aquele promana do conceito, pelo que é *posto*, enquanto universal, como a identidade negativa consigo mesmo. O *real efetivo*, por ser primeiro apenas *em si* ou *imediatamente* à essência e à existência, *pode* agir; mas a individualidade do conceito é simplesmente *o que atua* e, claro está, não já, como a *causa*, com a aparência de produzir um outro, mas o que a *si mesmo* se efetua. – A individualidade não deve, porém, tomar-se no sentido de singularidade *só imediata*, segundo o modo como falamos de coisas, homens singulares; a determinidade da singularidade só ocorre no juízo. Cada momento do juízo é em si mesmo o conceito total (§ 160). Mas a individualidade, o sujeito, é o conceito posto como totalidade.

§ 164

O conceito é o pura e simplesmente *concreto*, porque a unidade negativa consigo enquanto ser-determinado-em-si-e-para-si, que é a individualidade, constitui ela própria a sua relação a si, a universalidade. Os momentos do conceito não podem, pois, separar-se; as determinações da reflexão *devem* apreender-se e valer cada uma para si, separadamente da oposta, mas por a sua *identidade* estar *posta* no conceito, cada um dos momentos pode apreender-se imediatamente só a partir de e com os outros.

Universalidade, particularidade e individualidade tomadas abstratamente são o mesmo que identidade, diferença e fundamento. Mas o universal é o idêntico consigo *expressamente no significado* de que nele se contém ao mesmo tempo o particular e o singular. Além disso, o particular é o diferente ou a determinidade, mas no significado de que ele é o universal em si e como individual. O individual tem também o significado de que ele é *sujeito*, substrato, que contém em si o género e a espécie e ele próprio é substancial. É esta explicitamente *posta* a inseparabilidade dos momentos na sua diferença (§ 160) – a *clareza* do conceito, em que cada diferença não faz nenhuma interrupção e perturbação, mas é igualmente transparente.

Nada é mais habitual do que ouvir dizer que o conceito é *algo de abstrato.* Isto é correto, em parte, porque o seu elemento é o pensar em geral, e não o sensível empiricamente concreto, em parte também, porque o conceito não é ainda a *ideia.* O conceito subjetivo é ainda *formal*, não, porém, como se houvesse de ter ou receber outro conteúdo diferente de si mesmo. – Enquanto própria forma absoluta, o conceito é toda a *determinidade*, mas como ela é na sua verdade. Embora ele seja, pois, abstrato, é também o concreto e, claro está, o pura e simplesmente concreto, o sujeito enquanto tal. O absolutamente concreto é o espírito (ver anotações, § 159) – o conceito, enquanto *existe* como conceito, distinguindo-se da sua objetividade, a qual, porém, não obstante a diferença, permanece a *sua* objetividade. Todo o outro concreto, por mais rico que seja, não é tão intimamente idêntico consigo e, por isso, não é em si mesmo tão concreto; e muito menos ainda o que comummente se entende por concreto, que é uma multiplicidade extrinsecamente congregada. – O que se chama conceitos e, sem dúvida, conceitos determinados, por exemplo, homem, casa, animal, etc., são simples determinações e representações abstratas – abstrações, que tomam do conceito apenas o momento da universalidade e deixam de lado a particularidade e a individualidade, pelo que não evoluíram em si mesmas e assim abstraem justamente do conceito.

§ 165

O momento da *individualidade põe*, à partida, os momentos do conceito como diferenças, pois ela é a reflexão em si negativa do conceito e, por isso, *antes de mais*, o livre diferenciar do mesmo como a *primeira negação*, na qual a *determinidade* do conceito se põe, mas como *particularidade*: isto é, os diferentes elementos têm primeiramente uns perante os outros apenas a determinidade de momentos do conceito e, em segundo lugar, é também *posta* a sua identidade, de que um é o outro; a particularidade *posta* do conceito é o *juízo*.

As espécies habituais de conceitos *claros, distintos* e *adequados* pertencem não ao conceito, mas à psicologia, já que por conceitos claros e distintos se têm em vista *representações*, e conceito claro é uma representação abstrata e determinada como simples, conceito distinto é aquela em que se acentua ainda mais uma *nota*, isto é, qualquer determinidade que sirva de sinal para o conhecer *subjetivo*. Nada proporciona tão bem a marca da exterioridade e da decadência da lógica como a acalentada categoria da *nota*. O termo *adequado* aponta mais para o conceito, e até para a ideia, mas nada exprime a não ser o elemento formal da concordância de um conceito ou, ainda, de uma representação com o seu objeto – com uma coisa exterior. – Aos conceitos ditos *subordinados* e *coordenados* está subjacente a distinção desprovida de conceito do universal e do particular e a sua relação numa reflexão extrínseca. Além disso, a enumeração das espécies de conceitos *contrários* e *contraditórios, afirmativos, negativos*, etc., nada mais é do que

228 | ENCICLOPÉDIA DAS CIÊNCIAS FILOSÓFICAS EM EPÍTOME

uma recolha ao acaso de determinidades do pensamento, as quais pertencem por si à esfera do ser ou da essência – em que já se tomaram em consideração – e nada têm que ver com a própria determinidade do conceito enquanto tal. – As verdadeiras diferenças do conceito, o universal, o particular e o individual, constituem *espécies* de conceitos só enquanto se mantêm separados entre si por uma reflexão extrínseca. A distinção e a determinação imanente do conceito existe no *juízo*, pois julgar é determinar o conceito.

b) *O juízo*

§ 166

O *juízo* é o conceito na sua particularidade, como *relação* diferenciante dos seus momentos, os quais são postos como sendo-para-si e ao mesmo tempo idênticos cada qual consigo, e não uns com os outros.

Naturalmente, no juízo pensa-se primeiro na *independência* dos extremos, do sujeito e predicado, de modo que aquele constitui uma coisa ou uma determinação para si e o predicado é igualmente uma determinação universal fora do sujeito, por exemplo, na minha cabeça – determinação que, em seguida, é unida por mim à outra; e assim se forma o juízo. No entanto, porque a cópula «*é*» assere o predicado a propósito do sujeito, o *subsumir* extrínseco e subjetivo é de novo negado e o juízo toma-se como uma determinação do próprio *objeto*. – O significado *etimológico* do *juízo*(*) na nossa língua alemã é mais profundo e exprime a unidade do conceito como o primigénio e a sua distinção como a partição *originária*, o que o juízo verdadeiramente é.

(*) Em alemão, *juízo* diz-se *Urteil*; etimologicamente «Ur-teil», *Ur*, originário, e *Teil*, parte.

A DOUTRINA DO CONCEITO

O juízo abstrato é a proposição: «o *singular* é o *universal*». Tais são as determinações que o *sujeito* e o *predicado* têm entre si, ao tomarem-se os momentos do conceito na sua imediata determinidade ou primeira abstração. (As proposições: «o *particular* é o *universal*» e «o *singular* é o *particular*» pertencem à ulterior determinação do juízo.) Há que considerar uma espantosa carência de observação o facto de não se encontrar especificado nas lógicas que, em *todo* o juízo, se expressa semelhante proposição: «o *individual é o universal*», ou mais determinadamente: «o sujeito é o predicado» (por exemplo, «Deus é espírito absoluto»). Sem dúvida, as determinações de individualidade e universalidade, sujeito e predicado, são também diferentes, mas nem por isso permanece menos indubitável o *facto* universal de que todo o juízo as assere como idênticas.

A cópula «*é*» vem da natureza do conceito, que é ser na sua exteriorização *idêntico* consigo; o individual e universal, como seus *momentos*, são determinidades que não podem isolar-se. As precedentes determinidades da reflexão têm nas suas relações *também* a referência de uma à outra, mas a sua conexão é apenas o *ter*, não o ser, *a identidade posta como tal*, ou a universalidade. O juízo é, pois, antes de mais, a verdadeira *particularidade* do conceito, visto que é a determinidade ou diferença do mesmo, a qual, porém, permanece *universalidade.*

§ 167

O juízo toma-se habitualmente em sentido *subjetivo* como uma *operação* e forma, que ocorre apenas no pensar *autoconsciente.* Mas esta diferença não existe ainda no lógico, o juízo deve tomar-se de um modo totalmente universal; *todas as coisas são um juízo* – isto é, são *indivíduos*, que em si são uma *universalidade* ou natureza interna; ou um *universal*, que é *individualizado*; a universalidade e individualidade distinguem-se neles, mas são ao mesmo tempo idênticas.

Ao pretenso sentido meramente subjetivo do juízo, como se *eu atribuísse* um predicado a um sujeito, opõe-se a expressão do juízo, que, pelo contrário, é objetiva: «a rosa *é* vermelha», «o ouro *é* metal», etc.; não sou eu quem lhes atribui algo. – Os juízos são diferentes das *proposições*; as últimas contêm uma determinação do sujeito, que não está para eles na relação da universalidade – um estado, uma ação singular e coisas semelhantes: «César nasceu em Roma em tal e tal ano, pelejou na Gália durante dez anos, passou o Rubicão», etc., são proposições, e não juízos. Além disso, é algo totalmente vazio dizer que proposições como: «*Esta noite não dormi bem*», ou ainda «Apresentar armas!» se *podem* reduzir à forma de um juízo. Uma proposição – «passa uma carroça» – só seria um juízo e, claro está, um juízo subjetivo, quando pudesse ser duvidoso se o que se move passando é uma carroça ou se o objeto se move e não antes o ponto de vista, a partir do qual o observamos; quando, pois, o interesse se vota a encontrar a determinação da minha representação ainda não convenientemente determinada.

§ 168

O ponto de vista do juízo é a *finidade*, e a *finidade* das coisas consiste, a partir do mesmo ponto de vista, em que elas são um juízo; em que o seu ser particular e a sua natureza universal (o seu corpo e a sua alma) estão decerto reunidos; de outro modo, as coisas seriam nada; em que, porém, estes seus momentos são já tão diferentes como em geral separáveis.

§ 169

No juízo abstrato: «*o individual é o universal*», o sujeito como aquilo que a si se refere de modo negativo é o imediatamente concreto; o predicado, pelo contrário, é o *abstrato*, o indeterminado, o *universal*. Mas por eles estarem conexos através do «*é*», o predicado deve também conter na sua universalidade a determinidade do sujeito, pelo que ela é a *particularidade*, e a particularidade é a *identidade posta* do sujeito e do predicado; deste modo, enquanto aquilo que é indiferente à diferença de forma, ela é o *conteúdo*.

A DOUTRINA DO CONCEITO

231

O sujeito só no predicado possui a sua explícita determinidade e o seu conteúdo; é, pois, para si uma simples representação ou um nome vazio. Nos juízos: «*Deus* é o que há de mais real, etc.», ou «o *absoluto* é idêntico consigo, etc.», *Deus, o absoluto* é um simples nome; o que o sujeito *é* só no predicado se diz. O que ele, além disso, possa ainda ser como concreto não interessa a *este* juízo (cf. § 31).

§ 170

No tocante à mais precisa especificação do sujeito e do predicado, o *primeiro* enquanto referência negativa a si mesmo (§§ 173, 166, nota), é o sólido fundamento em que o predicado tem o seu subsistir e é idealmente (*inere* ao sujeito); e visto que o sujeito é em geral e *imediatamente* concreto, o conteúdo determinado do predicado é apenas *uma* das *muitas* determinidades do sujeito, e este é mais rico e mais amplo do que o predicado.

Inversamente, o *predicado* enquanto universal subsiste para si e é indiferente a se este é ou não; vai além do sujeito, subsume-o em si e, por seu turno, é mais amplo do que o sujeito. Só o *conteúdo* determinado do predicado (parágrafo precedente) constitui a identidade de ambos.

§ 171

Sujeito, predicado e o conteúdo determinado ou a identidade são primeiro postos no juízo na sua própria relação como *diferentes* e divergentes. Porém, *em si*, isto é, segundo o conceito, são *idênticos*, pois a totalidade concreta do sujeito é ser não uma qualquer multiplicidade indeterminada, mas apenas *individualidade*, o particular e o universal numa identidade, e justamente esta unidade é o predicado (§ 170). – Além disso, na cópula, a *identidade* do sujeito e do predicado é certamente *posta*, mas, antes de mais, apenas como um *é* abstracto. Segundo esta *identidade*, importa também *pôr* o sujeito na determinação do predicado, pelo que este recebe igualmente a determinação

232 | ENCICLOPÉDIA DAS CIÊNCIAS FILOSÓFICAS EM EPÍTOME

do primeiro e a cópula se *enche*. Esta é, por meio da cópula repleta de conteúdo, a *determinação ulterior* do juízo a tornar-se *silogismo*. Antes de mais, a determinação ulterior é no juízo o determinar a *universalidade* inicialmente abstrata e *sensível* como *totalidade, género* e *espécie* e como *universalidade* evolvida *do conceito*.

O conhecimento da determinação ulterior do juízo é que dá uma *conexão* e um *sentido* ao que costuma aduzir-se como as *espécies* do juízo. A enumeração habitual, além de se afigurar como de todo acidental, é algo de superficial e até de confuso e bárbaro na indicação das diferenças. O modo como se distingue um juízo positivo, categórico, assertórico apanha-se, em parte, no ar e, em parte, permanece indeterminado. Os diferentes juízos devem considerar-se derivando necessariamente uns dos outros e *uma ulterior determinação do conceito*, pois o juízo nada mais é do que o conceito determinado.

Em relação às duas precedentes esferas do *ser* e da *essência*, os *conceitos determinados* enquanto juízos são reproduções dessas esferas, mas postas na simples relação do conceito.

α) **Juízo qualitativo**

§ 172

O juízo imediato é o *juízo* do *ser determinado*; o sujeito é posto numa universalidade como seu predicado, o qual é uma qualidade imediata (e, portanto, sensível). 1) Juízo *positivo*: o singular é um particular. Mas o singular *não* é um particular; mais precisamente, semelhante qualidade individual não corresponde à natureza concreta do sujeito. 2) Juízo *negativo*.

Um dos preconceitos essenciais da lógica é que juízos qualitativos – como «a rosa é vermelha» ou «não é vermelha» – podem conter verdade. Podem ser *corretos*, isto é, no âmbito limitado da perceção, do representar e pensar finitos; isto depende do conteúdo, que é igualmente algo de finito

A DOUTRINA DO CONCEITO | 233

e de inverdadeiro para si. Mas a verdade baseia-se apenas na forma, isto é, no conceito posto e na realidade que lhe corresponde; mas semelhante verdade não se encontra no juízo qualitativo.

§ 173

Nesta negação, que é a *primeira*, permanece ainda a *relação* do sujeito ao predicado, o qual é assim algo de relativamente universal, e de que se negou apenas a *determinidade*; («a rosa *não* é vermelha» – contém, pelo facto de ter ainda cor, uma outra cor – o que seria de novo um juízo positivo). Mas o singular também *não* é um universal. Assim 3) o juízo em si decompõe-se *aa)* na vazia relação *idêntica*: o singular é o singular – juízo *idêntico*; e *bb)* como plena incongruência do sujeito e do predicado: o chamado juízo *infinito*.

Exemplos do último são: «o espírito não é elefante», «um leão não é uma mesa», etc. – proposições que são corretas, mas contrassensos, justamente como as proposições idênticas: «um leão é um leão», «o espírito é o espírito». Estas proposições são, sem dúvida, a verdade do juízo imediato, do chamado juízo qualitativo, só que não são em geral juízos e podem apenas ocorrer num pensar subjetivo, o qual pode também ater-se a uma abstração não verdadeira. – Consideradas objetivamente, exprimem a natureza do *ente* ou das coisas *sensíveis*, a saber, que elas se cindem numa identidade *vazia* e numa relação *cheia*, a qual é, porém, o *ser-outro qualitativo das coisas referidas*, a sua plena incongruência.

β) **O juízo de reflexão**

§ 174

O individual como individual (reflexo em si), posto no juízo, tem um predicado perante o qual o sujeito enquanto a si se

234 | ENCICLOPÉDIA DAS CIÊNCIAS FILOSÓFICAS EM EPÍTOME

refere permanece ao mesmo tempo um outro. – Na *existência*, o sujeito já não é imediatamente qualitativo, mas na *relação* e na *conexão com um outro*, com um mundo externo. A *universalidade* recebeu assim o significado desta relatividade. (Por exemplo, útil, nocivo; peso, acidez; impulso, etc.).

§ 175

1) O sujeito, o individual *como* individual (no juízo singular), é um universal. 2) Nesta relação, é elevado acima da sua singularidade. Este alargamento é extrínseco, é a reflexão subjetiva, antes de mais, a *particularidade* indeterminada (no juízo *particular*, que é imediatamente tanto negativo como positivo; – o individual está dividido em si, em parte refere-se a si e, em parte, ao outro). 3) Alguns são o universal, pelo que a particularidade se alargou à universalidade; ou esta, determinada pela individualidade do sujeito, é a *totalidade* (característica comum, a ordinária universalidade da *reflexão*).

§ 176

Por o sujeito ser igualmente determinado como universal, a identidade dele e do predicado, bem como a própria determinação do juízo, *põe-se* como indiferente. A unidade do *conteúdo*, enquanto universalidade idêntica com a negativa reflexão-em-si do sujeito, faz da relação do juízo uma relação *necessária*.

γ) Juízo da necessidade

§ 177

O juízo da necessidade enquanto juízo da identidade do conteúdo na sua diferença 1) contém no predicado, em parte, a *substância* ou a *natureza* do sujeito, o universal *concreto* – o *género*; – em parte, porque o universal tem em si também a determinidade como negativa, contém a determinidade essencial *exclusiva* – a *espécie*; juízo *categórico*.

2) Segundo a sua substancialidade, os dois lados recebem a forma de realidade efetiva independente, cuja identidade é só *interna*; assim, a realidade de um *não* é ao mesmo tempo a *sua*, mas é o ser do *outro*; – juízo *hipotético*.

3) Se na exteriorização do conceito se põe simultaneamente a identidade interna, o universal é o género que, na sua individualidade exclusiva, é idêntico consigo; o juízo, que tem este universal nos seus dois lados – uma vez, como tal e, a outra, como círculo da sua particularização que a si mesma se exclui, de que o «*ou-ou*» e o «*assim-como*» constitui o género – é o *juízo disjuntivo*. A universalidade, primeiro, como género e, agora, também como o âmbito das duas espécies, é assim determinada e posta como totalidade.

δ) **O juízo do conceito**

§ 178

O *juízo* do *conceito* tem como seu conteúdo o conceito, a totalidade em forma simples, o universal com a sua plena determinidade. O sujeito é 1), em primeiro lugar, um individual que tem por predicado a *reflexão* do ser-aí particular sobre o seu universal – a concordância ou não concordância destas duas determinações: bom, verdadeiro, exato, etc. – juízo *assertórico*.

Só o julgar se um objeto, ação, etc. são bons ou maus, verdadeiros, belos, etc. se chama julgar também na vida comum; não se atribuirá a faculdade de juízo a um homem que, por exemplo, sabe fazer os juízos positivos ou negativos: «esta rosa é vermelha», «este quadro é vermelho, verde, poeirento», etc.

Por meio do princípio do saber imediato e da fé, constituiu--se, mesmo na filosofia, como única e essencial forma de doutrina o juízo assertórico, que, na sociedade, ao pretender, ao pretende dever valer por si, surge antes como impróprio. Nas chamadas obras filosóficas que afirmam tal princípio, podem ler-se centenas e centenas de *asserções* acerca da razão, do saber, do pensar, etc., as quais, porque a autoridade externa já não tem muito valor, procuram adquirir credibilidade mediante infinitas repetições de uma e mesma coisa.

§ 179

O juízo assertórico não contém, no seu sujeito logo de início imediato, a relação do particular e universal, que se exprime no predicado. Este juízo é, pois, apenas uma particularidade *subjetiva*, e confronta-o com igual direito ou inconveniente a asserção oposta; é, pois, 2) só um juízo *problemático*. Mas 3) quando a particularidade objetiva é *posta* no *sujeito* e a sua peculiaridade surge como a disposição do seu ser-aí, o sujeito exprime só a referência da mesma à sua determinação, isto é, ao seu género e, portanto, o que (parágrafo precedente) constitui o conteúdo do predicado (*esta* – a individualidade imediata – casa – género –, *assim e assim feita* – penalidade – é boa ou má); – juízo *apodítico*. – Todas *as coisas* são um *género* (a sua determinação ou fim) numa realidade efetiva *individual* de uma disposição *particular*; e a sua finidade é que o particular da mesma pode ser ou não conforme ao universal.

§ 180

Sujeito e predicado são deste modo cada qual o juízo inteiro. A disposição imediata do sujeito manifesta-se primeiro como o *fundamento mediador* entre a individualidade da coisa real e sua universalidade, como o fundamento do juízo. O que efetivamente se põe é a unidade do sujeito e do predicado como o próprio conceito; ele é o preenchimento do vazio «*é*» da cópula, e visto que os seus momentos se distinguem como unidade dos mesmos, como a relação mediadora – o *silogismo*.

A DOUTRINA DO CONCEITO

c) *O silogismo*

§ 181

O silogismo é a unidade do conceito e do juízo; é o conceito como a simples identidade à qual retornam as diferenças de forma do juízo; e o juízo enquanto é simultaneamente posto na realidade, isto é, na diferença das suas determinações. O silogismo é o *racional* e *tudo* o que é racional.

O silogismo costuma expor-se ordinariamente como a *forma do racional*, mas como uma forma subjetiva e sem que entre ela e um outro conteúdo racional, por exemplo, um princípio racional, uma ação racional, ideia, etc., se mostre qualquer conexão. Fala-se em geral muito com frequência da *razão* e apela-se para ela, sem indicar qual a sua *determinidade*, *o que* ela é, e menos ainda se pensa em a conectar com o silogismo. Com efeito, o *silogismo formal* é o racional num modo de tal modo desprovido de razão, que nada tem que ver com um conteúdo racional. Mas, visto que semelhante conteúdo só pode ser racional através da determinidade pela qual o *pensar* é razão, ele só pode ser tal por meio da forma, que é o silogismo. – Este, porém, nada mais é do que o *conceito posto* (desde logo *formalmente*) real, como este parágrafo exprime. O silogismo é, pois, o *fundamento essencial de todo o verdadeiro*; *e a definição do absoluto* é agora esta: o absoluto é o silogismo, ou, exprimindo tal determinação como proposição: «*Tudo é um silogismo.*» Tudo é *conceito*, e o ser-aí é a distinção dos momentos do mesmo, de modo que a sua natureza *universal* confere a si, através da *particularidade*, realidade externa e, deste modo, enquanto negativa reflexão-em-si, faz-se *individual*. – Ou inversamente, o real efetivo é um *singular* que, por meio da *particularidade*, se eleva à *universalidade* e se faz idêntico consigo. – O real é um, mas é igualmente o cindir dos momentos do conceito, e o silogismo é o círculo da mediação dos seus momentos, através dos quais ele se põe como um.

§ 182

O silogismo *imediato* é aquele em que as determinações do conceito figuram como *abstratas* entre si só em relação externa, de modo que os dois *extremos* são a *individualidade* e a *universalidade*; mas o conceito, enquanto meio que a ambas congrega, é de igual modo apenas a *particularidade* abstrata. Os extremos mantêm-se, pois, tanto entre si como perante o seu meio, *indiferentes para si*. Por isso, este silogismo é o racional enquanto privado de conceito – o *silogismo* formal do *entendimento*. – O sujeito vem nele unido a uma *outra* determinidade; ou o universal subsume, através de tal mediação, um sujeito a ele *extrínseco*. No silogismo racional, pelo contrário, o sujeito une-se, pela mediação, *consigo mesmo*. Só assim é sujeito, ou o sujeito é já em si mesmo o silogismo racional.

Na consideração seguinte, o silogismo do intelecto expressa-se, segundo o seu significado ordinário e corrente, no seu modo subjetivo que lhe advém no sentido de que *nós* fazemos tais silogismos. Na realidade, ele é *apenas* um inferir *subjetivo*; isto tem, porém, igualmente o significado objetivo de que ele expressa apenas a *finidade* das coisas, mas no modo determinado que a forma aqui alcançou. Nas coisas finitas, a subjetividade está como coisidade, separável das suas propriedades, da sua particularidade; igualmente separável da sua universalidade, quer enquanto ela é mera qualidade da coisa e a sua conexão externa com outras coisas, quer enquanto é o seu género e conceito.

α) **Silogismo qualitativo**

§ 183

O primeiro silogismo é o *silogismo do ser aí* ou o *silogismo qualitativo*([107]), como se indicou no parágrafo precedente, 1) I–P–U, a saber, um sujeito como individual *é vinculado* por meio de *uma qualidade* a uma *determinidade universal*.

A DOUTRINA DO CONCEITO 239

Aqui, não se atende a que o sujeito (o *terminus minor*) possua ainda outras determinações além da individualidade, e que igualmente o outro extremo (o predicado da conclusão, o *terminus maior*) seja ainda determinado como não apenas um universal; apenas se atende às formas por meio das quais esses termos fazem a conclusão.

§ 184

Este silogismo é α) de todo *contingente* segundo as suas determinações, pois o meio, enquanto particularidade abstrata, é só *uma qualquer determinidade* do sujeito, o qual, como algo de *imediato* e, portanto, de empiricamente concreto, tem várias outras; pelo que pode igualmente vincular-se com *diversas outras* universalidades, do mesmo modo que também uma particularidade *singular* pode ter em si diversas determinidades; por isso, o sujeito, por meio do mesmo *medius terminus*, pode referir-se a *diferentes* universais.

O silogismar formal deixou mais de estar em moda do que, porventura, se terá visto a sua inexatidão e se quis deste modo justificar o seu não uso. Este e o seguinte parágrafo explicam a nulidade de semelhante silogismar para a verdade.

Segundo o que se indicou neste parágrafo, por meio de tais silogismos pode, como se diz, *provar-se* o que há de mais diverso. Requer-se apenas tomar o *medius terminus* a partir do qual se pode fazer a passagem para a determinação desejada. Mas, com um outro *medius terminus*, é possível *provar* qualquer outra coisa, e até mesmo o contrário. – Quanto mais concreto é um objeto tanto mais lados ele tem, que lhe pertencem e podem servir de «*mediis terminis*». Qual dos lados seja mais essencial do que os outros deve, por seu turno, fundar-se num tal silogismar que se atém à determinidade singular e pode facilmente encontrar para esta um lado e um *aspeto*, segundo o qual ele se pode fazer *valer* como *importante* e *necessário*.

§ 185

β) Este silogismo é igualmente contingente pela forma da *relação*, que nele se encontra. Segundo o conceito do silogismo, o verdadeiro é a relação dos elementos diferentes com o auxílio de um meio, que é a sua unidade. Mas as relações dos extremos com o meio (as chamadas *premissas*, a *maior* e a *menor*) são antes relações *imediatas*.

A contradição do silogismo exprime-se, por sua vez, por meio de um *progresso* infinito, como exigência de que as premissas devem cada qual demonstrar-se por meio de um silogismo; mas, visto que este tem justamente duas premissas imediatas, tal exigência repete-se, claro está, duplicando-se incessantemente *até ao infinito*.

§ 186

O que aqui (em virtude da importância empírica) se notou como *deficiência* do silogismo, ao qual se atribui nesta forma a absoluta exatidão, deve na determinação ulterior do silogismo remover-se por si. Aqui, no interior da esfera do conceito, como no juízo, a determinidade *oposta* não existe simplesmente *em si*, mas é *posta*; e, assim, também para a ulterior determinação do silogismo importa apenas acolher o que de cada vez se põe por meio dele.

Mediante o silogismo imediato, I-P-U, o *individual* é mediado com o universal e posto na *conclusão* como *universal*. O individual, enquanto sujeito, e assim também como universal, é agora deste modo a unidade dos dois extremos e o mediador: o que dá a *segunda figura* do silogismo, 2) U-I-P. Esta exprime a verdade da primeira, a saber, a mediação aconteceu na individualidade e, por isso, é algo de acidental.

§ 187

A segunda figura combina o universal (que da conclusão precedente sobressaía determinado por meio da individualidade e, por isso, assume agora o lugar do sujeito imediato) com o particular. O *universal* é, por conseguinte, mediante esta conclusão, posto como particular, logo, como o mediador dos extremos, cujos lugares os outros agora tomam; a *terceira figura* do silogismo: 3) P-U-I.

As chamadas figuras do silogismo (Aristóteles conhece com razão apenas *três*; a *quarta* é um acrescentamento supérfluo, e até absurdo, de tempos mais recentes) põem-se lado a lado na discussão ordinária que delas se faz, sem que se pense minimamente em mostrar a sua necessidade e, menos ainda, o seu significado e o seu valor. Não é, pois, de admirar que as figuras tenham sido mais tarde tratadas como um formalismo vazio. Elas têm, porém, um sentido muito profundo, que assenta na necessidade de que *cada momento*, enquanto determinação do conceito, se torne ele próprio no *todo* e no *fundamento mediador*. – Que outras determinações devam ter as proposições, se devem ser universais, etc., ou negativas, para produzir uma conclusão *exata* nas várias figuras, eis uma investigação *mecânica* que, por causa do seu mecanismo vazio e da sua carência de significado, caiu com razão no esquecimento. – Acerca da importância de tal investigação e do silogismo intelectual em geral, de nenhum modo se pode apelar para Aristóteles, o qual, sem dúvida, descreveu estas e ainda outras inumeráveis formas do espírito e da natureza e investigou e expôs a sua determinidade. Nos seus *conceitos* metafísicos e também nos *conceitos* do natural e do espiritual, estava tão longe de querer fazer da forma do silogismo intelectual a base e o critério, que se poderia dizer que nem sequer um único destes conceitos se poderia ter originado ou admitido, se houvesse de se submeter às leis do entendimento. Mas em muitas descrições e determinações intelectualísticas que Aristóteles, segundo o seu modo peculiar, aduz domina sempre nele o conceito *especulativo*; e o silogismar intelectual, que ele pela primeira vez expôs de modo tão determinado, não penetra nesta esfera com o seu consentimento.

242 | ENCICLOPÉDIA DAS CIÊNCIAS FILOSÓFICAS EM EPÍTOME

§ 188

Visto que cada momento percorreu o lugar do meio e dos extremos, *suprimiu-se* a sua *diferença* determinada entre um e outro, e o silogismo tem logo como sua relação, nesta forma da indistinção dos seus momentos, a identidade intelectual extrínseca, a *igualdade*; – o silogismo *quantitativo* ou *matemático*. Quando duas coisas são *iguais* a uma terceira, são iguais entre si.

§ 189

Deste modo se chegou logo à *forma* 1) de que cada momento obteve a determinação e o lugar do *meio*, portanto, do todo em geral, e perdeu assim *em si* a unilateralidade da sua abstração (§§ 182 e 184); 2) de que a *mediação* (§ 185) foi levada a cabo igualmente só *em si*, a saber, só como um *círculo* de mediações que se pressupõem umas às outras. Na primeira figura I-P-U, as duas premissas, I-P e P-U, não estão ainda mediadas; aquela é mediada na terceira e esta na segunda figura. Mas cada uma das duas figuras pressupõe, para a mediação das suas premissas, também as duas outras figuras.

Pelo que a unidade mediadora do conceito deve pôr-se não já como particularidade abstrata, mas como unidade *evolvida* da individualidade e da universalidade e, claro está, em primeiro lugar, como unidade *reflexa* destas determinações; a *individualidade* determinada *ao mesmo tempo* como universalidade. Tal meio proporciona o *silogismo de reflexão*.

β) Silogismo de reflexão

§ 190

O meio, em primeiro lugar, 1) não só como determinidade abstrata, *particular*, do sujeito, mas, ao mesmo tempo, *como todos os singulares* sujeitos *concretos*, aos quais advém também aquela determinidade, só juntamente com as outras proporciona o silogismo *da totalidade*. A premissa maior, que tem por sujeito a

A DOUTRINA DO CONCEITO 243

determinidade particular, o «*terminus medius*», como totalidade, *pressupõe*, pelo contrário, ela própria a *conclusão*, que devia ter aquela por pressuposto. Por isso, a maior funda-se 2) na *indução*, cujos meios são os individuais completos como tais, a, b, c, d, etc. Mas, visto que a individualidade imediata e empírica é diversa da universalidade e, por isso, não tem completude alguma, a indução funde-se 3) na *analogia*, cujo meio é um individual, mas no sentido da sua universalidade essencial, do seu género ou da sua determinidade essencial. – O primeiro silogismo refere-se, para a sua mediação, ao segundo, e o segundo ao terceiro; mas este exige igualmente uma universalidade em si determinada ou a individualidade como género, após as formas da relação extrínseca de individualidade e universalidade terem sido percorridas nas figuras do silogismo de reflexão.

Por meio do silogismo da totalidade, retifica-se a deficiência indicada no § 184, da forma fundamental do silogismo intelectual, mas só de modo a nascer a nova deficiência, isto é, que a premissa maior pressupõe o que devia ser conclusão, e pressupõe-na como uma proposição que, por isso mesmo, é *imediata*. «Todos os homens são mortais, *logo*, Caio é mortal» – «Todos os metais são condutores elétricos, logo, por exemplo, também o cobre.» Para poder enunciar as premissas maiores, que exprimem os indivíduos *imediatos* como *todos* e devem ser essencialmente proposições *empíricas*, é preciso que já *antes* se tenham constatado como exatas para si as proposições acerca do indivíduo Caio, do cobre *singular*. – Com razão, impõe-se à atenção de todos não só o pedantismo, mas também o formalismo vazio de silogismos como: «Todos os homens são mortais, ora Caio é homem, etc.»

γ) **Silogismo da necessidade**

§ 191

Este silogismo, tomado segundo as suas determinações meramente abstratas, tem como meio o *universal*, do mesmo

244 | ENCICLOPÉDIA DAS CIÊNCIAS FILOSÓFICAS EM EPÍTOME

modo que o silogismo de reflexão tem a *individualidade* – este na segunda, aquele na terceira figura (§ 187): o universal posto como essencialmente determinado em si. Em primeiro lugar, 1) o *particular* é, no significado de *género* ou *espécie* determinada, a especificação mediadora – no silogismo *categórico*; 2) o *individual*, no significado do ser imediato de que ele é tanto mediador como mediado, é a própria determinação – no silogismo *hipotético*; 3) se o *universal*, que é mediador, se põe também como totalidade das suas *particularizações* e como um particular *singular*, individualidade exclusiva – tem-se o silogismo *disjuntivo*; – de modo que um e mesmo universal nestas determinações é como se apenas aí se encontre nas formas da diferença.

§ 192

O silogismo tomou-se segundo as diferenças que contém; e o resultado geral do decurso das mesmas é que aí acontece o suprimir-se das diferenças e do estar-fora-de-si do conceito. E, claro está, 1) cada um dos próprios momentos mostrou-se como a *totalidade* dos momentos e, por conseguinte, como silogismo inteiro – eles são, pois, idênticos *em si* e 2) a *negação* das suas diferenças e da respetiva mediação constitui o *ser-para-si*; de modo que um só e mesmo universal é o que se encontra nestas formas e assim se põe também como a sua identidade. Na idealidade dos momentos, o silogismar obtém a determinação de conter essencialmente a *negação* das determinidades, através das quais se passa, e de ser assim uma mediação através da eliminação da mediação e ainda uma conexão do sujeito, não já com um *outro*, mas com o outro *negado, consigo mesmo*.

§ 193

A *realização* do conceito, em que o universal é a *única* totalidade a si regressada e cujas diferenças são igualmente esta totalidade e que, pela eliminação da mediação, se determinou como unidade *imediata* – é o *objeto*.

Por mais estranha que, à primeira vista, possa parecer a passagem do sujeito ao objeto, do conceito em geral e, mais precisamente, do silogismo, sobretudo quando se tem diante de si apenas o silogismo intelectual e o silogismar como ato da consciência – não se pode simultaneamente estar ansioso por querer tornar esta passagem plausível à representação. Apenas se pode relembrar se a nossa representação ordinária do que se chama *objeto* corresponde aproximadamente ao que aqui constitui a determinação do objeto. Mas, por objeto, não costuma entender-se apenas um ser abstrato, ou uma coisa existente ou, em geral, algo de efetivamente real, mas também algo de independente, concreto e *completo* em si; esta completude é a *totalidade do conceito*. Que o *objeto* seja também *ob-jecto* e *externo* a um outro, isto determinar-se-á depois, enquanto ele se põe em *antítese* ao *subjetivo*; mas aqui, onde ele se considera como aquilo para que o conceito passou a partir da sua mediação, é só objeto *imediato*, ingénuo, do mesmo modo que o conceito só na oposição ulterior é determinado como o *subjetivo*.

Além disso, o *objeto* é, em geral, o todo *uno*, ainda ulteriormente indeterminado em si, o mundo objetivo em geral, Deus, o objeto absoluto. Mas o objeto tem igualmente a diferença, fraciona-se na multiplicidade indeterminada (como *mundo* objetivo e cada um dos seres *individualizados* é também um objeto, um ser-aí concreto, completo e autónomo).

Assim como a objetividade se comparou com o ser, a existência e a realidade efetiva, assim também a passagem à existência e à realidade efetiva (pois o ser é o primeiro imediato, totalmente abstrato) se deve comparar com a passagem à objetividade. O *fundamento*, a partir do qual brota a existência, a *relação* reflexiva, que se suprime na realidade efetiva, nada mais são do que o *conceito posto* ainda incompletamente, ou são apenas lados seus abstratos – o fundamento é a sua *unidade* só essencial, a relação é apenas a conexão dos lados *reais*, que só *em si* devem ser *reflexos*; – o conceito é a unidade dos dois e o objeto é unidade não só essencial, mas universal em si, contendo em si não só diferenças reais, mas as mesmas como totalidade.

246 | ENCICLOPÉDIA DAS CIÊNCIAS FILOSÓFICAS EM EPÍTOME

De resto, é claro que em todas estas passagens se trata de algo mais do que demonstrar simplesmente a inseparabilidade do conceito ou do pensar quanto ao ser. Muitas vezes se notou que o *ser* nada mais é do que a simples relação a si mesmo e que esta pobre determinação está, além disso, contida no conceito ou também no pensar. O significado destas passagens não é acolher determinações como apenas *contidas* (como também acontece na argumentação ontológica acerca da existência de Deus mediante a proposição de que o ser é *uma das* realidades), mas apreender o conceito, tal como ele *deve* primeiramente ser para si determinado como conceito, com o qual a longínqua abstração do ser ou também da objetividade nada tem ainda que ver, e na determinidade do mesmo enquanto determinidade do *conceito* ver apenas se e que ela passa para uma forma, a qual é diversa da determinidade, tal como ela pertence ao conceito e *nele* aparece.

Se o produto desta passagem, o objeto, se põe em relação com o conceito, que além se desvaneceu segundo a sua forma peculiar, então, o resultado pode assim exprimir-se *exatamente*: *em si*, o conceito ou também, se se quiser, a subjetividade, e o objeto são o *mesmo*. Mas igualmente *exato* é que eles são *diferentes*; visto que uma coisa é tão correta como a outra, uma é assim tão falsa como a outra; semelhante modo de expressão é incapaz de representar a verdade do facto. Aquele *em-si* é um abstrato e ainda mais unilateral do que o próprio conceito, cuja unilateralidade em geral se elimina em virtude de o conceito se superar, pondo-se como objeto, como unilateralidade oposta à outra. Pelo que também aquele em-si deve, mediante a negação de si mesmo, determinar-se como ser-para-si. E, em todo o caso, a identidade especulativa não é a trivial de que o conceito e o objeto são em si idênticos – observação que se repetiu bastantes vezes, mas não poderia repetir-se o suficiente, quando a intenção houvesse de ser a de pôr fim aos equívocos insípidos e totalmente malévolos em torno da identidade; o que, no entanto, não é judiciosamente de esperar.

De resto, a unidade tomada de um modo totalmente geral, sem se considerar a forma unilateral do seu *ser-em-si* é, como se sabe, a unidade que se pressupõe na *prova ontológica* da existência de Deus e, claro está, como *o mais perfeito.* Em *Anselmo*, no qual ocorre pela primeira vez o pensamento altamente notável desta prova, fala-se, sem dúvida, de início apenas de se um conteúdo existe somente no *nosso pensar.* As suas palavras são, em resumo, estas: «Certe id, quo majus cogitari nequit, non potest esse in intellectu solo. Si enim vel in solo intellectu est, potest cogitari *esse et in re*: quod majus est. Si ergo id, quo majus cogitari non potest, est in solo intellectu, id ipsum, quo majus cogitari non potest, est, quo majus cogitari potest. Sed certe hoc esse non potest.» [108] – As coisas *finitas,* segundo as determinações em que aqui nos encontramos, consistem em que a sua objetividade não está em consonância com o pensamento das mesmas, isto é, com a sua determinação universal, com o seu género e o seu fim. Descartes e Espinosa, etc., expressaram esta unidade mais objetivamente, mas o princípio da certeza imediata ou da fé apresenta-a antes segundo o modo subjetivo de Anselmo, a saber, que à representação de Deus está inseparavelmente ligada a determinação do seu ser *na nossa consciência.* Quando o princípio desta fé concebe também as representações [109] das coisas externas finitas na inseparabilidade da consciência das mesmas e do seu ser, porque *na intuição* estão conexas com a determinação da existência, isto é certamente exato. Mas constituiria a maior absurdidade se se quisesse significar que, na nossa consciência, a existência se encontra conexa com a representação das coisas finitas do mesmo modo que com a representação de Deus; esquecer-se-ia que as coisas finitas são mutáveis e passageiras, isto é, que a existência está vinculada a elas só de um modo transitório; que esta conexão não é eterna, mas separável. Por isso, Anselmo, ao descurar a conexão com que se depara nas coisas finitas, só declarou, com razão, como perfeito o que não existe meramente de um modo subjetivo, mas existe ao mesmo tempo de um modo objetivo. Todos os ares de superioridade contra a chamada prova ontológica e contra a determinação anselmiana do perfeito não levam a nada, porque ela retorna, tanto no ingénuo bom senso como em toda a filosofia, mesmo

248 | ENCICLOPÉDIA DAS CIÊNCIAS FILOSÓFICAS EM EPÍTOME

sem se saber e se querer: por exemplo, no princípio da fé imediata.

Mas a deficiência própria da argumentação de Anselmo, deficiência que é igualmente partilhada por Descartes, Espinosa e pelo princípio do saber imediato, é que esta *unidade*, a qual se enuncia como o perfeitíssimo ou também subjetivamente como o verdadeiro saber, é *pressuposta*, ou seja, assume-se apenas como unidade *em si*. A esta identidade, que é, pois, abstrata, contrapõe-se logo a *diversidade* das duas determinações, como também há muito aconteceu contra Anselmo, isto é, na realidade, a representação e a existência do *finito* contrapõe-se ao infinito, pois, como antes se observou, o finito é uma objetividade que não é ao mesmo tempo adequada ao fim, à sua essência e ao conceito, e é dele diferente; – ou é uma representação, algo de subjetivo, que não implica a existência. Esta objeção e oposição só se desfaz mostrando que o finito é o não verdadeiro; que as determinações são *para si* unilaterais e nulas, e que a identidade é, por conseguinte, aquela para a qual elas próprias transitam e na qual são reconciliadas.

B

O OBJETO

§ 194

O objeto é ser imediato pela indiferença quanto à distinção, que nele se superou; e é em si totalidade e, ao mesmo tempo – porque tal identidade é *em si* só a identidade dos momentos –, é também indiferente quanto à sua unidade imediata; é um cindir-se em seres distintos, cada um dos quais é ele próprio a totalidade. Por isso, o objeto é a *contradição* absoluta da autonomia completa do múltiplo e da igualmente completa dependência da mesma.

A definição – «*o absoluto é o objeto*» – está contida do modo mais determinado na *mónada leibniziana*, que deve ser um objeto, mas dotado *em si* de representações e, claro está, a totalidade da representação do mundo; na sua unidade simples, toda a diferença está só como ideal, como algo de não autónomo. Na mónada, nada vem de fora; ela é em si o conceito total, apenas distinto mediante o seu próprio maior ou menor desenvolvimento. Também esta totalidade simples se cinde na absoluta multiplicidade das diferenças, de modo que elas são mónadas independentes. Na mónada das mónadas e na harmonia preestabelecida dos seus desenvolvimentos internos, as substâncias são de novo reduzidas à independência e à idealidade. A filosofia leibniziana é, portanto, a *contradição* plenamente desenvolvida.

a) O mecanismo

§ 195

O objeto 1) na sua imediatidade é o conceito só *em si*, tem este primeiramente *fora de si*, e toda a determinidade se põe

250 ENCICLOPÉDIA DAS CIÊNCIAS FILOSÓFICAS EM EPÍTOME

como extrínseca. Como unidade dos diferentes, o objeto é, pois, um composto, um agregado, e a sua eficácia sobre o outro permanece uma relação extrínseca – o *mecanismo formal*. – Os objetos permanecem nesta relação de dependência também independentes, oferecendo resistência uns aos outros *externamente*.

Assim como a pressão e a colisão são relações mecânicas, assim também nós sabemos mecanicamente, *de cor*, quando as palavras são para nós sem significado e permanecem extrínsecas ao sentido, à representação, ao pensar; são igualmente exteriores a si mesmas, uma sequência privada de significado. A ação, a devoção, etc., é igualmente *mecânica* quando aquilo que o homem faz é determinado por leis de cerimonial, por um diretor espiritual, etc., e o seu próprio espírito e vontade não se encontra nas suas ações, as quais são nele, portanto, extrínsecas.

§ 196

A falta de autonomia, segundo a qual o objeto sofre *violência*, ele só a tem (parágrafo precedente) enquanto é independente; e, como conceito posto em si, uma destas determinações não se suprime na outra, mas o objeto, mediante a negação de si, a sua não autonomia, conjunge-se a si e é então independente. De igual modo, na diferença em relação à exterioridade e negando esta na sua independência, o objeto é a [independência] *unidade negativa* consigo, *centralidade*, subjetividade – na qual o próprio objeto se dirige e refere ao extrínseco. O objeto externo é igualmente central em si e assim referido também apenas ao outro centro; tem de igual modo a sua centralidade no outro; – 2) mecanismo *diferente* (gravitação, desejo, tendência social, etc.).

§ 197

O desenvolvimento desta relação forma o silogismo: a negatividade imanente como individualidade *central* de um objeto

A DOUTRINA DO CONCEITO   251

(centro abstrato) refere-se aos objetos dependentes como ao outro extremo, por ação de um meio que reúne em si a centralidade e a não autonomia dos objetos (centro relativo); – 3) *mecanismo absoluto.*

§ 198

O silogismo exposto (I-P-U) é uma tríade de silogismos. A má *individualidade* dos objetos dependentes, em que o mecanismo formal é autóctone, é também enquanto dependência a universalidade *extrínseca.* Por conseguinte, estes objetos são também o *meio* entre o centro *absoluto* e o *relativo* (a forma do silogismo U-I-P); com efeito, é mediante esta dependência que os dois são separados e extremos, como também se referem um ao outro. De igual modo, a *centralidade absoluta,* como aquilo que é substancialmente unilateral (a gravidade, que permanece idêntica) e que, enquanto pura negatividade, inclui em si a individualidade, é a mediadora entre o *centro relativo* e os objetos *dependentes* (a forma do silogismo P-U-I); e, claro está, é tão essencial segundo a sua individualidade imanente, enquanto algo de dirimente, como é essencial segundo a universalidade, enquanto vínculo de identidade e ser em si imperturbado.

Como o sistema solar, assim, por exemplo, no campo prático o Estado é um sistema de três silogismos. 1) O *indivíduo* (a pessoa) conjunge-se, pela sua *particularidade* (as necessidades físicas e espirituais – o que ulteriormente desenvolvido dá a sociedade civil), com o *universal* (a sociedade, o direito, a lei, o governo). 2) A vontade, a atividade dos indivíduos, é a mediadora que proporciona satisfação às necessidades na sociedade, no direito, etc., e dá também cumprimento e realização à sociedade, ao direito, etc.; 3) mas o *universal* (Estado, governo, direito) é o meio substancial em que os indivíduos e a sua satisfação têm e recebem a sua plena realidade, mediação e subsistência. Cada uma das determinações, em virtude de a mediação as unir com o outro extremo, conjunge-se precisamente aí consigo mesma, produz-se e esta produção é autoconservação. – Só mediante a natureza desta conjunção, por meio da tríade de silogismos compostos com os mesmos *termini*, é que um todo se pode verdadeiramente entender na sua organização.

§ 199

A *imediatidade* da existência, que os objetos têm no mecanismo absoluto, é negada *em si* enquanto a sua independência é mediada por meio das relações de uns nos outros, portanto, por meio da sua dependência. Assim, o objeto deve pôr-se como *diferente* na sua *existência* ante o *seu* outro.

b) *O quimismo*

§ 200

O *objeto diferente* tem uma *determinidade* imanente, que constitui a sua natureza e na qual tem a existência. Mas, enquanto totalidade posta do *conceito*, ela é a contradição da sua totalidade e da determinidade da sua existência; é, pois, o esforço por superar a tal contradição e por igualar a sua existência ao conceito.

§ 201

O processo químico tem, pois, como produto a *neutralidade* dos seus extremos em tensão, neutralidade que eles são *em si*; o conceito, o universal concreto, conjunge-se por meio da diferença dos objetos, a particularização, com a individualidade, o produto, e assim apenas consigo mesmo. Neste processo, estão igualmente contidos os outros silogismos; a individualidade, como atividade, é também a mediadora, tem como o universal concreto, a essência dos extremos em tensão, que vem à existência no produto.

§ 202

O quimismo, como relação reflexa de objetividade com a natureza diferente dos objetos, tem ainda ao mesmo tempo como pressuposto a independência *imediata* dos mesmos. O processo é o andar de cá para lá de uma forma para outra, que permanecem ao mesmo tempo ainda externas a si. – No produto neutral, estão suprimidas as propriedades determinadas que os extremos tinham um perante o outro. O produto é bem conforme ao conceito, mas o princípio *animador* da diferenciação não existe nele enquanto recaído na imediatidade: o neutral é, pois, algo de separável. Mas o princípio judicativo, que dirime o neutral em extremos diferentes e dá ao objeto indiferente em geral a sua diferença e animação ante um outro, e o processo como separação tensiva caem fora daquele primeiro processo.

§ 203

Mas a *exterioridade* dos dois processos – a redução do diferente ao neutral e a diferenciação do indiferente ou neutral –, que os faz aparecer como independentes um perante o outro, mostra a sua finidade no passar para produtos, onde eles se suprimem. Inversamente, o processo exibe como nula a imediatidade pressuposta dos objetos diferentes. Mediante a *negação* da exterioridade e da imediatidade, em que o conceito estava imerso como objeto, ele é posto *livremente* e *para si* contra a exterioridade e imediatidade – *como fim.*

c) Teleologia

§ 204

O fim é o conceito que entrou em livre existência, o conceito que *é-para-si* mediante a *negação* da subjetividade imediata. Ele é determinado como *subjetivo*, pois esta negação é antes de

254 | ENCICLOPÉDIA DAS CIÊNCIAS FILOSÓFICAS EM EPÍTOME

mais *abstrata* e, por isso, só se lhe contrapõe em primeiro lugar também a objetividade. A determinidade da subjetividade é, porém, unilateral quanto à totalidade do conceito e, claro está, *para o próprio conceito*, pois toda a determinidade se pôs nele como superada. Assim, também o objeto pressuposto é para ele apenas uma realidade ideal, *em si nula*. Enquanto contradição da sua identidade consigo perante a negação e a antítese nele posta, ele próprio é o superar, a *atividade* de negar a antítese, de modo a pô-la idêntica consigo. Eis a *realidade do fim* em que ele, ao fazer-se o outro da sua subjetividade e ao objetivar-se, superou a diferença de ambos, se conjungiu *apenas consigo* e se *conservou*.

O conceito de fim declarou-se, por um lado, supérfluo e chamou-se acertadamente *conceito de razão* e contrapôs-se ao abstrato universal do entendimento, o qual só *subsumindo* se refere ao particular e não o tem em si. – Além disso, é da maior importância a diferença do fim como *causa final* em relação à *causa* meramente *eficiente*, isto é, à causa assim habitualmente chamada. A causa pertence à necessidade ainda não desvelada, à necessidade cega; aparece, pois, como passando para o seu outro e nele perdendo a sua originariedade, ao ser posta; só em si ou para nós é que a causa se torna no efeito causa e retorna *a si*. Pelo contrário, o fim é posto para conter *em si mesmo* a determinidade ou o que além aparece ainda como um outro – o efeito –, de maneira que ele na sua eficiência não passa, mas mantém-se, isto é, atua-se só a si mesmo e é no *fim* o que era no *princípio*, na originariedade; por meio desta autoconservação é que ele é o verdadeiramente originário. – O fim exige uma conceção especulativa, como o conceito, que também contém na própria *unidade* a *idealidade* das suas determinações, o *juízo* ou a negação, antítese do subjetivo e do objetivo, e assim a superação desta mesma antítese. No fim, não se deve pensar apenas na forma em que ele está na consciência como uma determinação existente na representação. Com o conceito de finalidade *interna*, *Kant* suscitou de novo a Ideia em geral e, em especial, a da vida. A definição, que *Aristóteles* oferece

A DOUTRINA DO CONCEITO

da vida, contém já a finalidade interna ([110]) e, por isso, está infinitamente acima do conceito da teleologia moderna, a qual só tem diante de si a finalidade *finita, externa*.

A necessidade, a tendência são os exemplos mais próximos do fim. São a contradição *sentida*, que ocorre dentro do próprio sujeito *vivo*, e ingressam na atividade de negar a negação, a qual é ainda simples subjetividade. A *satisfação* estabelece a paz entre o sujeito e o objeto, pois o objetivo que na contradição (a necessidade) ainda existente está *do outro lado* é igualmente negado nesta sua unilateralidade por meio da sua união com o subjetivo. – Os que tanto falam da solidez e insuperabilidade do finito, tanto do subjetivo como do objetivo, têm em cada tendência o exemplo do contrário. A tendência é, por assim dizer, a *certeza* de que o subjetivo é apenas unilateral e não tem verdade alguma, como tão-pouco o objetivo. A tendência é, além disso, a *execução* desta sua certeza; leva a cabo a superação da oposição – entre o subjetivo, que é e permanece apenas um subjetivo, e o objetivo, que é e permanece igualmente só um objetivo – e desta sua finidade.

Na atividade do fim, pode ainda atentar-se em que no *silogismo*, que ela é, de conjungir consigo o fim através do meio da realização, aparece essencialmente a negação dos *termini*; – a negação justamente mencionada da subjetividade imediata, que ocorre no fim como tal, e ainda da objetividade *imediata* (do meio e dos objetos pressupostos). É a mesma negação que se pratica na elevação do espírito a Deus, em confronto com as coisas contingentes do mundo, e também com a própria subjetividade; é o momento que, como se mencionou na *Introdução* e no § 192, se passa por alto e se descura na forma dos silogismos intelectuais, que se dá a esta elevação nas chamadas provas da existência de Deus.

§ 205

A relação teleológica é, enquanto imediata, ao mesmo tempo a finalidade *externa*, e o conceito está perante o objeto como ante algo de *pressuposto*. O fim é, pois, *finito*, em parte segundo o *conteúdo*, em parte porque tem num objeto preexistente, enquanto *material* da sua realização, uma condição externa; a sua autodeterminação é, pois, apenas *formal*. Mais precisamente, a imediatidade faz que a *particularidade* (que, como *determinação formal*, é a *subjetividade* do fim) em si reflexa, isto é, o *conteúdo*, apareça como *distinta* da *totalidade* da forma, da subjetividade *em si*, do conceito. Esta diversidade constitui a *finidade* do fim *dentro de si mesmo*. O conteúdo também é, por conseguinte, algo de limitado, de contingente e de dado, do mesmo modo que o objeto é algo de particular e de fortuito.

§ 206

A relação teleológica é o silogismo em que o fim subjetivo se conjunge com a objetividade a ele externa por ação de um meio termo, que é a unidade de ambos, como a *atividade conforme ao fim*, e como a objetividade posta *imediatamente* sob o fim, o *meio*.

§ 207

1) O fim *subjetivo* é o silogismo em que o conceito *universal*, mediante a particularidade, se conjunge com a individualidade, de tal modo que esta, enquanto autodeterminação, *julga*, isto é, tanto particulariza o universal ainda indeterminado e dele faz um *conteúdo* determinado como também põe a *antítese* de subjetividade e objetividade; – e nesta mesma é simultaneamente o retorno a si, pois ela determina como deficiente a subjetividade do conceito, pressuposta perante a objetividade, em comparação com a totalidade em si congregada; e, assim, vira-se *para fora*.

§ 208

2) *A atividade virada para fora*, enquanto *individualidade* – no fim subjetivo, idêntica à particularidade, na qual, além do conteúdo, está também *incluída* a objetividade externa –, refere-se, primeiro, *imediatamente* ao objeto e apossa-se dele como de um

meio. O conceito é este *poder* imediato, porque é a negatividade idêntica consigo, na qual o *ser* do objeto é inteiramente determinado como *ideal*. – O *meio termo íntegro* é o poder interno do conceito como *atividade,* com a qual o *objeto* é unido imediatamente como *meio* e sob a qual se encontra.

Na fidelidade finita, o meio é o que está *fraturado* em dois momentos extrínsecos um ao outro, a atividade e o objeto, que serve de meio. A relação do fim como *poder* sobre o objeto e a sujeição do mesmo a si é *imediata* – é a *primeira premissa* do silogismo –, enquanto no conceito como na idealidade que é para si o objeto é posto como nulo *em si*. Esta relação ou primeira premissa *torna-se ela própria no meio,* que é ao mesmo tempo o silogismo *em si,* pois, o fim, através desta relação, da sua atividade, na qual está contido e permanece dominante, conjunge-se com a objetividade.

§ 209

3) A atividade conforme ao fim está ainda com o seu meio virada para fora, porque o fim é também *não* idêntico com o objeto; por conseguinte, deve também, primeiro, ser mediado com o mesmo. O meio, como objeto, está, nesta *segunda premissa,* em relação *imediata* com *outro* extremo do silogismo, a objetividade como pressuposto, o material. Esta relação é a esfera do mecanismo e quimismo, que agora *servem* o fim, cuja verdade e livre conceito ele é. O fim subjetivo, pois, como o poder que atua nos processos em que o *objetivo* se desvanece e nega juntamente, conserva-se a si mesmo *fora desses processos* e é o que neles *se conserva:* eis a *astúcia* da razão.

§ 210

O fim realizado é, portanto, a *unidade posta* do subjetivo e do objetivo. Mas esta unidade é essencialmente de tal modo determinada, que o subjetivo e o objetivo se neutralizam e negam só segundo a sua *unilateralidade*; o objetivo é, porém, sujeitado e feito conforme ao fim enquanto livre conceito, e assim poder sobre o mesmo. O fim *mantém-se* perante o objetivo e no objetivo, porque, além de ser o subjetivo *unilateral*, o particular, é também o universal concreto, é entidade que é em si de ambos. Este universal, como simplesmente reflexo em si, é o *conteúdo*, o qual permanece o *mesmo* através de todos os três termos do silogismo e do seu movimento.

§ 211

Na finalidade finita, porém, o fim levado a cabo é também algo de assim partido em si, como era o meio e o fim inicial. Obteve-se, pois, apenas uma forma, posta *exteriormente* no material preexistente, a qual, em virtude do conteúdo limitado do fim, é igualmente uma determinação acidental. O fim alcançado é, por conseguinte, só um objeto e é também, por seu turno, meio ou material para outros fins, e assim até ao *infinito.*

§ 212

Mas o que acontece *em si* no realizar-se do fim é a superação da *subjetividade unilateral* e da aparência da autonomia objetiva perante ela existente. Na captação do meio, o *conceito* põe-se como a essência, que é *em si*, do objeto; no processo mecânico e químico, a autonomia do objeto já *em si* se dissipou e, no seu decurso, sob o domínio do fim, remove-se a *aparência* daquela autonomia, o negativo *perante o conceito*. Mas, em virtude de o fim realizado se determinar *apenas* como meio e material, o objeto é ao mesmo tempo já posto como nulo em si, como unicamente ideal. Assim se desvanece também a antítese de *conteúdo* e *forma*. Visto que o fim se conjunge consigo mesmo mediante a superação das determinações formais, a forma, enquanto *idêntica* consigo, põe-se como conteúdo, de maneira que o *conceito*, enquanto *atividade da forma*, só a *si* se tem por *conteúdo*. Por conseguinte, é através deste processo em geral que se *põe* o que era o *conceito* do fim, a unidade que *é em si* do subjetivo e do objetivo, agora *como sendo para si – a Ideia.*

C

A IDEIA

§ 213

A ideia é o verdadeiro *em si e para si, a unidade absoluta do conceito e da objetividade.* O seu conteúdo ideal nada mais é do que o conceito nas suas determinações; o seu conteúdo real é apenas a sua exibição, que o conceito a si mesmo dá na forma de existência externa, e esta forma, incluída na idealidade dele, no seu poder, conserva-se assim na ideia.

A definição *do absoluto,* de que ele é a *ideia,* é ela própria absoluta. Todas as definições até agora dadas remontam a esta. – A ideia é *a verdade*; pois, a verdade é a correspondência entre a objetividade e o conceito – não que as coisas externas correspondam às minhas representações; estas só são representações *corretas,* que *eu* tenho como *este* indivíduo. Na ideia, não se trata deste, nem de representações, nem de coisas externas. – Mas também *tudo* o que é efetivo, enquanto é algo de verdadeiro, é a ideia e tem a sua verdade só mediante e em virtude da ideia. O ser singular é um lado qualquer da ideia; para esta, requerem-se ainda, pois, outras realidades efetivas que, por sua vez, surgem como particularmente existentes para si; só nelas em conjunto e na sua relação é que se realiza o conceito. O singular para si não corresponde ao seu conceito; a limitação da sua existência constitui a sua finidade e a sua ruína.

A própria ideia não se pode tomar como uma ideia *de qualquer coisa,* como também não o conceito simplesmente como conceito determinado. O absoluto é a universal e *única* ideia que, *ao julgar,* se particulariza no *sistema* das ideias determinadas, as quais, porém, só o são retornando à única ideia, à sua verdade. Por força deste juízo, a ideia é, *antes de mais,* apenas a única e universal *substância,* mas a sua realidade efetiva, evolvida e verdadeira é ser como *sujeito* e, portanto, como espírito.

260 | ENCICLOPÉDIA DAS CIÊNCIAS FILOSÓFICAS EM EPÍTOME

A ideia, enquanto não tem como seu ponto de partida e de apoio uma *existência*, toma-se com frequência como algo de lógico simplesmente formal. Importa deixar semelhante conceção àqueles pontos de vista, nos quais a coisa existente e todas as ulteriores determinações, que ainda não penetraram até à ideia, se consideram as chamadas *realidades* e verdadeiras *efetividades*. – Igualmente falsa é a representação da ideia como algo de puramente abstrato. Ela assim é decerto, enquanto devora em si tudo o que *não é verdadeiro*; mas, em si mesma, é essencialmente *concreta*, porque é o livre conceito que se determina a si mesmo e, deste modo, como realidade. Ela só seria o formalmente abstrato quando o conceito, que é o seu princípio, se tomasse como a unidade abstrata, e não, como ele é, enquanto *retorno negativo de si a si* e como *subjetividade*.

§ 214

A ideia pode conceber-se como a *razão* (é este o próprio significado filosófico de *razão*); além disso, como o *sujeito-objeto*, como a *unidade do ideal e do real, do finito e do infinito, da alma e do corpo*; como a *possibilidade que tem em si própria a sua realidade efetiva*; como aquilo cuja *natureza só* pode *conceber-se como existente*, etc.; porque nela todas as relações do entendimento estão contidas, mas no seu *infinito* retorno e identidade em si.

O entendimento tem um trabalho fácil em mostrar tudo o que se diz da ideia como em si *contraditório*. Isto pode pagar-se-lhe na mesma moeda ou, antes, já está efetuado na ideia; – é um trabalho que é um trabalho da razão e, claro está, não tão fácil como o seu. – Quando o entendimento mostra que a ideia se contradiz a si mesma, porque, por exemplo, o subjetivo é apenas subjetivo e o objetivo se lhe contrapõe; que o ser é algo de inteiramente diverso do conceito e, por conseguinte, não pode extrair-se do mesmo; e, igualmente, que o finito é só finito e justamente o contrário do infinito e, portanto, não pode com ele ser idêntico, e assim sucessivamente através de todas as determinações; a lógica demonstra antes o oposto, a saber, que o subjetivo, que deve ser só subjetivo, o finito, que deve ser só finito, e infinito, que deve ser só infinito, e assim por diante, não tem nenhuma verdade, contradiz-se e passa para o seu contrário; pelo que esta passagem e a unidade em que os extremos estão como superados, como uma aparência ou momentos, se revela como a sua verdade.

O entendimento, que se aplica à ideia, comete um duplo erro; *em primeiro lugar*, toma os *extremos* da ideia – exprimam-se como se quiser, contanto que sejam na sua *unidade* – ainda no sentido e no significado em que *não* estão na sua unidade concreta, mas são ainda *abstrações* fora delas mesmas: não menos desconhece ele a *relação*, mesmo quando ela já expressamente se põe; assim, por exemplo, passa por alto até a natureza da *cópula* no juízo que, acerca do singular, do sujeito, enuncia que o singular não é singular, mas universal. – *Em segundo lugar*, o entendimento tem a *sua* reflexão – a saber, que a ideia consigo idêntica contém o *negativo* de si mesma, a contradição – por uma reflexão *extrínseca*, que não cabe na própria ideia. Na realidade, porém, esta não é uma sabedoria peculiar ao entendimento, mas a ideia é ela própria a dialética que, eternamente, separa e distingue o idêntico consigo do diferente, o subjetivo do objetivo, o finito do infinito, a alma do corpo, e só assim é criação eterna, eterna vida e espírito eterno. Visto que a ideia é assim também a passagem ou, antes, o traduzir-se em *entendimento abstrato*, é igualmente *razão eterna*; é a dialética que leva o intelectual, o diverso, a entender-se de novo além da sua natureza finita e da falsa aparência da autonomia das suas produções, e o reconduz à unidade. Uma vez que este movimento duplo não é temporal, nem de maneira alguma é separado e diverso – de outro modo, seria apenas novamente entendimento abstrato –, a ideia é o eterno intuir de si mesma no outro; o conceito que a *si mesmo* se cumpriu na sua objetividade, o objeto, que é *finalidade interna*, subjetividade essencial.

Os *diversos modos* de conceber a ideia como unidade do ideal e do real, do *finito* e do *infinito*, da *identidade* e da *diferença*, e assim por diante, são mais ou menos *formais*, porque designam um qualquer estádio do *conceito determinado*. Só o próprio conceito é livre e o verdadeiramente *universal*; na ideia, pois, a sua determinidade é também apenas ele próprio; uma objetividade em que ele se continua como universal e na qual tem apenas a sua determinidade própria e total. A ideia é o *juízo infinito*, de que cada um dos lados é a totalidade independente, e justamente porque cada um aí se cumpre e passa também para o outro. Nenhum dos outros conceitos determinados é a totalidade completa nos seus dois lados, isto é, o próprio *conceito* e a *objetividade*.

§ 215

A ideia é essencialmente *processo*, porque a sua identidade só é identidade absoluta e livre do conceito enquanto é a absoluta negatividade e, por isso, é dialética. Ela é o decurso em que o conceito, enquanto universalidade que é individualidade, se determina como objetividade e como antítese perante a mesma; e a exterioridade, que tem o conceito como sua substância, reconduz-se à *subjetividade* por meio da sua dialética imanente.

Porque a ideia *a)* é *processo*, a expressão para o absoluto «a *unidade* do finito e do infinito, do pensar e do ser, etc.», como muitas vezes se recordou, é falsa; com efeito, a unidade exprime a identidade abstrata, que persiste em *repouso*. Porque ela *b)* é *subjetividade*, aquela expressão é igualmente falsa, pois a unidade exprime o *em si*, o *substancial* da verdadeira unidade. O infinito aparece assim como apenas *neutralizado* com o finito e, deste modo, o subjetivo com o objetivo, o pensar com o ser. Mas na unidade *negativa* da ideia, o infinito trasborda o finito, o pensar o ser, a subjetividade a objetividade. A unidade da ideia é subjetividade, pensamento, infinidade e, por isso, deve distinguir-se essencialmente da ideia como *substância*, do mesmo que a subjetividade *transbordante*, o pensamento e a infinidade se devem distinguir da subjetividade *unilateral* do pensamento unilateral, da infinidade unilateral a que ela, ao julgar e ao definir, se abaixa.

a) *A vida*

§ 216

A ideia *imediata* é a *vida*. O conceito, enquanto alma, realiza-
-se num corpo de cuja exterioridade aquela é a *universalidade*
imediata, que a si mesma se refere; e é igualmente a sua *particularização*, de maneira que o corpo não exprime nenhuma
outra diferença a não ser as determinações do conceito; por
fim, é a *individualidade* como infinidade negativa – a dialética
da sua objetividade disjunta, que da aparência da subsistência
autónoma é reconduzida à subjetividade, de modo que todos
os membros são assim reciprocamente *meios* momentâneos e
também fins momentâneos; a vida, por ser a particularização
inicial, resulta como a unidade *negativa* que é *para si* e se conjunge
na corporeidade, enquanto dialética consigo mesma. – Pelo que
a vida é essencialmente o *vivente* e, segundo a sua imediatidade,
este vivente, *singular*. A finidade tem nesta esfera a determinação de, em virtude da imediatidade da ideia, a alma e o corpo
serem *separáveis*; isto constitui a mortalidade do vivente. Mas
só enquanto o vivente é morto é que os dois lados da ideia são
elementos constitutivos diversos.

§ 217

O vivente é o silogismo cujos momentos são também sistemas e silogismos (§§ 198, 201, 207) em si, os quais, porém, são
silogismos ativos, processos, e na unidade subjetiva do vivente
constituem apenas um *único* processo. O vivente é, pois, o processo da sua conjunção consigo mesmo, que decorre ao longo
de *três processos*.

§ 218

1) O primeiro é o processo do vivente *dentro* de si mesmo,
no qual se dirime em si mesmo e da sua corporeidade faz o seu

objeto, a sua *natureza inorgânica*. Esta, enquanto é o relativamente extrínseco, apresenta-se em si mesma na diferença e antítese dos seus momentos, que se abandonam reciprocamente e se assimilam um ao outro e, produzindo-se a si mesmos, se mantêm. A atividade dos membros, é, porém, só a atividade do sujeito, à qual as suas produções retornam, de modo que somente aí o sujeito se produz, isto é, apenas se reproduz.

§ 219

2) O juízo do conceito prossegue, enquanto livre, em remover de si o *objetivo*, como uma totalidade independente, e a relação negativa do vivente consigo forma, como individualidade *imediata*, o *pressuposto* de uma natureza inorgânica que se lhe contrapõe. Dado que o negativo é igualmente momento conceptual do próprio vivente, encontra-se neste, que é ao mesmo tempo universal concreto, como uma *deficiência*. A dialética pela qual o objeto se elimina como nulo *em si* é a atividade do vivente consciente de si mesmo, o qual *neste processo, ante uma natureza inorgânica, se conserva a si mesmo, se desenvolve e objetiva.*

§ 220

3) O indivíduo vivente, que no seu primeiro processo se comporta como sujeito e conceito em si, por meio do segundo apropria-se da sua objetividade extrínseca e *põe* assim *em si* a determinidade real, pelo que é agora *em si género*, universalidade substancial. A particularização da mesma é a relação do sujeito a *um outro sujeito* do seu género, e o juízo é a relação do género aos indivíduos assim reciprocamente determinados; – a *diferença dos sexos.*

§ 221

O processo do *género* induz este ao *ser-para-si*. O produto do processo, porque a vida é ainda a ideia imediata, cinde-se em dois

A DOUTRINA DO CONCEITO

265

lados; segundo *um*, o indivíduo vivente em geral, que primeiro se pressupôs como imediato, surge agora como algo de mediado e de *gerado*; segundo o *outro*, porém, a *individualidade* viva que, em virtude da sua primeira *imediatidade*, se comporta *negativamente* em relação à universalidade, *subjaz* a esta como a uma força.

§ 222

Mas a ideia da vida libertou-se assim não só de *qualquer* «este» *imediato* (particular), mas da primeira imediatidade em geral; vem assim *para si*, para a sua *verdade*; e entra *na existência* como *livre género para si mesmo*. A morte da vitalidade, que é só imediata e individual, é o *emergir do espírito*.

b) *O conhecer*

§ 223

A ideia existe livre *para si*, enquanto tem a universalidade como elemento da *sua existência*, ou a própria objetividade está como conceito e a ideia tem-se a si mesma por objeto. A sua subjetividade determinada como universalidade é *pura distinção dentro* de si – é um intuir que se mantém nesta universalidade idêntica. Mas, enquanto distinção determinada, ela é, além disso, o *juízo* de se afastar de si enquanto totalidade e, claro está, de se *pressupor*, em primeiro lugar, como *universo externo*. São dois juízos que *em si* são idênticos, mas ainda não estão *postos* como idênticos.

§ 224

A conexão das duas ideias, que *em si* ou como vida são idênticas, é pois a *relativa* – o que constitui a determinação da *finidade* nesta esfera.

É a *relação reflexiva*, visto que a distinção da ideia em si mesma é só o *primeiro* juízo, o *pressupor* que ainda não é *um pôr*; por

266 | ENCICLOPÉDIA DAS CIÊNCIAS FILOSÓFICAS EM EPÍTOME

isso, em vez da ideia subjetiva é a objetiva, o mundo *fortuito* imediato, ou a ideia como vida na aparição da *existência individual*. Conjuntamente, enquanto este juízo é puro distinguir *dentro* dela mesma (parágrafo precedente), é *para si* ela mesma e a *sua outra*, de modo que é a *certeza* da identidade *intrínseca* do mundo objetivo com ela. – A razão vem ao mundo com a fé absoluta de poder pôr a identidade e elevar a sua certeza à *verdade*, e com o impulso de também pôr como nula a oposição, que *para ela* é *em si* nula.

§ 225

Este processo é, em geral, *o conhecer. Nele*, supera-se em si, num *só* ato, a antítese, a unilateralidade da subjetividade com a unilateralidade da objetividade. Mas esta superação acontece primeiro só em si; o processo como tal está, pois, imediatamente enredado na finidade desta esfera e cinde-se no *duplo* movimento, posto como diverso, da tendência – a remover a unilateralidade da *subjetividade* da ideia mediante a assunção do mundo *existente*, em si, no representar subjetivo e no pensar, e a encher a certeza abstrata de si mesma com um *conteúdo* que é a objetividade, a qual assim vale como verdadeira – e, inversamente, a remover a *unilateralidade* do mundo objetivo que, pelo contrário, aqui vale só como uma *aparência*. Uma compilação de acidentalidades e de formas em si nulas; a determiná-la e a informá-la graças à *interioridade* do subjetivo, que aqui vale como o objetivo que verdadeiramente é. Esse é o impulso do saber para a verdade, o *conhecer como tal* – a atividade *teorética*; – e este é o impulso do *bem* para o seu próprio cumprimento – o *querer*, a atividade *prática* da ideia.

α) **O conhecer**

§ 226

A finidade universal do conhecer, que reside num único juízo, no *pressuposto* da oposição (§ 224), ante o qual o próprio

A DOUTRINA DO CONCEITO   267

ato do conhecer é a contradição introduzida, determina-se mais precisamente na sua própria ideia, a saber, os seus momentos recebem a forma da diversidade uns dos outros, e visto que são completos vêm a estar entre si na relação da reflexão, e não do conceito. A assimilação da matéria como de um dado aparece, pois, como a *assunção* da mesma nas determinações do conceito que, ao mesmo tempo, lhe permanecem *extrínsecas*, e que igualmente se apresentam na diversidade umas perante as outras. Esta é a razão como *entendimento*. A verdade a que chega este conhecer é, pois, de igual modo a verdade *finita*; a verdade infinita do conceito enxerga-se como um objetivo que apenas é *em si*, um *além* para o próprio conhecer. Mas, na sua ação extrínseca, encontra-se sob a guia do conceito, e as suas determinações constituem o fio interno do progresso.

§ 227

O conhecer finito, em virtude de pressupor o *diferente* como algo de fortuito e que se lhe contrapõe – os diversos *factos* da natureza externa ou da consciência –, tem 1) em primeiro lugar, para a forma da sua atividade, a *identidade formal*, ou a *abstração* da universalidade. Por conseguinte, esta atividade consiste em resolver o concreto dado, em isolar as suas diferenças e dar-lhes a forma da *universalidade abstrata*; ou em deixar o concreto como *fundamento* e, mediante a abstração das particularidades que parecem inessenciais, relevar um universal concreto, o *género*, ou a força e a lei; – *método analítico*.

§ 228

Esta *universalidade* é 2) também uma universalidade *determinada*; a atividade prossegue aqui nos momentos do conceito, o qual, no *conhecer* finito, não está na sua infinidade, é o *conceito intelectual determinado*. A assunção do objeto nas formas do mesmo é o *método sintético*.

§ 229

aa) O objeto, trazido primeiramente do conhecer para a forma do conceito determinado em geral, de modo que assim se põe o seu género e a sua universal *determinidade*, é a *definição*. O material e a fundamentação desta fornecem-se através do método analítico (§ 227). No entanto, a determinidade deve ser apenas uma *nota*, isto é, deve servir o propósito do conhecer, é extrínseco ao objeto e é apenas subjetivo.

§ 230

bb) A indicação do segundo momento do conceito, da determinidade do universal como *particularização*, é a *divisão*, segundo um aspeto extrínseco qualquer.

§ 231

cc) Na *individualidade concreta*, em que a determinidade, simples na definição, se concebe como uma relação, o objeto é uma relação sintética de determinações *distintas* – um *teorema*. A sua identidade, porque são diversas, é uma identidade *mediada*. O fornecimento do material, que constitui os membros intermédios, é a *construção*, é a própria mediação, de que promana a necessidade daquela relação para o conhecer, é a *prova*.

Segundo o modo ordinário de indicar as diferenças dos métodos sintético e analítico, parece como totalmente arbitrário qual deles se queira usar. Quando se *pressupõe* o concreto, que, segundo o método sintético, se expõe como *resultado*, podem analisar-se como *consequências* as determinações abstratas dele derivadas, as quais constituem os *pressupostos* e o *material* para a prova. As *definições* algébricas das linhas curvas são *teoremas* no procedimento da geometria; assim, por exemplo, o teorema de Pitágoras, tomado como

A DOUTRINA DO CONCEITO 269

definição do triângulo retângulo, produziria mediante a análise os teoremas que, em vista dele, se demonstraram antes na geometria. A arbitrariedade da escolha funda-se na proveniência tanto de um como de outro método a partir de um *pressuposto extrínseco*. Segundo a natureza do conceito, o que é primeiro é a análise, pois tem de elevar primeiro a matéria dada e empírico-concreta à forma de abstrações universais, que só depois podem propor-se como definições no método sintético.

É evidente que estes métodos, tão essenciais e de resultados tão brilhantes no seu campo peculiar, não podem utilizar-se no conhecer filosófico, pois têm pressupostos, e o conhecer comporta-se aí como entendimento e como prossecução na identidade formal. Em *Espinosa*, que utilizou sobretudo o método geométrico e, claro, para conceitos *especulativos*, o formalismo desse método chama logo a atenção. A filosofia wolffiana, que se transforma no mais amplo pedantismo, é também, segundo o seu conteúdo, metafísica intelectualista. – Para o lugar do abuso, que se praticou na filosofia e nas ciências com o formalismo dos métodos, entrou, em tempos recentes, o abuso da chamada *construção*. Por meio de *Kant*, entrou em voga a ideia de que a matemática constrói os seus *conceitos* ([111]); isto quer apenas dizer que ela *não* lida com *conceitos*, mas com determinações abstratas das *instituições sensíveis*. Chamou-se, pois, *construção de conceitos* à indicação de determinações *sensíveis*, captadas da *perceção*, com negligência do conceito, e ao ulterior formalismo de classificar objetos filosóficos e científicos tabelarmente, segundo um esquema pressuposto e, de resto, segundo o arbítrio e o bel--prazer. Existe aí, no fundo, uma obscura representação da *ideia*, da unidade *do conceito e da objetividade*, e também do caráter concreto da ideia. Mas o jogo do chamado construir está muito longe de representar a unidade, que é só o *conceito* como tal; e tão-pouco o sensível concreto da intuição é um concreto da razão e da ideia.

De resto, porque a *geometria* tem que ver com a intuição *sensível*, mas *abstrata*, do espaço, pode sem obstáculos fixar nele simples determinações intelectuais; por isso, só ela possui o método sintético do conhecer finito na sua perfeição. No seu curso, porém – o que é muito digno de nota –, esbarra por fim contra *incomensurabilidades* e *irracionalidades* em que, se quiser ir mais longe no determinar, é *impelida* além do princípio intelectual. Também aqui, como noutros casos frequentes, ocorre na terminologia a distorção de se chamar *racional* ao que é meramente *intelectual*, e de, pelo contrário, se considerar o *irracional* um começo e um vestígio da racionalidade. Outras ciências, quando chegam ao limite da sua prossecução intelectual – o que lhes acontece necessariamente e com muita frequência, visto que não se encontram na simplicidade do espaço ou do número –, facilmente se desenvencilham. Rompem a consequência de tal prossecução e aceitam o que precisa, muitas vezes, o contrário do que antes se admitiu, a partir de fora, da representação, da opinião, da perceção, ou seja donde for. A inconsciência do conhecer finito acerca da natureza dos seus métodos e da sua relação com o conteúdo não deixa discernir que, na sua progressão por meio de definições, partições, etc., ele é guiado pela necessidade das *determinações conceptuais*, nem onde se aproxima do seu limite nem que, uma vez este ultrapassado, se encontra num campo em que as determinações do entendimento, que ele, no entanto, grosseiramente ainda aí usa, já não têm valor algum.

§ 232

A *necessidade* que o conhecer finito suscita na *prova* é, em primeiro lugar, uma necessidade externa, determinada apenas para o discernimento subjetivo. Mas na necessidade enquanto tal, o conhecer abandonou também o seu pressuposto e o seu ponto de partida – o *caráter fortuito* e o *ser dado* do seu conteúdo. A necessidade como tal é, em si, o conceito que a si mesmo se refere. A ideia subjetiva chegou, pois, em si ao que é determinado em si e para si, ao *não dado* e, por conseguinte, ao *imanente* em si mesmo como num *sujeito*, e passa para a *ideia* do *querer*.

A DOUTRINA DO CONCEITO

271

β) O querer

§ 233

A ideia subjetiva – como o determinado em si e para si, e como *conteúdo* igual a si mesmo e simples – é o *bem*. A sua tendência a realizar-se tem a relação inversa quanto à ideia do verdadeiro, e vira-se antes para determinar, segundo o seu fim, o mundo que lhe é dado. – O *querer* tem, por um lado, a certeza da *nulidade* do objeto pressuposto, mas, por outro, enquanto finito, pressupõe ao mesmo tempo o fim do bem como ideia apenas *subjetiva* e também a *independência* do objetivo.

§ 234

A finidade desta atividade é, pois, a *contradição* de que, nas determinações, elas próprias contradizendo-se, do mundo objetivo, o *fim do bem* é tanto levado a cabo como não, é posto tanto como inessencial como essencial, como um real e, ao mesmo tempo, como apenas possível. Esta contradição apresenta-se como o *progresso infinito* da realização do bem, que aí se enxerga apenas como um *dever ser*. Mas o desvanecimento de tal contradição é *formal*, no sentido de que a atividade supera a subjetividade do fim e, deste modo, a objetividade, a antítese, pela qual ambas são finitas, e não apenas a unilateralidade *desta* subjetividade, mas essa em universal; uma *outra* subjetividade semelhante, isto é, uma *nova* produção da antítese, não é distinta da que devia ser antecedente. Este retorno a si é ao mesmo tempo a *interiorização* do *conteúdo* em si, o qual é o *bem* e a identidade, que é em si, dos dois lados – é a interiorização do pressuposto do procedimento teórico (§ 224), de que o objeto é nele o que é substancial e verdadeiro.

§ 235

A *verdade* do bem põe-se assim como a unidade da ideia teórica e prática, de modo que o bem em si e para si se obtém – o mundo objetivo é assim em si e para si a ideia, tal como ela se põe ao mesmo tempo eternamente como *fim* e pela atividade produz a sua realidade efetiva. – Esta vida, regressada a si a partir da diferença e da finidade do conhecer e tornada idêntica consigo pela atividade do conceito, é a *ideia especulativa ou absoluta*.

c) A *ideia absoluta*

§ 236

A ideia, como unidade da ideia subjetiva e objetiva, é o conceito da ideia, para o qual a ideia como tal é o objeto, e perante o qual ela se comporta como objeto; – um objeto em que todas as determinações se encontram reunidas. Esta unidade é, pois, a *verdade absoluta e inteira*, a ideia que se pensa a si mesma e é aqui, claro está, ideia pensante, ideia *lógica*.

§ 237

A *ideia absoluta*, porque nenhuma passagem ou pressuposto e, em geral, nenhuma determinidade nela há que não seja fluente e transparente, é para si a *pura forma* do conceito, que intui o *seu conteúdo* como ela própria. É *conteúdo* para si, enquanto é o ideal distinguir-se a si mesma de si; e uma das coisas distintas é a identidade consigo mesma, mas na qual se contém a totalidade da forma como sistema das determinações do conteúdo. Este conteúdo é o sistema *do lógico*. Como *forma*, nada resta aqui à ideia senão o *método* deste conteúdo – o saber determinado acerca do valor dos seus momentos.

§ 238

Os momentos do método especulativo são α) o *começo*, que é o *ser* ou o *imediato*; é para si pela simples razão de que é o

A DOUTRINA DO CONCEITO 273

começo. Mas, do ponto de vista da ideia especulativa, ele é o *autodeterminar-se* desta, que, enquanto absoluta negatividade ou movimento do conceito, *julga* e se põe a si como o negativo de si mesmo. O *ser*, que para o começo enquanto tal aparece como afirmação abstrata, é antes a *negação*, o *ser posto*, o ser mediado em geral e o ser *pressuposto*. Mas como negação do *conceito*, que no seu ser-outro é simplesmente idêntico consigo e é a certeza de si mesmo, é o conceito ainda não posto como conceito, ou o conceito *em si*. – Este ser, enquanto é o conceito ainda indeterminado, isto é, determinado só em si ou imediatamente, é igualmente o *universal*.

O *começo*, no sentido do ser imediato, toma-se a partir da intuição e da perceção – é o começo do método *analítico* do conhecer finito; no sentido da universalidade, é o começo do método sintético do mesmo. Mas visto que o lógico é imediatamente tanto universal como ente, tanto pressuposto pelo conceito como imediatamente ele é o próprio conceito, então, o seu começo é tão sintético como analítico.

§ 239

β) O *progresso* é o *juízo* posto da ideia. O universal imediato é, enquanto conceito em si, a dialética de rebaixar nele próprio a sua imediatidade e universalidade a simples momento. É, por conseguinte, o *negativo* do começo ou o primeiro que é posto na sua *determinidade*; é *para um*, é a *relação* dos distintos – *momento da reflexão*.

Este progresso é tanto *analítico* – pois, mediante a dialética imanente, só se põe o que está contido no conceito imediato – como *sintético*, porque no conceito tal diferença ainda não estava posta.

§ 240

A forma abstrata do progresso é, no ser, um *outro* e um *passar* para outro; na essência, o *aparecer no oposto*; no *conceito*, a distinção

274 | ENCICLOPÉDIA DAS CIÊNCIAS FILOSÓFICAS EM EPÍTOME

do *singular* em relação à *universalidade*, que como tal se *continua* no que dela é distinto e com este está *como identidade*.

§ 241

Na segunda esfera, o conceito que primeiro é *em si* chegou ao *aparecer* e é assim já *em si* a *ideia*. – O desenvolvimento desta esfera torna-se retorno à primeira, tal como da primeira é uma passagem para a segunda; só mediante este duplo movimento é que a diferença obtém o seu direito, pois cada um dos dois distintos considerado em si mesmo cumpre-se na totalidade e aí atua a sua unidade com o outro. Só o suprimir-se da unilateralidade dos *dois em si mesmos* faz que a unidade não se torne unilateral.

§ 242

A segunda esfera evolve a relação dos diferentes para aquilo que ela é, em primeiro lugar – *contradição* em si mesma – no *progresso infinito*; – o qual γ) se resolve no *fim*, em que o diferente se põe como aquilo que é no conceito. O fim é o negativo do primeiro e, enquanto identidade com o mesmo, é a negatividade de si mesmo; portanto, é a unidade em que os dois primeiros estão como ideais e momentos, como negados, isto é, ao mesmo tempo como preservados. O conceito, que a partir do seu ser em si mediante a sua diferença e a negação dela se conjugue consigo mesmo, é o conceito *realizado*, isto é, o conceito que contém o *ser-posto* das suas determinações no seu *ser-para-si* – a *ideia*, para a qual, enquanto ao mesmo tempo o absolutamente primeiro (no método), este fim é apenas o *desvanecer* da *aparência*, como se o começo fosse um imediato e ela um resultado – o conhecer que a ideia é a única totalidade.

§ 243

O método é deste modo não forma externa, mas a alma e o conceito do conteúdo, do qual ele só é distinto enquanto os momentos do *conceito* também *em si mesmos* vêm a aparecer na sua *determinidade* como a totalidade do conceito. Visto que a determinidade, ou o conteúdo, se reconduz com a forma à ideia, esta apresenta-se como totalidade *sistemática*, a qual é só *uma* ideia, cujos momentos particulares tanto são *em si* os mesmos como, mediante a dialética do conceito, produzem o simples *ser-para-si* da ideia. – Deste modo, a ciência fecha-se, ao conceber o conceito de si mesma, como da ideia pura, para a qual a ideia é.

§ 244

A ideia, que é *para si*, considerada segundo a sua unidade consigo, é o *intuir*; e a ideia que intui é a *natureza*. Mas, enquanto intuir, a ideia é posta na determinação unilateral da imediatidade ou negação por meio da reflexão extrínseca. A *liberdade* absoluta da ideia é que ela não *passa* só para a *vida*, nem como conhecer finito deixa *aparecer* a vida em si; na absoluta verdade de si mesma, *decide-se a deixar sair* livremente de si o momento da sua particularidade ou do primeiro determinar-se e do ser--outro, a *ideia imediata* como seu reflexo, como *natureza*.

NOTAS
DOS EDITORES ALEMÃES

Observação preliminar

Para as variantes e as leituras elucidativas quanto ao ponto de vista da crítica textual e do conteúdo, as diversas edições da *Enciclopédia* são designadas pelas abreviaturas seguintes:

A = Primeira edição original (1817)
B = Segunda edição original (1827)
C = Terceira edição original (1830)
O = Obras de Hegel. Edição por um grupo de amigos. T. VI, VII/1, T. VII/2 (1840-1845)
L = Edição de Lasson (Bibliot. Fil., 33), 4.ª ed. (1930)
H = Edição de Hoffmeister (Bibliot. Fil., 33), 5.ª ed. (1949)

Além disso, citam-se resumidamente as obras seguintes:

Primeiros escr. impr. G. W. F. Hegel: *Erste Druckschriften*, ed. G. Lasson, Lípsia 1928 (Bibliot. Fil., 62)

Escritos de B. G. W. F. Hegel: *Berliner Schriften*, ed. J. Hoffmeister, Hamburgo 1959 (Bibliot. Fil., 240)

Lógica G. W. F. Hegel: *Wissenschaft der Logik*, ed. G. Lasson, 2 partes, Lípsia 1932-1934 (Bibliot. Fil., 56-57)

Cartas *Briefe von und an Hegel*, T. I-III, ed. J. Hoffmeister, Hamburgo 1952-1954; T. IV, ed. R. Flechsig, Hamburgo 1959 (Bibliot. Fil., 235-38)

280 | ENCICLOPÉDIA DAS CIÊNCIAS FILOSÓFICAS EM EPÍTOME

Obras	*Georg Wilhelm Friedrich Hegels Werke.* Edição completa por um grupo de amigos do defunto, Berlim 1832 ss.
Jacobi	*Friedrich Heinrich Jacobis Werke,* 6 vols., Lípsia 1812-1825
Descartes	*Oeuvres de Descartes,* ed. Ch. Adam e P. Tannery, Paris 1897-1910
Schmidt	*Immanuel Kant: Kritik der reinen Vernunft,* ed. R. Schmidt, Lípsia 1930 (Bibliot. Fil., 37 a)
Sophie	*Goethes Werke,* ed. da grande-duquesa Sophie de Saxe, Weimar 1887 ss.

([1]) Por «anotação» designa Hegel as explicações elucidativas que acrescentou a cerca de metade dos parágrafos. No original, estão assinaladas pelo texto «recolhido», tal como na nossa edição. Não se trata, pois, de notas de rodapé, que o texto ainda apresenta. (De resto, as «observações» de Hegel devem distinguir-se das «adições» que os responsáveis da primeira edição completa acrescentaram aos parágrafos da *Enciclopédia,* tiradas dos cursos de Hegel – cf. a Introdução, IV.)

([2]) Cf. Goethe, *Fausto,* primeira parte, Cozinha de bruxa. Mefistófeles: *Den Bösen sind sie los, die Bösen sind geblieben.* (Isto é, homens que há não acreditam em Satanás, mas nem por isso se veem livres dos diabos; na sua citação, Hegel usa o singular, e não o plural.)

([3]) F. A. G. Tholuck, *Blüttensammlung aus der Morgenländischen Mystik, nebst einer Einleitung über Mystik überhaupt und Morgenländische insbesondere,* Berlim 1825. – Os textos citados ou referidos por Hegel encontram-se nas pp. 12-24.

([4]) Cf. § 573, anotação.

([5]) Tholuck não se exprime tão nitidamente como parece a partir das fórmulas de Hegel. As passagens (pp. 33 e 38), a que Hegel alude, não se encontram em correlação direta com o desenvolvimento antes fornecido. Tholuck divide em duas classes os defensores da proposição segundo a qual haveria um princípio originário, que tudo fundamenta: 1. aqueles «em que a faculdade de conhecimento predomina sobre o sentimento», isto é, os filósofos

NOTAS DOS EDITORES ALEMÃES

propriamente ditos; 2. homens «em cuja vida espiritual domina o sentimento», os místicos (pp. 14-15). Em seguida, considera as características próprias da mística ocidental e da mística oriental (sobretudo da persa) e diz a respeito da última: «O sufismo nada mais é do que um modo panteísta.» P. 37 ss, menciona de novo o «panteísmo de sentimento» dos sufis persas e «os princípios doutrinais destes místicos panteístas».

(⁶) As cinco partes da *Ética* de Espinosa têm os títulos seguintes: I. *De Deo*, II. *De natura et origine mentis*, III. *De origine et natura affectuum*, IV. *De servitute humana, seu de affectuum viribus*, V. *De potentia intellectus, seu de libertate humana.*

(⁷) Cf. Friedrich Heinrich Jacobi, *Über die Lehre des Spinoza in Briefen an den Herrn Moses Mendelssohn*, Breslau 1785; Nova edição aumentada, Breslau 1789. Pode aí ler-se na reprodução de uma conversa entre Lessing e Jacobi: «Lessing: [...] *Reden die Leute doch immer von Spinoza wie von einem total Hunde.*» (2.ª ed., p. 38. – Cf. *Jacobi*, IV, I, p. 68.)

(⁸) Joh. Jacob Brucker, *Historiae criticae philosophiae*, 5 vols., Lípsia 1742-1744, a que se acrescenta como tomo 6: *Historiae criticae philosophiae appendix*, Lípsia 1767. – Nos seus cursos de História da Filosofia, Hegel apresenta esta obra como uma fonte capital; além disso, menciona a obra seguinte: J. J. Brucker, *Institutiones historicae philosophicae, usui academicae juventutis adornalae*, Lípsia 1747 (cf. G. W. F. Hegel, *Vorlesungen über die Geschichte der Philosophie, Einleitung*, ed. Johannes Hoffmeister, Bibliot. Fil. 166, Lípsia 1940, p. 256 ss.).

(⁹) Cf., por exemplo, a *Ilíada*, I, 401; II, 813; XIV, 290; XX, 74. – Em B, Hegel tem: «como Homero diz de curtos astros...».

(¹⁰) Cf. a exposição que Hegel faz de Böhme, *Obras* XV, sobretudo pp. 306 ss. e 310 ss.

(¹¹) *Die Lehre von der Sünde und vom Versöhner* ou *Die wahre Weihe des Zweiflers*, 2.ª ed. corrigida, Hamburgo 1825 (anónimo!).

(¹²) A. Tholuck, *Die spekulative Trinitätslehre des späteren Orients. Eine religions-philosophische Monographie aus handschriftlichen Quellen der Leydener, Oxforder und Berliner Bibliothek*, Berlim 1826. – A opinião referida por Hegel sobre a doutrina trinitária cristã é apresentada por Tholuck só de passagem sobre a questão de se seria possível tirar do Alcorão a teoria maometana da tríade. Aí se lê (p. 40 ss): «É tentador presumir que assim como os teólogos cristãos derivaram

282 ENCICLOPÉDIA DAS CIÊNCIAS FILOSÓFICAS EM EPÍTOME

de certas expressões imprecisas do Novo Testamento, que apenas se referem à prática, um vasto teorema especulativo sobre a deidade, também os maometanos puderam fundar o seu ponto de vista a partir de algumas fórmulas obscuras do Alcorão. Só que – para não referir que a doutrina escolástica da Trindade não brotou apenas de uma especulação sobre expressões bíblicas, mas também da influência da filosofia platónica e aristotélica – não se encontra no Alcorão passagem alguma a partir da qual, mesmo à força, se poderia inferir uma tríade.» – Cf., a propósito desta passagem, a carta de Hegel a Tholuck, datada de 3 de julho de 1826, onde agradece ao autor o envio do seu livro e toma uma posição crítica em relação a alguns pontos (*Cartas*, IV, 28 ss.).

([13]) Tholuck impugna (p. 219 ss) o ponto de vista de que a experiência precederia necessariamente o sistema da doutrina de fé e, por conseguinte, a *vida cristã* deveria constituir a «pedra fundamental de toda a verdadeira convicção». Por mais «bem ajustado que seja o vigamento e o trabalho de alvenaria sobre o qual o dogmático constrói o seu sistema, permanecerá sempre uma Fada Morgana para quem fica na margem». Ao referir-se em particular à «ideia especulativa da Trindade», Tholuck escreve: «Pode talvez ser uma construção técnica, em que as verdades da fé se podem ordenar, mas nunca é um fundamento em que a *fé* se possa *fundar.*»

([14]) «A *punição do pecado* pode ser exterior ou interior. A punição interior é a pesada consciência da falta, ligada ao estado de infelicidade em que se encontram todos os que vivem fora de Deus, porque só Deus é a fonte única da beatitude e da santidade.» (*Op. cit.,* p. 119.) «Quando o pecador abandona o seu pecado, [...] vira-se para Deus e acolhe Deus em si, e onde Deus está encontra-se também, com a santidade, a beatitude. Daí se segue que nenhum pecado, a não ser o pecado contra o Espírito Santo, é imperdoável, que, pelo contrário, Deus, *em virtude da sua natureza,* perdoa *todo* o pecado... Há, pois, relações recíprocas entre, por um lado, a consciência da culpa e a infelicidade e, por outra, o pecado; um é inconcebível sem o outro.» (P. 120.)

([15]) Franz von Baader, *Fermenta cognitionis*, 5.º caderno, Berlim 1824. – A citação de Hegel é tirada do prefácio (pp. IX-XI) e contém apenas desvios mínimos do texto original; o sublinhado nos dois

NOTAS DOS EDITORES ALEMÃES · 283

adjetivos *irracional* e *blasfematório* é de Hegel. – Cf. *Baaders Sämtliche Werke*, ed. F. Hoffmann, Lípsia 1851-1860, secção I, Tomo 2, p. 323 ss.

([16]) Cf. A. Tholuck, *Die Lehre von der Sünde* (vide n.º 11), p. 127 ss. – Tholuck examina os pontos de vista dos Padres da Igreja sobre a doutrina da Redenção e declara aqui que coube à «subtileza e à profundidade do grande Anselmo» «desenvolver esta doutrina com mais rigor». Cita o início do II livro do *Cur Deus Homo* de Anselmo e observa previamente: «Este livro dá um testemunho de uma tão profunda humildade do grande pensador, que não se sabe ao certo o que se deve pensar da arrogância de muitos outros que, enquanto a sua subtileza e profundidade poderiam ser inversamente proporcionais às de Anselmo, tal como de resto a nossa época está no polo oposto à de Anselmo, jamais manifestam, na demolição da doutrina da Redenção, tanta humildade como a que Anselmo ostentou na sua construção.» Sobre a citação de Anselmo por Hegel, cf. § 77, nota de rodapé.

([17]) Segundo Abraham von Frankenberg, primeiro biógrafo de Böhme, foi o amigo de Böhme, Balthasar Walther, quem «talvez segundo o antigo cónego João, o Teutónico, ou para a discriminação das nações e por causa do dom excelente de tais escritos redigidos em alto-alemão, o cognominou de Filósofo Teutónico». Cf. *Theosophia revelata, das ist: Alle göttlichen Schriften des gottseligen und hocherleuchten deutschen Theosophi Jacob Böhmens*, Hamburgo 1715, apêndice ao Tomo 2: *De vita et scriptis J. B.*, p. 11 ss.

([18]) Cf. a obra principal de Böhme, *Aurora*, e a exegese que dela faz Hegel, *Obras*, XV, 301 ss.

([19]) Os seus cadernos, publicados de 1822 a 1825, dos *Fermenta cognitionis* de Baader, contêm numerosas referências a Hegel, em que o autor assinala o seu acordo ou a sua crítica. A posição fundamental de Baader exprime-se a este respeito nas frases seguintes, que tiramos do Prefácio do primeiro caderno dos *Fermenta*: «De resto, se encontro neste escrito como no que se seguirá uma ocasião para, às vezes, tomar posição contra Hegel, semelhante contradição prestar-se-á também apenas a confirmar o grande serviço deste pensador ao revigoramento e à nova libertação dos espíritos da filosofia que, após um primeiro despertar, começaram de novo a adormecer, pois os espíritos são de natureza tão viva e impulsiva, que a sua inibição nem sequer é pensável e até o seu libertador

284 | ENCICLOPÉDIA DAS CIÊNCIAS FILOSÓFICAS EM EPÍTOME

os não poderia já reter. E, de facto, desde que Hegel ateou uma vez o fogo dialético (o auto de fé da filosofia até agora existente), não se pode ser feliz a não ser por si mesmo, isto é, deixando-se levar a si e à sua obra por este fogo, e não pretendendo abstrair dele ou ignorá-lo.»

([20]) Franz von Baader, *Bemerkungen über einige antireligiöse Philosopheme unserer Zeit*, Lípsia 1824. – A seguinte citação, em que os itálicos também são de Hegel, encontra-se na p. 4 ss. deste escrito. Na p. 56 ss., Baader vira-se contra a representação «segundo a qual a *natureza material* deve ser em si mesma uma secessão da ideia (não provocada por uma tal secessão), porque deve ter já na sua exterioridade a *determinação* da inadequação consigo (porque não da oposição positiva?) (*vide* a *Enciclopédia* de Hegel, p. 128). Segundo Baader, desta representação seguir-se-ia «que Deus sofreria um eterno fiasco na manifestação ou revelação de si mesmo, e que estaria eternamente sujeito ao esforço tantalizante de um artista para criar, mas só com uma matéria inapta e má!». – A passagem de Hegel a que aqui se alude é a que se encontra no § 139, na primeira edição da *Enciclopédia* (1817): «Com razão, se definiu a natureza em geral a *queda* da ideia a partir de si mesma, porque tem, no elemento da exterioridade, a determinidade da inadequação de si mesma consigo.» Cf., na primeira edição, o § 248.

([21]) Cf. *Baaders Sämtliche Werke*, secção I, T. E, p. 484 ss.

([22]) Na sua edição das *Sämtliche Werke*, F. Hoffmann acrescenta a esta passagem, citada por Hegel, intercalações interpretativas. Segundo ele, é preciso compreender Baader no sentido de que a matéria «não é o produto imediato da unidade, mas o dos seus princípios (procurador, Elohim), princípios que ela [a unidade] suscitou para tal fim». *Loc. cit.*, p. 490.

([23]) A respeito de toda a nota de rodapé, cf. a notícia de Fr. von Baader, *Hegel über meine Lehre in der zweiten Ausgabe der Enzyklopädie der philosophischen Wissenschaften, Vorrede, Sämtliche Werke*, sec. I, T. X, pp. 306-309.

([24]) Vide n. 26!

([25]) «A filosofia satisfaz-se com poucos juízes e subtrai-se intencionalmente à multidão, e a multidão odeia-a e suspeita dela, de modo que, se alguém a quisesse de todo vituperar, poderia fazê-lo com a aprovação do povo.» *Tuscul. disput.* II, 4. – Hegel, que tira

NOTAS DOS EDITORES ALEMÃES 285

esta citação do seu contexto, deixa de lado algumas palavras latinas sem importância.

([26]) *Über die Hegelsche Lehre, oder: Absolutes Wissen und moderner Pantheismus*, Lípsia 1829. – K. E. Schubarth e M. Carganico, *Über Philosophie überhaupt und Hegels Enzyklopädie der philosophischen Wissenschaften insbesondere*, Berlim 1829. – Christian Hermann Weisse, *Über den gegenwärtigen Standpunkt der philosophischen Wissenschaft, in besonderer Beziehung auf das System Hegels*, Lípsia 1829. – *Briefe gegen die Hegelsche Enzyklopädie der philosophischen Wissenschaften*, Erstes Heft: *Vom Standpunkt der Enzyklopädie und der Philosophie*, Berlim 1829. – *Über Sein, Nichts und Werden. Einige Zweifel an der Lehre des Herrn Prof. Hegel*, Berlim, Posen e Bromberg 1829. – Hegel anunciara acerca destes cinco títulos uma recensão de conjunto nos *Jahrbücher für wissenschaftliche Kritik* 1829. No entanto, apenas apareceu uma recensão dos dois primeiros. Cf. *Escritos de B.*, 330-402. – Sobre a composição do escrito anónimo *Über die Hegelsche Lehre*, cf. Josef Körner, *Friedrich Schlegel, Neue Philosophische Schriften*, Francoforte 1935, p. 46 ss. O autor anónimo respondeu à recensão de Hegel com um segundo escrito: *Über die Wissenschaft der Idee*. Erste Abteilung: *Die neuesie Identitätsphilosophie und Atheismus oder über immanente Polemik*, Breslau 1831.

([27]) Hegel refere-se aqui à polémica, dita de Halle, entre a *Evangelische Kirchenzeitung*, publicada por Von Hengstenberg e, por outro lado, os representantes do racionalismo na Faculdade de Teologia de Halle. Semelhante polémica foi provocada pelo artigo intitulado «O racionalismo na Universidade de Halle» (*Evang. Kirchenzeitung*, 16 e 20 de janeiro de 1830), no qual sobretudo os professores Wegscheider e Gesenius eram acusados de descrença. – *Cartas*, III, 460 (nota 2 à carta 659).

([28]) Um texto corrompido na edição original suscita necessariamente neste lugar uma conjetura.

C – de que nela o indivíduo humano se põe como Deus; L – de que nela indivíduos humanos se põem como Deus.

([29]) Cf. Justinus Kerner, *Die Seherin von Prevorst. Eröffnungen über das innre Leben des Menschen und über das Hineinragen einer Geisterwelt in die unsere*, 2 partes, Estugarda e Tubinga 1829. – Hegel projetara recensear este livro; cf. a carta de Varnhagen von Ense a Goethe, de 23 de fevereiro de 1830: «O Senhor Professor Hegel está

286 | ENCICLOPÉDIA DAS CIÊNCIAS FILOSÓFICAS EM EPÍTOME

esmagado de trabalhos; o belo projeto que tinha de recensear para os *Jahrbücher A visionária de Provorst*, livro que aqui em Munique e noutros sítios se tornou num alimento salutar para os crentes, para os delicados uma guloseima de gosto forte, surge submerso nas tarefas e honras do seu reitorado, que lhe roubam todo o seu tempo; de outro modo, seria de esperar que ele se haveria de lançar num ataque sólido e poria fundamentalmente no lugar muitas coisas deslocadas.» (*Goethe-Jahrbuch*, T. XIV, Francoforte 1893, p. 82.) Nos *Jahrbücher für wissenschaftliche Kritik*, apareceu uma recensão da obra por Lüders, em junho de 1830.

(30) Cf. Aristóteles, *De anima* III 4, 429 a 19.

(31) Cf. Aristóteles, *Metafísica*, XII, 7, 1072 b 24. – *Vide* também a citação de Aristóteles no fim da *Enciclopédia*, após o § 577.

(32) Cf. G. W. F. Hegel, *Grundlinien der Philosophie des Rechts*, ed. J. Hoffmeister (Bibliot. Fil. 124 a), 4.ª ed., Hamburgo 1955, p. 14.

(33) *Wissenschaft der Logik*, T. I, Liv. II, 3.ª sec.: «A realidade efetiva». – Cf. *Logik* II, 156 ss.

(34) Cf. o título da obra de Newton: *Philosophiae naturalis principia mathematica*, Londres 1687.

(35) Hugo Grotius, *De jure belli et pacis*, Paris 1625.

(36) *Annals of Philosophy; or Magazine of Chemistry, Mineralogy, Mechanics, Natural History, Agriculture, and the Arts.* By *Thomas Thomson*, 16 vols., Londres 1813-1820. – New series (edited by R. Phillips), 12 vols., Londres 1821-1826.

(37) *The Art of Preserving the Hair on Philosophical Principles.* By the author of *The Art of preserving the Voice*, Londres 1825. – Cf. o extrato de Hegel, *Escritos de B.*, 701.

(38) Cf. o extrato de Hegel, *Escritos de B.*, 701.

(39) Cf. o extrato de Hegel tirado do *Morning Chronicle* (14 de fevereiro de 1825), *Escritos de B.*, 701.

(40) Cf. Carl Leonhard Reinhold, *Beiträge zur leichtern Übersicht des Zustandes der Philosophie beim Anfange des 19. Jahrhunderts*, Erstes Heft, Hamburgo 1801, p. 90 ss.:

«*Admite-se* que a aplicação do pensar, enquanto pensar, é tanto o *tema* da filosofia, isto é, o que há que procurar mediante a filosofia, como também o princípio da filosofia, ou seja, o que é o *ponto de partida* do filosofar; e, na tarefa do ato filosófico, ambos se pressupõem de modo puramente *problemático* e *hipotético* até que o

NOTAS DOS EDITORES ALEMÃES

mesmo se revele de modo *categórico* e *apodítico* na solução e *graças* à solução como o *único* princípio e o único tema *possíveis* da filosofia.

«Assim, *no começo*, apenas se admite de modo problemático e hipotético que o filosofar seria somente a *análise da aplicação do pensar enquanto pensar...* A filosofia só pode explorar a realidade do conhecimento e garantir-se como ciência dessa realidade *enquanto* ela pode descobrir *no verdadeiro* o *originariamente verdadeiro* e deste inferir o *verdadeiro*. Se, pois, a *análise* da aplicação do pensar enquanto pensar é a verdadeira filosofia, então é *por meio* desta última que se deve *descobrir* e *estabelecer* o originariamente verdadeiro *com* o verdadeiro, e este graças àquele.»

Cf. ainda Hegel, *Differenz des Fichteschen und Schellingschen Systems der Philosophie*, in *Beziehung auf Reinholds Beiträge zur leichtern Übersicht des Standes der Philosophie zu Anfang des neunzehnten Jahrhunderts*, 1. Heft, Iena 1801, p. 162 ss. (cf. *Primeiros escr. impr.*, 100).

([41]) Cf. Platão. *Fédon*, 89 c-d, *Laques*, 188 c-e, *República*, 411 d.

([42]) Toda esta secção está inserida em B, portanto, «anotação». Em C, pelo contrário, foi omitida por inadvertência, de modo que a secção já não se conhece como anotação. Todas as ulteriores edições persistem neste erro.

([43]) «O *Eu penso* deve necessariamente *poder* acompanhar todas as minhas representações.» (Kant, *Crítica da razão pura*, B 131. – Cf. *Schmidt*, 140 a.)

([44]) Cf. o capítulo II do livro I da *Metafísica* de Aristóteles (*Met.* I, 2, 982 a 2 ss.) e a interpretação que dele fornece Hegel: *Obras*, XIV, 315 ss.

([45]) Cf. § 20 ss; *vide* igualmente §§ 5 e 7.

([46]) O subtítulo «Metafísica» falta em B e C, mas encontra-se nos índices de matérias das duas edições.

([47]) [G. W. F. Hegel] *Verhältnis des Skeptizismus zur Philosophie. Darstellung seiner verschiedenen Modifikationen und Vergleichung des neuesten mit der alten, in Kritisches Journal der Philosophie*, editado por F. W. J. Shelling e G. W. F. Hegel, II parte do T. I, Tubinga 1802, p. 1-74. – Cf. *Primeiros escr. impr.*, 161–211.

([48]) Cf. Kant, *Crítica da razão pura*, Introdução.

([49]) *Ibid.*, B 132 ss. (§ 16: Da unidade originariamente sintética da aperceção).

288 | ENCICLOPÉDIA DAS CIÊNCIAS FILOSÓFICAS EM EPÍTOME

([50]) *Ibid.*, Teoria transcendental dos elementos, primeira parte: «A estética transcendental».

([51]) *Ibid.*, A Lógica transcendental, secção I: «A analítica transcendental».

([52]) *Ibid.*, A 51, B 75: «Pensamentos sem conteúdo são vazios, intuições sem conceito são cegas.» (*Schmidt* 95.)

([53]) *Ibid.*, A dialética transcendental, liv. II, I.ª parte: «Dos paralogismos da razão pura».

([54]) *Ibid.*, A dialética transcendental, liv. II, II.ª secção: «A antinomia da razão pura».

([55]) Cf. a interpretação que Hegel oferece do pensamento kantiano no seu curso de História da Filosofia, *Obras*, XV, 581 ss.: «Todas estas determinações de começo no tempo, etc., não pertencem às coisas, ao próprio em-si, que existiria para si mesmo fora do nosso pensar subjetivo. Se tais determinações pertencessem ao mundo, a Deus, aos seres livres, estaria presente uma contradição objetiva; mas esta contradição não está dada em si e para si, mas cabe-nos unicamente a nós; tem a sua fonte apenas no nosso pensar. Ou este idealismo transcendental deixa subsistir a contradição, só no sentido de que o em-si não se contradiz assim, mas que esta contradição ocorre apenas no nosso íntimo... É demasiada fraqueza para as coisas; seria uma pena que elas se contradigam. Mas que o espírito (o que há de mais elevado) seja a contradição, isso não deve constituir dano algum. Por conseguinte, o idealismo transcendental não resolve a contradição.»

([56]) *Wissenschaft der Logik*, T. I, liv. I, Nuremberga 1812, Anotação 2, pp. 138-150. – Cf. *Logik* I, 183-193. (Note-se, porém, que a edição de Lasson não reproduz o livro I da *Lógica* na sua versão original de 1812, mas segundo uma revisão tardia devida a Hegel e que é posterior à terceira edição da *Enciclopédia*.)

([57]) Cf. Kant, *Crítica da razão pura*, A dialética transcendental, liv. II, III.ª parte: «O ideal da razão pura».

([58]) *Ibid.*, A dialética transcendental, liv. II, III.ª parte, 5.ª secção: «Da impossibilidade de uma prova cosmológica da existência de Deus»; 6.ª secção: «Da impossibilidade da prova físico-teológica».

([59]) Cf. sobretudo o Apêndice 3 no escrito *Über die Lehre des Spinoza*, 2.ª ed., p. 398-434 (*Jacobi*, IV, 2, pp. 125-162). No Prefácio, Jacobi resume assim o conteúdo deste apêndice: «História natural da filosofia especulativa. Nascimento do espinosismo. O seu objetivo. De que maneira se instala a ilusão de que tal fim viria a obter-se. Não é *própria* do espinosismo, mas assenta num mal-entendido, que sempre se deve *procurar* e artificialmente suscitar, se se pretende explicar de alguma maneira a *possibilidade* da existência de um universo. Explicação pormenorizada do caráter irracional de semelhante empreendimento, que leva forçosamente a descobrir *condições* do *incondicionado*.»

([60]) Cf., por exemplo, Jacobi, *Über die Lehre des Spinoza*, p. 223: «O espinosismo é ateísmo.» (*Jacobi*, IV, sec. 2, p. 216.)

([61]) Cf. Kant, *Crítica da razão pura*, A dialética transcendental, liv. II, III.ª parte, 4.ª sec.: «Da impossibilidade de uma prova ontológica da existência de Deus».

([62]) *Ibid.*, A 599, B 627: «Cem táleres efetivos nada de mais contêm do que cem táleres possíveis. Com efeito, visto que estes significam em si mesmos o conceito, e aqueles, o objeto e a sua posição, no caso de o objeto conter mais do que o conceito, o meu conceito não expressaria a totalidade do objeto e, por conseguinte, também dele não seria o conceito adequado. Mas, para o estado do meu capital, há mais nos cem táleres efetivos do que no seu simples conceito (isto é, na sua possibilidade).» (*Schmidt*, 572.)

([63]) Cf. Espinosa, *Ética*, 1.ª parte, definição I. *Vide* n.º 86.

([64]) Este *b*) corresponde ao *a*) do § 42.

([65]) Cf. Kant, *Crítica da faculdade de julgar*, § 77.

([66]) *Ibid.*, § 46 ss.

([67]) *Ibid.*, § l ss.

([68]) *Ibid.*, Introdução (2.ª e 3.ª ed., Berlim 1793 e 1799, p. XXVII ss.) e II.ª parte: «Crítica da faculdade teleológica de julgar», § 61 ss. *Vide* a edição de K. Vorländer (Bibliot. Fil. 39 a), pp. 16 ss. e 221 ss.

([69]) *Ibid.*, § 88. – Hegel cita segundo a primeira edição, Berlim e Libau 1790. Na 2.ª e 3.ª ed., segundo as quais se cita hoje em geral, a passagem encontra-se na p. 432.

([70]) Gottfried Hermann, *Handbuch der Metrik*, Lípsia 1799. – Capítulo primeiro, Exame do conceito de ritmo: «§ 8. Se o ritmo, por conseguinte, deve ser algo de universal, é preciso que a sua lei seja 1) objetiva, 2) formal, 3) determinada *a priori*.»

290 | ENCICLOPÉDIA DAS CIÊNCIAS FILOSÓFICAS EM EPÍTOME

([71]) O título em B e C é assim: «Terceira posição do pensar relativamente à objetividade». No índice de matérias, pelo contrário, está – como na primeira e segunda secções – «do pensamento».

([72]) *Vide supra* § 5.

([73]) Jacobi, *Über die Lehre des Spinoza.* Os «apêndices» só se encontram na 2.ª edição. Cf. *Jacobi,* IV, 2, p. 127 ss.

([74]) «Pela fé, sabemos que temos um corpo e que fora de nós estão presentes outros corpos e outros seres pensantes.» (*Jacobi,* IV, I, p. 211.) A frase figura no escrito *Sobre a doutrina de Espinosa,* publicado pela primeira vez em 1795. Aos ataques violentos contra o conceito de fé aqui aplicado, nas *Allgemeine Literatur-Zeitung,* 1799, n.º 36 (11 de fevereiro) e n.º 125 (26 de maio), Jacobi respondeu no seu livro *David Hume über das Glauben, oder Idealismus und Realismus* (1787); cf. *Jacobi,* II, p. 148 ss.; sobretudo p. 151, a nota de rodapé.

([75]) H. G. Hotho, *De philosophia Cartesiana,* Berlim 1826. Cf. p. 11.

([76]) A passagem de Descartes, nas *Meditationes de prima philosophia,* soa assim:

«Cum autem advertimus nos esse res cogitantes, prima quaedam notio est, quae ex nullo syllogismo concluditur, neque etiam cum quis dicit, *ego cogito, ergo sum, sive existo,* existentiam ex cogitatione per syllogismum deducit, sed tanquam rem per se notam simplici mentis intuitu agnoscit, ut patet ex eo quod, si eam per syllogismum deduceret, novisse prius debuisset istam majorem, *illud omne, quod cogitat, est sive existit*; atqui profecto ipsam potius discit, ex co quod apud se experiatur fieri non posse ut cogitet, nisi existat. Ea enim est natura nostrae mentis, ut generales propositiones ex particularium cognitione efformet.» «Mas quando advertimos de que somos coisas que pensam é uma primeira noção que não é tirada de nenhum silogismo; e quando alguém diz: *Penso, logo sou ou existo,* não conclui a sua existência do seu pensamento como por força de algum silogismo, mas como uma coisa conhecida por si mesma: discerne-a por uma simples inspeção do espírito; pois é evidente que, se a deduzisse por meio de um silogismo, deveria conhecer primeiro esta maior: *Tudo o que pensa é ou existe.* Mas, pelo contrário, ele aprende-a antes, em virtude de sentir em si mesmo que não poderá pensar, se não existir. É próprio da nossa mente formar proposições gerais a partir do conhecimento dos particulares.» (Respostas às segundas objeções, *Descartes,* VIII, 140 ss.

NOTAS DOS EDITORES ALEMÃES

– A quarta parte do *Discurso do Método* encontra-se em Descartes, VI, 31 ss. – A indicação *Ep.* I, 118 remete para *Cartas* na numeração de Clerselier, *Lettres de Mr. Descartes*, 3 vols., Paris 1657 ss. Trata-se da carta CDXL em *Descartes*, IV, 442 ss.; cf. sobretudo 444 ss.)

([77]) Cf. Cícero, *De natura deorum*, II, 12: «Itaque inter omnes omnium gentium sententia constat. Omnibus enim innatum est et in animo quasi insculptum esse deos.» «Eis porque tal opinião é aceite entre todos os homens de todos os povos. É inato em todos e está por assim dizer gravado no seu espírito que há deuses.» *Vide* também *Tusculanas.*

([78]) Cf. John Ross, *A Voyage of Discovery... for the Purpose of Exploring Baffins' Day and Inquiring into the Probabilily of a North-West Passage*, Londres 1819, p. 128 ss. (Hegel copiou esta passagem – cf. *Escritos de B.*, 710. – *Vide* também as numerosas descrições de viagens de William Edward Parry. – Sobre a religião dos Esquimós, cf. G. W. F. Hegel, *Vorlesungen über die Philosophie der Religion*, II: *Die Naturreligion*, ed. G. Lasson, Lípsia 1927 (Bibliot. Fil. 60), p. 81 ss.

([79]) Heródoto, *Histórias*, II, 33, I, num relato de uma expedição ao interior de África, declara que os homens descobertos no decurso de semelhante expedição «eram todos *goetas*, ou mágicos». Acerca das representações religiosas dos feiticeiros africanos, cf, além dos textos evocados na nota 80, Hegel, *Vorlesungen über die Philosophie der Weltgeschichte*, Band I: *Einleitung. Die Vernunft in Geschichte*, 5.ª ed. J. Hoffmeister, Hamburgo 1955 (Bibliot. Fil. 171 a), p. 220.

([80]) Cf. o extrato de Hegel a partir do *Morning Chronicle* (16/3//1825), *Escritos de B.*, 731.

([81]) Cf. *Act. dos Apóst.*, XVII, 23.

([82]) Descartes, *Principia philosophiae*, I, 9: «Cogitationis nomine, intelligo illa omnia, quae nobis consciis in nobis fiunt, quatenus eorum in nobis conscientia est.» «Por pensamento, entendo tudo o que se faz em nós, de tal modo que imediatamente dele temos consciência.» (Cf. *Descartes*, VIII, 7.)

([83]) *Ibid.*, I, 14-15: «[...] ita ex eo solo quod percipiat existentiam necessariam et in entis summe perfecti idea contineri, plane concludere debet ens summe perfectum existere. Magisque hoc credet, si attendat nullius alterius rei ideam apud se inveniri, in qua eodem modo necessariam existentiam contineri animadvertat.

292 | ENCICLOPÉDIA DAS CIÊNCIAS FILOSÓFICAS EM EPÍTOME

Ex hoc enim intelliget, istam ideam entis summe perfecti non esse a se effectam, nec exhibere chimericam quandam, sed veram et immutabilem naturam, quaeque non potest non existere, cum necessaria existentia in ea contineatur.» «[...] por isso, pelo simples facto de perceber que a existência necessária e eterna está contida na ideia de um Ser sumamente perfeito, deve concluir que esse Ser totalmente perfeito existe. Poderá ainda convencer-se mais disso se atender a que em si não depara com a ideia de nenhuma outra coisa, em que possa reconhecer uma existência de igual modo necessária. Compreenderá assim que a ideia de um Ser sumamente perfeito não foi por ele elaborada e não representa também uma quimera, mas antes uma natureza verdadeira e imutável, a qual não pode não existir, já que a existência necessária nela se contém.» (Cf. *Descartes*, VIII, 10.)

(⁸⁴) Espinosa, *Ética*, I.ª parte, De Deo; Def. I: «Per causam sui intelligo id, cujus essentia involvit existentiam, sive id, cujus natura non potest concipi, nisi existens.» «Por causa originária de si mesmo entendo aquilo cuja essência implica a existência, isto é, aquilo cuja natureza não se pode conceber a não ser como existente.» (Cf. Espinosa, *Opera*, ed. Carl Gebhardt, Heidelberga, s/d [1925], T. II, p. 45.

(⁸⁵) *Ibid.*, Propors. XI: «Deus, sive substantia constans infinitis attributis, quorum unumquodque aeternam et infinitam essentiam exprimit, necessário existit.» «Deus, ou a substância, que consta de infinitos atributos, dos quais cada um exprime uma essência eterna e infinita, existe necessariamente.» (Cf. Espinosa, *Opera, loc. cit.*, p. 52.)

(⁸⁶) *Ibid.*, Propors. XX: «Dei existentia, ejusque essentia unum et idem sunt.» «A existência de Deus e a sua essência são uma só e mesma coisa.» (Cf. Espinosa, *Opera, loc. cit.*, 64.)

(⁸⁷) *Cur Deus Homo*, I, 1: «Sicut rectus ordo exigit ut profunda Christianae fidei prius credamus, quam ea praesumamus ratione discutere, ita negligentia mihi videtur, si postquam confirmati sumus in fide, non studemus quod credimus inteligere.» «Assim como a reta ordem exige que acreditemos primeiro nas profundidades da fé cristã antes de nos atrevermos a submetê-las a um exame racional, assim também me parece ser uma negligência se, depois de confirmados na fé, não nos esforçarmos por compreender aquilo em que cremos.» (Cf. *Anselmi opera omnia*, ed. F. S. Schmidt, T. II Edimburgo 1946, p. 48.)

([88]) AB: na sua verdade / C: na verdade.

([89]) «O Deus de Espinosa é o simples princípio da realidade efetiva em tudo o que é efetivo, o simples princípio do ser em todo o ser determinado, absolutamente sem individualidade e pura e simplesmente infinito.» Jacobi, *Über die Lehre des Spinoza*, 2.ª ed., p. 61. No Apêndice VII, *ibid.*, p. 398, a frase é repetida (cf. *Jacobi*, IV, I, p. 87, e 2, p. 125).

([90]) Nas diversas edições, há variantes mínimas, que não alteram o sentido.

([91]) AB: Objeto / C: oposição.

([92]) Cf. Aristóteles, *Física*, VI, 9, 239 b 9 ss.; – Diels-Kranz, *Die Fragmente der Vorsokratiker*, Zenão, A 25-28.

([93]) Cf. Platão, *Filebo*, 23 ss.

([94]) O nosso texto segue aqui A e B; em C, a frase é a seguinte: A diferença entre as grandezas contínuas e discretas e as grandezas extensivas e intensivas consiste, pois, em que as primeiras entram na *quantidade em geral*, mas as últimas penetram no *limite* ou determinidade das mesmas enquanto tais.

([95]) A palavra de Zenão aparece no Comentário de Simplício à *Física* de Aristóteles. Cf. Commentaria in *Aristotelem Graeca*, ed. da Academia de Berlim, T. IX, Berlim 1882, p. 141, 1.5; – Diels-Kranz, *loc. cit.*, Zenão, B 1. – *Vide* também Hegel, *Obras*, XIII, 312.

([96]) Cf. G. W. Leibniz, *Monadologie*, § 9: «Il faut même que chaque monade soit différent de chaque autre. Car il n'y a jamais dans la nature deux Êtres, qui soient parfaitement l'un comme l'autre, et où il ne soit possible de trouver une différence interne, ou fondée sur une détermination intrinsèque.» (Ed. Buchenau-Herring, Bibliol. Fil., 253, Hamburgo 1956, pp. 28-29.) Cf. também *Lógica*, II, 38 ss.

([97]) Tal é o texto de C! Cf. as variantes ou leituras seguintes: B: «[...] com o seu ser, a determinidade que chegou à imediatidade, mas a uma imediatidade, que é uma existência.» – *Obras*: «[...] com o seu ser, o qual é um ser reflexivo, uma existência, uma determinidade conseguida.» – L: «[...] com o seu ser, mas um ser que é um ser reflexivo, uma existência – a determinidade que chegou à imediatidade.»

(^{98}) Johann Gottried Herder, *Gott. Einige Gespräche*, Gotha 1787. – 2.ª ed., resumida e aum., sob o título: *Gott. Einige Gespräche über Spinozas System; nebst Shaftesbury's Naturhymnus*, Gotha 1800.

(^{99}) O verso, muitas vezes citado, de Albrecht von Haller, encontra-se no poema «Die Falseheit der menschlichen Tugenden», in *Versuch schweizerischer Gedichte*, Berna 1732. – 2.ª ed. aum. e corrig., Berna 1777. – Verso 289 ss.:

> *No íntimo da natureza nenhum espírito criado se adentra,*
> *Feliz e demais se ela mostra apenas a casca exterior!*

Ed. crítica dos *Poemas* de Haller por Ludwig Hirzel, Frauenfeld 1882 (Bibliothek älterer Schriftwerke in der deutschen Schweiz, 3, p. 61 ss.). – Levado pela forma suábia *weisst* (3.ª pessoa do singular presente de *wissen*, «saber»), que põe no lugar do *weist* de Haller (3.ª pessoa do singular presente de *weisen*, «mostrar»), Hegel transforma o segundo verso e dá-lhe um sentido que não tem nem no original, nem em Goethe (*vide infra*, n.º 102).

(^{100}) Goethe, *Zur Morphologie*, T. I, 3.º caderno, Estugarda e Tubinga 1820, p. 304:

> No íntimo da natureza,
> *Ó Filisteu!*
> Nenhum espírito criado se adentra.
> *A mim, aos meus irmãos e irmãs*
> *Possais vós apenas*
> *Esta palavra não recordar:*
> *Pensamos: lugar a lugar,*
> *Estamos no âmago.*
> Feliz! se ela apenas
> Desvendar a crosta exterior!
> *Eis o que oiço repetir há sessenta anos,*
> *E eu amaldiçoo, mas à socapa;*
> *Milhares e milhares de vezes a mim mesmo digo:*
> *Tudo ela dá com abundância e de bom grado;*
> *A natureza não tem núcleo*
> *Nem casca,*

Ela é tudo ao mesmo tempo;
Faz apenas a prova em ti mesmo
Se serás núcleo ou casca!

O título «Exclamação indignada» só se encontra no índice de matérias, na página interior do caderno; no índice geral do T. I aparece: «Exclamação indelicada». Mais tarde, na recolha «Deus e o mundo», Goethe deu ao poema o título «De qualquer modo» e o subtítulo «Ao físico». (Cf. *Sophie*, I, 3, p. 105.)

([101]) Kant, *Crítica da razão pura*, A 219, B 266: «As categorias da modalidade têm em si a peculiaridade de, como determinação do objeto, não aumentarem minimamente o conceito a que se agregam enquanto predicados, mas apenas exprimem a relação com a faculdade de conhecimento.» (*Schmidt*, 266.)

([102]) B: «A exterioridade, enquanto este *círculo* das determinações, é primeiramente a *possibilidade real* em geral. / C: «A exterioridade é um *círculo* das determinações da possibilidade, e da [possibilidade] imediata, – realidade efetiva, a *mediação* de uma pela outra é a *possibilidade real* em geral.» / *Obras*: «[...] enquanto *círculo* das determinações da possibilidade e da realidade efetiva imediata, a *mediação* das mesmas entre si é a *possibilidade real* em geral.» / L: «[…] enquanto *círculo* das determinações da possibilidade e da realidade efetiva imediata, – a mediação recíproca – a *possibilidade real* em geral.»

([103]) A propósito de «substância», Lasson observa: Completar «para um outro momento». Assim, a frase relativa deveria ler-se: «[...] que *poder* da substância passa [para um outro momento]».

([104]) «Da proposição apodítica de que *tudo* deve ter uma causa, considerava-se inferir que *nem* tudo *pudesse* ter uma causa. Por isso se descobriu a *causa sui*, à qual pertence também necessariamente o *effectus sui*.» (Jacobi, *Über die Lehre des Spinoza*, 2.ª ed., p. 416 ss. – *Jacobi*, IV, 2.ª sec., p. 146.)

([105]) Cf. Jacobi, *Über die Lehre des Spinoza*, 2.ª ed., p. 414 ss. (*Jacobi*, IV, 2.ª sec., p. 144 ss.) A este respeito, Hegel, *Obras*, XVII, 32 ss.

([106]) O texto de C diz: «*Totalidade*, no qual (*sic*) *cada um* dos momentos é o *todo*»; talvez se tivesse de dizer: «Totalidade, na qual...» Cf. o texto de B: «O conceito é o que é *livre*, como o *poder*, que é *para si*, da substância; – e enquanto *totalidade* desta negatividade, em que *cada* momento é o todo, que *ele é*, e é posto com ele como unidade inseparada, é na sua identidade consigo o determinado em si e para si.»

([107]) Na designação das formas do silogismo, Hegel usa aqui e na sequência abreviaturas, que na tradução foram transportadas para o português: I(ndividual), P(articular) e U(niversal).

([108]) Anselmo de Cantuária, *Proslógion*, 2: «Sem dúvida, aquilo em comparação do qual nada de maior se pode pensar não pode existir só no intelecto. Se existe só no intelecto, pode também pensar-se como existindo igualmente *na realidade* – o que é maior. Por conseguinte, se aquilo em comparação do qual nada de maior se pode pensar só existe no intelecto, isso mesmo, em comparação do qual nada de maior se pode pensar, é aquilo em relação ao qual algo de maior se pode pensar. Mas, sem dúvida, não pode ser assim.»

([109]) B: «representações» / C: «representação».

([110]) Cf. Aristóteles, *Física*, sobretudo o livro II, e a este respeito a interpretação de Hegel: *Obras*, XIV, 341 ss. Quanto ao conceito kantiano de «finalidade interna», cf. *Crítica da Faculdade de Julgar*, § 61 ss., sobretudo §§ 63 e 66.

([111]) «O conhecimento *filosófico* é o *conhecimento racional* a partir de conceitos, o conhecimento matemático é o conhecimento a partir da *construção* dos conceitos», *Crítica da razão pura*, A 713, B 741 (*Schmidt*, 657). Cf. também Kant, *Prolegómenos*, §§ 4 e 7.

Índice

Advertência 7
Introdução 9
Prefácio à 2.ª edição 53
Prefácio à 1.ª edição. 71
Prefácio à 3.ª edição. 75

ENCICLOPÉDIA DAS CIÊNCIAS FILOSÓFICAS EM EPÍTOME (Vol. I)

Introdução § 1-18. 83

Primeira Parte
A CIÊNCIA DA LÓGICA

NOÇÃO PRELIMINAR § 19-83 107

A. Primeira posição do pensamento relativamente
à objetividade; Metafísica § 26-36 116

B. Segunda posição do pensamento relativamente
à objetividade §37-60 122

298 | ENCICLOPÉDIA DAS CIÊNCIAS FILOSÓFICAS EM EPÍTOME

I. Empirismo §37. 122
II. Filosofia crítica § 40 124

C. Terceira posição do pensamento relativamente à
objetividade; O saber imediato § 61-78. 147

Noção mais precisa e divisão da Lógica § 79-83 164

PRIMEIRA SECÇÃO DA LÓGICA

A doutrina do ser § 84-111 167

A. Qualidade §86 169
   a) Ser § 86. 169
   b) Ser determinado § 89 175
   c) O ser-para-si § 96. 179

B. Quantidade § 99. 182
   a) A quantidade pura § 99 182
   b) O *quantum* § 101. 183
   c) O grau § 103 185

C. A medida § 107. 187

SEGUNDA SECÇÃO DA LÓGICA

A doutrina da essência § 112-159 189

A. A essência como fundamento da existência. 192
   a) As puras determinações da reflexão § 115 192
      α) Identidade § 115 192
      β) A diferença § 116. 193
      γ) O fundamento § 121 197
   b) A existência § 123 199
   c) A coisa § 125. 199

B. A aparência § 131 203
   a) O mundo da aparência § 132 203

ÍNDICE 299

b) Conteúdo e forma § 133 204
c) A relação §135 205

C. A realidade efetiva § 142 210
a) Relação de substancialidade § 150 215
b) Relação de causalidade § 153 216
c) A ação recíproca § 155 218

TERCEIRA SECÇÃO DA LÓGICA

A doutrina do conceito § 160-244 223

A. O conceito subjetivo § 163 225
a) O conceito como tal § 163 225
b) O juízo § 166 228
α) Juízo qualitativo § 172 232
β) O juízo de reflexão § 174 233
γ) Juízo da necessidade § 177 234
δ) O juízo do conceito § 178 235
c) O silogismo § 181 237
α) Silogismo qualitativo § 183 238
β) Silogismo de reflexão § 190 242
γ) Silogismo da necessidade § 191 243

B. O objeto § 194 249
a) O mecanismo § 195 249
b) O quimismo § 200 252
c) Teleologia § 204 253

C. A ideia § 213 259
a) A vida § 216 263
b) O conhecer § 223 265
α) O conhecer § 226 266
β) O querer § 233 271
c) A ideia absoluta § 236 272

Notas dos editores alemães 277

TEXTOS FILOSÓFICOS

1. *Crítica da Razão Prática*, Immanuel Kant
2. *Investigação sobre o Entendimento Humano*, David Hume
3. *Crepúsculo dos Ídolos*, Friedrich Nietzsche
4. *Discurso de Metafísica*, Immanuel Kant
5. *Os Progressos da Metafísica*, Immanuel Kant
6. *Regras para a Direcção do Espírito*, René Descartes
7. *Fundamentação da Metafísica dos Costumes*, Immanuel Kant
8. *A Ideia da Fenomenologia*, Edmund Husserl
9. *Discurso do Método*, René Descartes
10. *Ponto de Vista Explicativo da Minha Obra de Escritor*, Sören Kierkegaard
11. *A Filosofia na Idade Trágica dos Gregos*, Friedrich Nietzsche
12. *Carta sobre a Tolerância*, John Locke
13. *Prolegómenos a Toda a Metafísica Futura*, Immanuel Kant
14. *Tratado da Reforma do Entendimento*, Bento de Espinosa
15. *Simbolismo: Seu Significado e Efeito*, Alfred North Withehead
16. *Ensaio sobre os Dados Imediatos da Consciência*, Henri Bergson
17. *Enciclopédia das Ciência Filosóficas em Epítome (Vol. I)*, Georg Wilhelm Friedrich Hegel
18. *A Paz Perpétua e Outros Opúsculos*, Immanuel Kant
19. *Diálogo sobre a Felicidade*, Santo Agostinho
20. *Princípios da Filosofia do Futuro*, Ludwig Feuerbach
21. *Enciclopédia das Ciência Filosóficas em Epítome (Vol. II)*, Georg Wilhelm Friedrich Hegel
22. *Manuscritos Económico-Filosóficos*, Karl Marx
23. *Propedêutica Filosófica*, Georg Wilhelm Friedrich Hegel
24. *O Anticristo*, Friedrich Nietzsche
25. *Discurso sobre a Dignidade do Homem*, Giovanni Pico della Mirandola
26. *Ecce Homo*, Friedrich Nietzsche
27. *O Materialismo Racional*, Gaston Bachelard
28. *Princípios Metafísicos da Ciência da Natureza*, Immanuel Kant
29. *Diálogo de um Filósofo Cristão e de um Filósofo Chinês*, Nicholas Malebranche
30. *O Sistema da Vida Ética*, Georg Wilhelm Friedrich Hegel
31. *Introdução à História da Filosofia*, Georg Wilhelm Friedrich Hegel
32. *As Conferências de Paris*, Edmund Husserl
33. *Teoria das Concepções do Mundo*, Wilhelm Dilthey
34. *A Religião nos Limites da Simples Razão*, Immanuel Kant
35. *Enciclopédia das Ciência Filosóficas em Epítome (Vol. III)*, Georg Wilhelm Friedrich Hegel
36. *Investigações Filosóficas sobre a Essência da Liberdade Humana*, F. W. J. Schelling
37. *O Conflito das Faculdades*, Immanuel Kant
38. *Morte e Sobrevivência*, Max Scheler
39. *A Razão na História*, Georg Wilhelm Friedrich Hegel
40. *O Novo Espírito Científico*, Gaston Bachelard
41. *Sobre a Metafísica do Ser no Tempo*, Henrique de Gand
42. *Princípios de Filosofia*, René Descartes
43. *Tratado do Primeiro Princípio*, João Duns Escoto
44. *Ensaio sobre a Verdadeira Origem, Extensão e Fim do Governo Civil*, John Locke
45. *A Unidade do Intelecto contra os Averroístas*, São Tomás de Aquino
46. *A Guerra e A Queixa da Paz*, Erasmo de Roterdão
47. *Lições sobre a Vocação do Sábio*, Johann Gottlieb Fichte
48. *Dos Deveres (De Officiis)*, Cícero
49. *Da Alma (De Anima)*, Aristóteles
50. *A Evolução Criadora*, Henri Bergson
51. *Psicologia e Compreensão*, Wilhelm Dilthey
52. *Deus e a Filosofia*, Étienne Gilson
53. *Metafísica dos Costumes, Parte I, Princípios Metafísicos da Doutrina do Direito*, Immanuel Kant
54. *Metafísica dos Costumes, Parte II, Princípios Metafísicos da Doutrina da Virtude*, Immanuel Kant
55. *Leis. Vol. I*, Platão
58. *Diálogos sobre a Religião Natural*, David Hume
59. *Sobre a Liberdade*, John Stuart Mill
60. *Dois Tratados do Governo Civil*, John Locke
61. *Nova Atlântida* e *A Grande Instauração*, Francis Bacon
62. *Do Espírito das Leis*, Montesquieu
63. *Observações sobre o sentimento do belo e do sublime* e *Ensaio sobre as doenças mentais*, Immanuel Kant
64. *Sobre a Pedagogia*, Immanuel Kant
65. *Pensamentos Filosóficos*, Denis Diderot
66. *Uma Investigação Filosófica acerca da Origem das nossas Ideias do Sublime e do Belo*, Edmund Burke
67. *Autobiografia*, John Stuart Mill